U0885216

外资企业公共关系

一位外企公关总监18年公关笔记

蒲家彬 著

上海交通大學出版社
SHANGHAI JIAO TONG UNIVERSITY PRESS

内容提要

本书为作者在不同行业跨国公司从事公共关系工作18年的经验总结，从公共关系实务的角度对企业公共关系的实践及中国的企业公共关系环境现状进行了系统、全面的分析讨论。以实际操作为出发点，对企业公共关系包含的各个服务功能在运用中的理论依据、作用要义、注意重点、人员要求、面临困难等，结合实际案例进行了详细介绍、讨论和观点分享；并对所从事和接触过的12个行业的发展现状以及公共关系面临的挑战、今后重点工作方向进行了务实分析。

本书适合各行业企业高级管理人员，尤其是企业负责人、公关、市场、销售、人力资源、发展战略部门负责人及管理人员等用于工作参考；也适合作为高校公共关系及传播学专业学生的教辅读物，以及公共关系学研究人员参考。

图书在版编目(CIP)数据

外资企业公共关系／蒲家彬著. —上海：
上海交通大学出版社，2016
ISBN 978-7-313-14540-6

Ⅰ.①外…　Ⅱ.①蒲…　Ⅲ.①外资企业—公共关系—中国
Ⅳ.①F279.244.3

中国版本图书馆CIP数据核字(2016)第028886号

外资企业公共关系
一位外企公关总监18年公关笔记

著　　者：蒲家彬
出版发行：上海交通大学出版社　　地　　址：上海市番禺路951号
邮政编码：200030　　电　　话：021-64071208
出 版 人：韩建民
印　　刷：上海颛辉印刷厂　　经　　销：全国新华书店
开　　本：787mm×960mm　1/16　　印　　张：14.75
字　　数：287千字
版　　次：2016年3月第1版　　印　　次：2016年3月第1次印刷
书　　号：ISBN 978-7-313-14540-6/F
定　　价：45.00元

版权所有　侵权必究
告 读 者：如发现本书有印装质量问题请与印刷厂质量科联系
联系电话：021-57602918

献给我所有的师长和伙伴们！

前言

2015年的春节期间，45万中国游客赴日本度假，消费了近60亿元，他们带回来什么呢？除了一些药品、化妆品外，小到保温杯、厨卫工具，大到冰箱、电饭煲、空调、电视机等平常家用电器，甚至是马桶盖。这些东西绝不是国内紧缺的，甚至有的是国内生产返销日本市场，现在又被大批的中国消费者购买回来。有电视台记者采访游客为什么要买这些物品，回答是“国内的产品还是让人不放心，日本的毕竟制造工艺精，品质有保证”。

“日本制造”经过20世纪六七十年代的精心打磨，今天已经成为高品质的代表。但凡先进的产品为人所称道，一定是经历了这样的过程：依靠领先的技术和管理生产出品质优良的产品——采取精准的市场推广战略推向广泛的市场——凭借有效的传播策略赢得公众的信任。这实质上就是跨国公司在国际市场上所向披靡、长足发展所依赖的三大基本要素——“产品和服务，市场营销，公关传播”。简单来说，这三大要素分别指向了“我有什么、我怎么做、我要什么”的企业发展核心竞争力；从具备优势资源的基础，到成功的市场运作，再到赢得广泛的客户认同。可见站在企业战略层面上看，公共关系能为企业赢得更广泛的市场声誉，为企业的持续成功和长久发展发挥着重要的作用。

今天，公共关系已经广泛服务于各个行业的企业、社会组织，乃至政府机构、军事组织等。越来越多的社会事件、政府事务、企业危机、市场推广及公众教育活动中，公共关系的作用已经无处不在。公共关系在中国正在走出人们长期以来形成的误解和偏见，并且日益得到企业、机构团体及社会公众的认可。公共关系已经成为如人力资源、财务、法务等企业运作的重要支持部门之一，并对企业的成功运作起到重要的保障作用。跨国公司都深知企业的稳定立足和成功发展离不开政府的支持、合作伙伴和社会的信任，以及消费者的拥戴，因此企业公共关系在各方利益相关者之间的"润滑作用"至关重要，不可替代。

由于历史及地域文化的原因，对于身处跨国公司的人来讲，公共关系岗位工作受到的各种挑战只会比其他国有或民营企业来得多。老外们对于中国市场从初期的兴致高昂、争相进入，发展到今天逐渐失去竞争优势、赢利变得艰难，心态在渐渐地改变，外资企业的种种"水土不服"也时刻考验着企业公关人员的耐力和智慧。如果把20世纪80年代后期来到中国开拓市场的老外们算作第一代的话，2000年之前进来的算作第二代，2010年前后来的可算是第三代。这样大致分类是因为这三代老外们整体呈现了比较明显的"代差"。当然这种"代差"的演变不是突然的，而是连贯的、渐进的，有一个短暂清晰的过程。另外更重要的是，这与我国对外开放大力招商引资、建立健全市场经济体制秩序、深化产业转型和结构调整的三个经济发展阶段是大致吻合的。

第一代老外们是来"打江山"的。走进一个完全陌生的国度开辟市场，一切的市场游戏规则可以说不存在或者很不完善；建立规则和流程、业务模式、合作伙伴网络、团队架构，等等，从无到有的成长过程是爆发性的。一切的发现和获得都让这些首批"登陆者"兴奋不已，他们"创业"的热情极其高，对工作认真投入，引进跨国公司企业文化和管理理念的意愿极其强烈，因而团队合作水平、工作效率都极高。这一批老外，大都具有强烈的"开拓者"精神，能够自觉地从建立企业长远发展战略的高度思考企业应当建立的基础，眼光放得比较长远，目标和机制的设定也就能够高瞻远瞩。企业的成长绩效令公司总部很是惊讶和兴奋，几乎是只要来中国投资，三五年内都一定能够盈利。因此南方以代工商(OEM)方式投资的加工型外资企业遍地都是；在北方，则纷纷投资合作建立大型的制造和生产基地。老外们很愿意带领中国员工学习、适应跨国公司的企业文化、经营理念和国际化经营管理的知识与实务；同时也实实在在地培养了一批勤奋好学、学有所成的中国员工，这批在早期外资企业里成长起来的中国员工中，也确实涌现出不少受到社会高评的精英分子。

这个时期的企业公共关系对中国市场是从无到有的新生事物，一出现便给跨国公司业务拓展和运营成功带来极大的支持。这一代的公关人除了外企直接带入的外籍专业人士外，国内提拔或任命的绝大多数都是半路出家，来自各种不同的行业经历及教育背景；他们的优势在于了解有效的中国式公关路数，很多人“很有背景”或“朝中有人”，靠强大的人际关系网为企业成功解决不少实际问题；但他们大多对公共关系的专业知识掌握不多，不具备公共关系理论的系统知识，更多是依赖于“人脉”网络资源来解决如政府、媒体、业务开拓等方面的沟通问题，对市场传播策略也缺乏专业的认识。当然，“蹚路子”阶段的成功总是易于获得外国老板的认可，因此这一时期的企业公共关系大都占据了天时地利人和的优势，做得有声有色。

第二代老外们的到来，面临的是竞争已经比较激烈的市场，各行业由外资带动催生或升级的、具备了一定技术管理水平的本土企业雨后春笋般出现，争夺分享市场份额。市场在仍具有高成长性的竞争中不断地重新洗牌，老外们的业绩压力在逐渐增大，要维持之前跨国公司业绩的高速增长已有难度，但还是有相当的市场空间可以争取。这一批老外们的开拓精神呈现一定程度的削减，逐步走向成熟的市场格局对老外个人的领导才能和对市场的洞察力都提出更高要求，企业长远发展动力和眼前利益的兼顾不再容易做出平衡取舍。市场竞争的严重加剧，使得这个时期的老外们比较依赖“本地化”(Localization)培养起来的本土员工，充分授权的机制调动了本土员工的能力和潜力，他们遵循跨国公司的理念，在本地市场创新实践。在业绩增长难度加大的状况下，投入未必能带来期望的产出，老外们对工作与生活的平衡要求逐渐提高。企业的成长性仍然可观，中方管理岗位员工的知识与技能得到施展发挥，待遇要求随着不断的跳槽也水涨船高。企业公共关系运作渐趋成熟，功能更加细化。

企业公关的中坚力量在前辈的带领下已经羽翼丰满，更多公共关系及传播专业“科班”出身的海外学子学成回国加入，使得企业公共关系专业化的水平得到显著提升。政府部门中也新添了不少留学归来者；由政府部门出来从事企业公关的一批人遇到了职业发展瓶颈；企业公共关系从靠特殊的人脉关系网络向寻求市场化、专业化方向转变。但政府结构和市场态势的快速变化给这一代企业公关人也带来不少困惑，新旧体制和思想的交替，使得公关人处在依靠人脉关系和专业的公关方式做事两种方式有时有效、有时行不通的情形中。公关人直面各方面利益相关者的频度加大了，企业公关向真正的市场化快速转向，公关事务从幕后走上了台前。

第三代老外们进入时，中国各行业的市场竞争已经白热化，本土企业与外资企业已经可以分庭抗礼，外企开辟新市场新客户、争夺对手市场份额都已绝非易事，到了不得不顺应大势、谋求转型发展的新阶段。在全球经济形势下滑明显、回升乏力，中国经济因产能严重过剩而呈现增长低速，不得不进行结构调整并寻求对外输出的状况下，跨国公司总部对中国等“新兴市场”(D&E market，Developing & Emerging market)的持续增长“引擎作用”仍抱有希望。而现实情况是，在中国的跨国公司业绩增长速度已经大不如前，一些行业连续几年利润下滑，甚至亏损，各项运营及人力成本却在逐年增高，各行业可预测的前景不甚明朗。

老外们面临的压力空前之大，三五年内能够实现任期业务增长目标就是烧高香了，老外们个人的领导能力、战略眼光甚至品德意志都多少逊色于他们的前辈，以致很多公司频繁地换帅。多重压力下老外们也求赢乏术，积极性和热情受到打击，甚至无可奈何地任由手下业务部门通过不正当手段“创造业绩”。本土成长起来的一些关键岗位员工为保个人利益动起歪脑筋，钻营种种违法违规的“桌下”操作，致使企业和个人受到国家监管部门处罚事件频频发生。一些曾经取得辉煌业绩的知名外企也陷入减产、裁员、业务出售、工厂搬迁至更低成本地区，甚至撤出中国的窘迫境地。企业高层管理人员本土化也更为普遍。

在这样的环境氛围下，企业公共关系面临着极大挑战。这时候“海归”已经有过剩的感觉，新一代有专业背景的“本土公关人”逐渐走上企业公共关系领导的舞台。市场化的深入、政府各方面改革的力度加大、党和政府部门纪律约束的不断强化等，使得这个时期的企业公共关系无论从内容和形式上都有很大转变。通过公共关系疏通以往比较容易搞定的各方面外部关系有了一定难度。企业公关人不得不好好思考，努力找到创新的、适应时代发展的企业公关之路；由于大批“身份极其复杂”的本土新生代企业也设立公共关系部，但功能多是定位在推动企业业务的“膨胀式成长”和应付外部麻烦上。企业公关人的整体素质分化严重，企业公共关系战略趋于急功近利，滑向更看重能给企业带来多少现实利益上，公共关系自身的发展面临严重考验。

外资企业来到中国，已经从初来者走上了成熟者的台阶。还会有第四代老外的进入潮吗？眼下尚难判断。纵观改革开放这三十多年的发展，可以明确的是：市场是在快速变化的，企业是要在调整适应中前行的。跨国公司越来越推崇“全球化思考，本土化行动”的战略方针，以保证企业在全球市场发展战略的同步和资源全球化共享的效率；但另一方面，来到中国发展的外企负责人群体为保个人的职位和利益越来越关注企业短期收益的获得，当企业长远发展的战略与眼前利益有冲突时，他们大多“好汉不吃眼前亏”，趋向于选择保证眼前利益。在任何状态下，企业公共关系都应当找准定位，配合企业发展战略调整行动步伐，以起到沟通、保障的重要支持作用。企业公共关系被赋予的责任和使命会越来越多，也越来越复杂。国内的各种企业，不管是国企还是民企，包括上市公司，对企业公共关系的理解和重视也在逐步提高；过去靠高强度、高频率打广告、制造轰动效应，以促销为唯一目的“建立企业品牌”的做法越来越为人们所摈弃。跨国公司带来的是成熟、先进的企业管理经验和全球市场视野，这些必将被吸收消化，变成我们自己成长壮大的营养品，并发挥更有效、更强大的作用。具备中国特色、适合本土经济和社会发展的企业公共关系理论和实践体系正在形成牢固的基础，建立、完善只是时间的问题。

蒲家彬

目录
Contents

第一章　企业为什么需要公共关系

一、公共关系的由来

公共关系最初产生于“通知人、说服人和整合人的力量”的沟通需要(Lobby)。春秋战国时，各个君王府中的门客、幕僚等，为了统治阶层的利益四处游说、建言献策，就是在行公共关系之实。当今的世界形势、国家状况与春秋战国并无二致，虽然再难有纵横家主宰世界发展进程的舞台，但公关者仍可以发挥其辅佐之能，影响世界政治和经济的格局。今天被公认为是一门专业的管理功能的公共关系(Public Relation)是现代工业化社会的产物，于19世纪末诞生于英国和美国，20世纪初至20世纪中叶得到迅速繁荣发展；20世纪20年代首次以完整的课程列入纽约大学课程系列，并于60至70年代走向全球化。公共关系首先用于社会和政府事务的沟通、建议和说服中，后在欧美公司的成长发展中因为越来越能够发挥其独到的保障和推动作用而备受重视；到20世纪80年代后期，公共关系在理论和实践上已得到了极大丰富和快速发展，成为公司业务全球化推进的强大助力，包括在中国市场。1985年，深圳大学设置公共关系教学课程，公共关系开始进入中国高校教育课程系列；2000年，劳动和社会保障部首次举办“公关员”职业资格全国统一考试，使得公共关系从业者获得国家认可的正式职业名称，虽然后来实际推进得较为缓慢。

现代公共关系产生的重要社会条件，可以概括为：政治上民主制度取代了专制体制，经济上充分的市场化取代了小农意识，文化上人们从理性思维转向了人性关注，物质上的条件使得大众传播超越了个体传播。人们从各自不同的角度解释公共关系的含义，虽然有些差异，但实质并无不同。美国人 Otis W. Baskin 等对公共关系做了相对比较准确的定义：公共关系是一种旨在帮助组织实现既定目标、确定经营哲学、促进组织变革的管理职能。公共关系人员的任务是与组织内部和外部所有相关公众进行积极沟通，与他们建立良好的关系，从而确保组织目标与社会期望相协调。公共关系人员要负责制定、执行和评估公共关系活动，以促进组织各部门与公众的相互沟通和相互理解。

跨国公司在进军全球市场的过程中，必定要面对日益复杂的、不断变化的各种环境条件，也一定会遇到各种困难甚至阻力。这些问题可能来自国家间文化和管理理念的差异、社会习俗的不同、价值观和思维方式的不同、国际惯例与地方习惯的差异、媒体环境的差异，甚至国际政治因素的限制，等等。做生意就要和各种各样的人打交道，沟通得好，生意才能做得顺。比如跨国制药公司来到中国，就必须与药品监管部门沟通以便开展创新药品的检测、临床试验等上市前的研究，要与卫生部门合作开展疾病防治知识的普及教育，要与药品经销商密切合作进行营销，等等，每个环节都离不开良好的内外沟通和疏通。跨国公司的业务在全球化，而社会公众的关注焦点却是越来越趋向地区化。公共关系部门成为跨国公司与当地合作伙伴及所有利益相关者进行有效沟通的必要桥梁，关注地区公共关系事务，构建地区良好的运行环境，也是跨国公司业务全球化进程的重要保障。因此，公共关系的全球化推进，对所有行业的跨国公司来说，需求和实践是一样的，理念和意义是一样的，地位和作用是一样的。

二、公共关系的作用

公共关系是社会学范畴的概念，以人与人的沟通为核心内容。公共关系的理论来自对人们沟通交往实践的总结提炼，并形成理论体系，再用于指导人们的有效沟通。因此公共关系应当也必须更多关注于实践运用。人们从不同的角度和出发点来看待公共关系，就产生了对公共关系在实际应用上的不同理解。对企业来说，公共关系的意义在于其管理功能，即政策市场环境变化监测、企业决策咨询参考、企业沟通传播和舆论管理这三个主要方面。公共关系在企业战略制定中可以起到重要的参谋作用，但不具有决策权。公共关系也是一个具有“销售功能”的部门，它销售的是企业形象、企业品牌和公众口碑。在当下，企业公共关系必须立足于在宏观上顺应社会整体价值观发展变化的主流，更加重视企业经营中的风险防范和预警机制效能，以及危机事务的公关处理。

公共关系担当组织内外沟通和对外宣传的多重角色，服务于政府部门、社会团体、企业机构、军队及学校组织等。在所有服务领域中，公共关系在企业界发挥的作用可以说最为重要，也最为活跃。企业公共关系“经营”的是公司声誉和企业品牌，其成功的标志通过企业的经营业绩、道德表现、社会责任、员工忠诚度等因素都能够获得社会高度认可来综合表达。在不同的企业，公共关系部门的名称会有所不同，比如公共关系（public relations）、企业事务（corporate affairs）、公共事务（public affairs）、对外事务（external affairs）、企业传播（corporate communication），等等。说明不同的企业对公共关系的需求各有侧重，但都在公共关系的大范畴内发挥相同作用。

公共关系的功能作用可以概括为：以所有利益相关者和社会公众为对象，以沟通传播为手段，以互惠多赢为原则，以真诚为信条，以声誉为目标，服务于特定组织的愿景。因此，企业公共关系是通过掌握内外部信息，塑造并维护企业良好形象，引导并培养舆论环境，全方位沟通协调各方面关系来发挥上述功能作用的。企业公关人是沟通执行者、沟通管理者、沟通促进者、专家型咨询者、问题和危机的解决者。公共关系关注的外部大环境包括政治、经济、历史文化、社会人口、教育卫生等；内部关注包括企业运行管理体系、生产环境、技术环境、企业结构、员工的社会心理等。行业不同，公共关系的运作手段有所不同，相同资源利用的程度和效果就不同。在企业经营业绩出色，并且高层管理者认可公关传播的重要前提下，在正确的时间把正确的信息传达给正确的人，并达成企业的目的，就是公共关系沟通传播成功的标志。

当今的社会，公众的眼光越来越挑剔。因此企业必须同公众、社会保持良好的关系，并做出持之以恒的努力，以获得对企业有益的效果。公共关系致力于人与人之间的沟通，是企业与内外全体利益相关者的双向沟通桥梁。一方面，公共关系应当像企业的"天线"，从广泛的渠道接收信号和信息，并将外部环境的政策与行业状况、发展动态等及时收集、汇报给企业管理层，同时将企业的运作情况、战略规划、发展愿景和目标计划通过合适的方式传播给各利益相关方；另一方面，还承担组织企业内部的各项员工沟通活动，包括年度会议、年度先进表彰、员工传播平台媒介维护等。因此，在跨国公司中，绝大多数公司将公共关系与财务、人力资源、法务等管理职能部门共同列入"分享服务部门"（Share Service）功能块，一般直接向公司总裁或总经理汇报。在跨国公司内部，公共关系部门与人力资源部、市场部、法务部、合规部门等的关联性较为密切，沟通工作量也较大，因为公共关系经常要涉及员工管理沟通、市场推广执行、法律法规问题解决等日常管理性事务，但公共关系的出发点多是基于对企业形象、品牌声誉保护和对外传播的考量，与相关部门协调行事。

我们常常会问，在中国这块广袤的土地上为什么很难生长出大量像通用电器、辉瑞、飞利浦、西门子、雀巢这样稳定发展、能够在全球成功运作的"百年老店"呢？究其原因，除了国家政治经济体制不同的因素外，和我们传统悠久的商业模式是基于农耕社会小农经济的思维方式有关。我们的工商领域传统讲究"能人治理"、"大当家"主宰一切，而不是考虑建立起可以永续运作的经营管理制度。在小农经济文化环境下，"能人"们凭借着一己之力、个人觉悟经营，看重眼前的"收成"回报，较少拥有大局观、长远观，并且容易头脑发热、意气用事；经营风险难以管控，发展不具有可持续性，大多数民营业者"富不过三代"常常是必然结局。还有更重要的文化历史因素，自古以来，"商人"在中华文明历史上的地位一直比较低，即便是在商业非常繁荣的元代，从商者甚至都没有排进百姓职业前十等中。在"商气"已经渗入到我们生活每个角落的今天，中国人认可商业的重要性，甚至不惜"人人皆商"。为官者也都趋之若鹜地与各种商人明里暗里勾结联盟，共谋利益，但实质上人们看重的只是商人的钱，文化上"仕、农、工、商"的社会地位排序根深蒂固，"学而优则仕"的人生观教育未曾被撼动过。经济永远服务于国家政治的需要，这在人们的观念中是理所当然的；也因此，我们的政治和社会环境从没有真正鼓励和保障过工商业者努力打造出的“百年老店”。

传统文化观念也造成经营理念和方式的局限性，在企业成长到一定时候就难以在高度和广度上继续拓展。改革开放以来，很多鲜活的例子充分证实了这一点，比如那些年曾经辉煌一时而又迅速衰落的企业家和品牌：年广久“傻子瓜子”、马胜利“石家庄造纸厂”、步鑫生“海盐衬衫”、史玉柱的“巨人集团”、乐凯胶卷、健力宝饮料、非常可乐、振鼎鸡，等等。企业真正做大后，建立科学健全的企业运行模式和行之有效的流程管理，可以有效避免日常性琐碎事务对精力的牵扯和资源的消耗，董事会、总经理及高级管理团队就能够共同致力于两方面的事情：一是前瞻本行业发展的方向和横向拓展机会；二是优化组织结构管理，提高企业运行效率。也即需要同时关注于本企业的市场运作能力和与利益相关者的传播沟通，既做好内功，也致力于赢得所有利益相关者的认同和长期的支持。在这当中，公共关系所发挥的作用从来不被跨国公司忽略。今天的中国本土企业对于公共关系功能的认识和运用还处于初级阶段。近二十年来我们的各所高校竞相设立各类 MBA、EMBA 训练班、“总裁班”等，通过提供“全面的、系统的、国际化的现代工商管理教育”，已经培养出了无数“知晓现代企业管理”的种子企业家们，愿这些“精英们”有一天能够真正创造出一大批我们“土生土长”的、能够永续经营的百年老店来，而不是些用尽手段只为谋取一己私利的“精致的利己主义者”。

大公司需要的是协调和配合、精准的管理、紧密的团队合作，不需要个性突出的“奇才”。企业领袖和职业经理人的团队合作能力、领导能力决定了企业的兴衰存亡。今天中国的很多新兴企业，特别是基于网络平台的各类互联网公司正在逐步摆脱过去家庭作坊式的简单制作和售卖模式；企业规模越做越大，内外环境越来越复杂，管理功能越来越全面而细化。企业要想获得持续成功已经绝不是有个好产品、好销路就行，行业发展的国家政策的动向、企业各方利益相关者的关系维护、企业内部各个功能部门的相互配合、员工向心力和士气的保护提升，等等，企业都必须给予持续的关注。要创建一个和谐有利的企业内外发展环境，已经不是总经理一个人所能全盘掌控的，公共关系部门在很多方面会是一个有力而不可缺少的好帮手。

企业公共关系做的是"形象和声誉管理"（Image and reputation management），良好的企业形象和声誉在引起消费者公众对企业产品和服务的期待时，企业经营的良性循环就随之产生；企业和其产品的品牌声誉会同时提高并持续。现在市场竞争的白热化和全球化进程也推动了企业传播的复杂化、动态化，企业活动的时空格局也在发生着重大变化。空间上，竞争对手无处不在，竞争与合作的关系边界越来越模糊；时间上，过去的经济贡献不能全依赖，现时的状况不易准确把握，未来的趋势也越来越难以预测；企业内外环境都充满了各种不确定性。近二十年全球经济的快速发展和深刻变化告诉人们，现代市场经济日益全球化，企业一家独大的优势正在削减而趋向于扁平化。没有公共关系意识的任何社会组织，不可能成为卓越的组织；没有公共关系能力的企业，很难赢得并保持其所服务的公众的信赖，从而获得可持续的市场竞争主导地位。与企业核心业务发展命运相同的是，今天的企业公共关系与传播方式也正在面临着市场变换带来的革命性的挑战。

企业公共关系本质上都一样，但在形式上可以有"大公关"和"小公关"之分。举例来说，20 世纪 90 年代，柯达公司与中国政府达成了感光材料行业的"全行业合资计划"，通过成功的"营销政府"公关换来了排他性的生产许可，并在接下来的几年中，通过调整生产布局、培育摄影市场、建设销售渠道、投资公益事业等方面的联动举措，迅速扩大了在中国市场的占有率并成为行业翘楚，竞争对手远被甩在后面。帮助柯达成功实现中国市场开发战略的全球副总裁也被尊为企业公共关系卓有成效的前辈。

2000 年，中国还未加入 WTO，美国政府与国会之间进行着一场全球为之瞩目、被众多媒体称为"最大、最激烈的斗争"的争论。这场争论的焦点是——是否给中国永久性正常贸易关系地位（PNTR）。时任美国某知名跨国制药公司中国区企业事务总监（我的引路人）在美国国会发表演讲，以自己的亲身经历向国会议员们介绍中国改革开放的真实成就，阐述自己对

PNTR 以及中国加入 WTO 会对各方带来哪些积极影响的认识。平实的语言，翔实可信的例证，深深打动了那一部分正在犹豫、观望或摇摆不定的民主党议员，推动了美国和中国进入正常经济合作的良性状态。她只身赴美，面对美国参众两院的议员们发表演讲，轰动美国，成为企业公关界的一段美谈。

本人曾服务过的一家北欧个人护理用品公司，在过去的几年中，在促进中欧养老事业合作方面积极作为，为中国养老政策制定者及重要影响者提供广泛而深入的考察、交流、研究探讨的机会，旨在为中国能够吸取欧盟及欧洲各国在养老事业发展过程中的有益经验，采纳吸收适合于我国发展实际的做法，并努力改善、提高我国现有养老体系的服务能力和水平。这是利于国家社会保障体系建设、利于百姓切身福祉提高、利于社会和谐进步、利于养老所涉及行业健康有序发展的好事。养老制度体系完善了，各项养老服务得以有效展开并完善，养老产业得以有效发展，各项养老助老产品得以有序推广，高龄失能、失智老人的生活照护有了保障，老年人失禁问题不再成为令人尴尬的难题，等等，社会的和谐发展才更加有保障。“事业链”的最后端才有可能给企业经营的具体业务带来真实“好处”。

以上三例，就是所谓的“大公关”。“大公关”是着眼于企业发展战略层面的重大公共关系活动，往往对社会或行业及企业的发展起到了关键的战略性推进作用，影响面广、影响度深，是企业发展现阶段或未来重大成就的贡献者之一。“小公关”在企业日常公共关系活动中时时处处都有体现，包括企业品牌推广活动、产品市场传播、员工沟通、媒体发布、市场销售问题解决，等等，恰如“日常生活之必需”，是维护企业业务运行正常、内外环境平稳有利的重要保证。

三、企业公共关系战略的制定

企业公共关系战略（PR Strategy）是实现企业公共关系目标的总路线和方式，是具体战术（Tactics）得以展开的基础条件，是方向性的“大思路”。战术是达成战略目标的具体做法，也是创新手段产生的直接平台，决定了实现企业公共关系战略目标和里程碑的成功与否、出彩与否。企业公共关系战略和战术是方向和行动的承接关系，缺一不可。公共关系战略和战术同时影响着企业在不断变化的外部环境下的决策制定，前者是中长期的计划，应当具有一定的稳定性；后者是采取的具体行动，应有一定的灵活性。企业公共关系战略制定必须立足于几个方面的企业特性基本点：企业宗旨和愿景、企业历史及传承、企业所在行业特性及市场地位、企业发展规划及战略。同时还应当充分了解企业自身及各方面利益相关者的需求。

在确定了企业发展战略目标后，制定企业公共关系战略和战术时，跨国公司通常都会运用到一系列有效的分析工具，其中重要的有 SWOT 分析工具，即 Strength（优势）、Weakness（劣势）、Opportunity（机会）和 Threat（威胁）综合分析。优势和劣势是企业内生性的特殊元素，机会和威胁是外生性的条件。依靠这一工具把握住对企业来说关键性的要素，充分了解自己公司所处行业的市场地位、各方面资源的占有情况，清楚突破发展的机会在哪里，从而做到知己知彼，以制定企业公共关系明确的行动计划和可衡量的阶段目标，充分发挥自身的优势，寻求企业持续成功发展之路。

同时另一个较为有效的方法是通过第三方专业公关公司的帮助，研究制定"关键利益相关方路线图"，即确定企业公共关系的"主攻"关键客户、关联群体等目标受众群，明确他们在"相关性象限"分析坐标中的位置，以确定关系建立和维护的路径及优先次序。对各个利益相关方还要进行"风险管控分析"，以明确其各自的角色、利害程度、本公司的关切、潜在的风险性及等级。企业公共关系的目标利益相关者可以用图 1－1 表示。

企业公共关系关注所有利益相关者的态度，而他们的态度受到诸多因素的影响，包括其自身具备的第一手知识，通过重要影响途径获得的第二手知识，大众舆论引导以及特定的情景和现实条件等。如果企业是值得信赖的，那么它的对外传播就自然会有说服力，企业无需多费口舌，也易于获得目标受众的认同；如果企业有忠诚的顾客群，那么这些顾客群就会更积极地与企业进行沟通，帮助企业不断提高产品和服务的市场竞争力，并且对企业不离不弃；如果企业对社会负责，那么它就会较少地受到政府的干扰，甚至

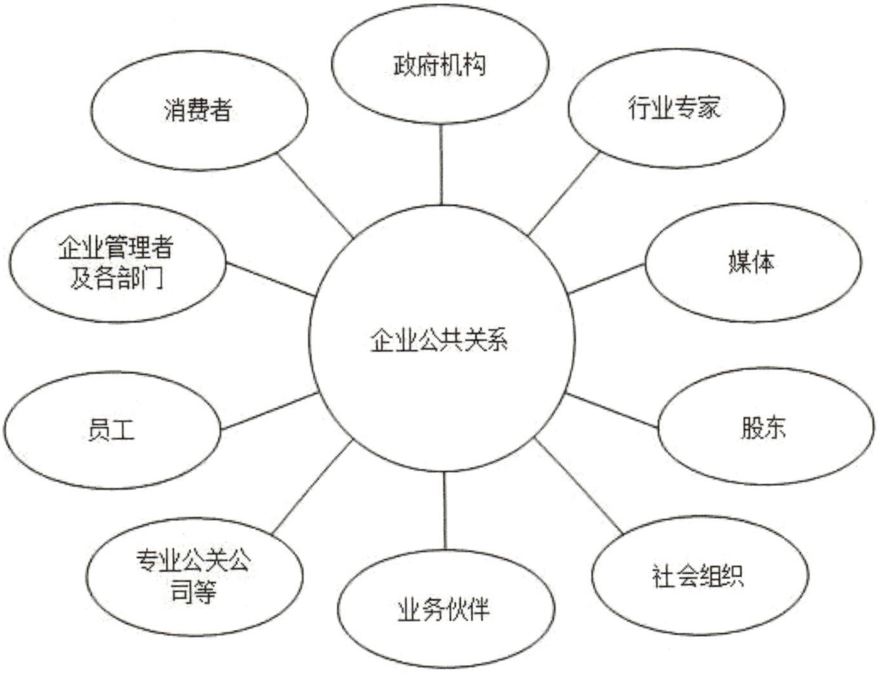

图 1-1　企业公共关系的目标利益相关者

会成为政府及行业政策制定者的合作伙伴，享受良好企业公民的待遇。

企业公共关系战略和执行路线图的制定是开展企业公共关系工作的重要前提，只有明确企业的发展愿景目标和业务推进计划，相应的公共关系战略才具备真实意义。在内容上，企业公共关系战略计划通常包括如下几个方面：

- 背景分析：国家宏观政策及法规环境、市场状态、消费环境及发展趋势等；
- 行业竞争分析：行业市场规模、竞争对手状况、各自优势和擅长领域、本公司的独有优势及劣势等；
- 行业面临的主要挑战：政府主管部门及相关机构、决策影响者及专家资源、市场及其实际监管状况、行业主要发展瓶颈等；
- 企业公关战略：行业领先者的一般需要、行业现状下企业及其品牌发展的关键要素，本企业 SWOT 分析，利益相关者资源的建立与维护，企业形象及传播战略、政府关系战略、媒体传播战略、CSR 战略、重点领域拓展优先次序、品牌传播战略、危机管理战略及战术、外部各利益相关方及专业公关公司资源，等等，包括年度行动目标、考量标准及执行时间进程，总预算和分预算等也是必需的内容；

- 执行计划：行动时间表、阶段性具体项目及里程碑、执行责任人、阶段评估、中长期评估计划、预算执行评估计划及指标；
- 公关团队：与企业发展相适应的合理团队架构及规模；
- 合作伙伴：专业公关公司、战略合伙人。

在企业公共关系战略执行计划制定环节，企业还常常会运用到"头脑风暴"(Brainstorming)工具，这在跨国公司很多部门的日常工作中都会用到，包括公司业务发展战略制定、市场推广策略及方法讨论、企业文化建设活动等。其优势在于可以融合不同功能部门人员的共同努力，接触到更广泛的信息，应用到更多的技巧，产生出更多更丰富的想法，并容易发现错误或疏漏，团队成员的共同参与也有利于后期计划的具体执行。

此外，邀请具有丰富经验和资源的、国际性专业公关公司参与讨论制定，可以确保企业的公共关系战略和战术计划更具客观性、全面性和可行性；作为第三方，专业公关公司的视野也更为广泛，可以帮助企业解决更多的外在需求。这也几乎是所有跨国公司乐于采用的方式，尤其是公司在开始一个新市场的拓展计划之际。

四、中国公共关系的发展

在中国，人们对公共关系、沟通传播的重视由来已久，春秋战国时代"君王之侧"的谋士、门客、纵横家们为了各自国家和君主的利益四处奔走游说，做"公关沟通"。如果那个时候有人对纵横家们的工作内容及沟通方式做个总结归纳，公共关系学的理论体系成型或许就应当是首先诞生在中国了。因此可以说，公共关系实质上并非外来之学，只是我们一直以来没有把它作为一门学问或职业进行总结归类。

开始于 20 世纪 80 年代后期的全面对外开放，我们的国门打开，跨国公司纷纷涌入。跨国公司们带来了先进的产品、生产技术、管理理念和国际市场游戏规则,同时也带来了企业公共关系这项公司运作重要的保障功能。与此同步的如爱德曼、博雅、伟达、万博宣伟及奥美等以美国、欧洲为大本营的国际性专业公关公司也相继进入中国市场。这些专业的公关公司首先是服务于来自欧美的跨国公司本身,再是服务于中国的政府及所属机构组织,后开始服务民营、国有企业等国内各类企业。国外专业公关公司的纷至沓来,也带动了中国本土公共关系的迅速成长。1986 年,由美国博雅公关公司与新华社合资组建的第一家本土专业公关公司"中国环球公关公司"在北京成立。自此,公共关系在中国大地风起云涌,各地纷纷成立公共关系协会组织,各类公共关系著作、刊物纷纷推出,高校开始设立公共关系学科,各种公关公司雨后春笋般成立。2010 年,第一家本土公关公司"蓝色光标公关公司"在国内 A 股创业板上市。毫无疑问,近三十年来的中国市场对各行各业创业者来说都是一片极富营养的沃土。今天各行各业领军企业中,不乏从无到有、白手起家并获得成功者,公关公司也是其中之一。中国的公共关系起步晚,但进步很快,发展迅速,并正在逐步与国际市场接轨。

其实改革开放之前,我们的企业或机构组织不能说没有公共关系的功能或从事公关的人,只是没有像跨国公司那样把它作为一个独立的部门正式设立,没有明确地定位它的功能。一直以来,我们都知道并认可很多社会上的"能人"、"交际花"、"老江湖"、"老法师",正式点的单位职位是"办公室主任",他们实际上就是起着公共关系的作用,依靠神通广大的"个人关系网"及个人沟通能力,润滑本单位与上级部门及外部相关单位的关系,发现机会,化解矛盾,使双赢的合作能够顺利进行下去。公共关系作为一门正式的学科出现在中国的大学课堂里,并且开始正式在企业中设立专门部门,还是这十几年间的事情,公共关系的全面功能尚处在不断的开发完善中。类似像在英、美等国家的公关公司颇具传统性并且合法地"游说"(Lobbying)政府部门的功能,在其本土发挥着超乎寻常的作用,可以对政府要出台的政策法规进行合理性、可操作性的修正,以再平衡政府与企业、社会公众之间的关系,并且早已形成产业化、规模化的运行管理体系;但在中国还没有能够“公然地”、“堂而皇之地”走到台前来，受到正式认可，虽然类似的作用其实已经有所发生。

在中国本土企业设立公共关系职能是靠外力拉动的，给公共关系一个名副其实的职能名分和功能地位，要感谢欧美等大型外资企业的输入。实际上今天很多国内企业，尤其是民营企业虽然还没有设立专门的公共关系部门，但是公关工作有人做，大都是由企业一把手及民企老板个人亲自操刀。但这既不能满足现代企业经营管理的需要，也不具备可持续发展的要求，这与我们大多数企业还处在成长的初级阶段有关。中国加入 WTO 后，遵循国际准则和游戏规则来完善企业管理结构、开拓更多市场、发展自己的事业，借助专业的公共关系建立企业品牌形象，与公众等各方利益相关者保持良好关系，提供更好的服务等一系列的急迫需要，正在逼迫本土企业家们认识到公共关系的重要性。从行业来看，基于网络平台的各类互联网公司已经先行一步，新技术、新思想、新业务拓展方式带来了经营理念的极大进步，其公关部门的作用也在得到认可，并正在由浅入深地、逐步地发挥越来越重要的作用。

今天的中国市场，国企、民企、外企三分天下。经过三十年的学习吸收，我们的国企、民企正逐步成长壮大，也正在学着像当年跨国公司进到中国那样走出去，向国外市场要发展。时代的推动力真的是永远不可低估。我们的技术能力出去了，我们的好产品出去了，我们学来的管理和经营能力也出去了，可是我们与当地社会文化的融合能力，与当地市场利益相关方的沟通能力，我们企业和品牌的推广能力也同步建立起来并向外输出了吗？你也许会说，现在出去先挣到钱，其他的往后放放，慢慢来。听起来似乎有道理，但我们走出第一步的时候，是否就应该考虑到做国际化企业的整体思想和整体方案？像跨国公司来中国投资一样，我们走出去也必定要面临与当地政府、媒体、合作伙伴及消费者等的沟通传播需求。“酒香不怕巷子深”式的传统观念在今天日益扁平化、无距离化的国际市场上再也不会有生存空间了；走国际化的企业发展之路，就不能再抱着小农经济的思维习惯来开发外面的市场。技术和产品的输出没有企业文化的紧密伴随，那只能是“土豪”

式的粗放扩张，岂能持久乎？

不可否认，跟发达国家相比，我们的经济成长阶段还是初期的，技术水平、管理能力和竞争实力还是相对薄弱的。我们的产品、服务和管理体系还没有成熟到可以自信满满、昂首阔步地跨向全球市场的地步；我们自己的公共关系也还没有发展到可以与国际高手站在同一个舞台上平等交流的成熟度，我们国内企业所谓的公共关系大多还是以商业利益为驱动的“营销策划”，虽然也可能启用了政府关系、媒体资源、活动策划等公共关系资源要素；本土公关人乐于分享的大多还是在帮助企业制造轰动效应的“打品牌”活动上；一些设立了公共关系部门的企业实际上也是把它当作“促销活动部”或“接待部”用；学校公共关系教育大多还停留在“纸上谈兵”，缺乏实践经验指导，缺少学科发展必需的社会实践养料。但有一点可以肯定，我们的各类企业在进步，而且进步速度很快，步伐很大。尤其是近十来年，我们的企业正在逐步缩小与跨国公司在经营业务种类、产品研发、经营管理能力和市场开发拓展上的差距，企业公共关系的“正名”和发挥其应有的作用随着我们本土企业竞争力和水平的提升，必定要走上正轨，相信这一天的到来不会太久了。

第二章　企业公共关系主要目标

一、政府公关

（一）政府的角色

这里的“政府公关”是指企业开展的针对政府及其相关部门和机构的公共关系活动，也可以叫政府关系或政府事务（Governmental relations or affairs）。政府公关在跨国公司的公共关系战略中永远占据重要一席。现实社会中，政府、媒体总是处于强势地位，社会公众处于弱势地位，这在任何制度的国家、任何时候都无不如此，企业公共关系将重点放在政府和媒体上也是顺理成章之事。其实公共关系最早的出现就是为了政治和社会事务与政府沟通的需要。政府在管理国家事务、维护国家政治和社会秩序稳定、维护国家安全、促进经济发展的同时，塑造良好的政府形象、保持与其人民、国内外各个方面的良好沟通也是其要务之一。对企业来说，政府在社会、经济的发展规划、秩序维护方面的指导性和保障作用是不可缺少的，甚至影响着企业健康稳定的发展进程。政府的职能也体现在对企业的行业指导、管理、监督、协调、服务和保护上。

对各行业企业来说，了解政府相关监管部门的角色和作用是做好企业政府公关的必要前提。不妨列举一部分在中国跨国公司要经常打交道的政府部门和它们的职能简介，当然不同的行业对应的政府管理部门有所不同，企业公共关系活动也会具有鲜明的行业特征。

国家发展改革委员会：国务院的重要组成部门，是负责研究拟订国家经济和社会发展政策，指导总体经济体制改革的宏观调控部门。每五年的国家各行业发展计划及中长期规划综合审核批准部门。重大项目审批，行业反垄断及价格监督管理，可持续发展战略制定，利用外资和境外投资的战略、规划、总量平衡和结构优化的目标和政策制定者，等等。它是各行业企业理解国家经济发展规划、行业规划、政策及市场行为宏观管理的重要渠道。在国家、省、市、县各级等有垂直管理功能的部门，越是往下，在地方社会经济发展规划、各个产业立项审批、市场价格及垄断行为监管等方面的作用越是突出。

工业和信息化部：作为行业管理部门，负责拟订和组织实施工业行业规划、产业政策和标准；监测工业行业日常运行；推动重大技术装备发展和自主创新；管理通信业，指导推进信息化建设；协调维护国家信息安全等。网络化建设和信息安全的指导、管理、协调和保障是工信部的重要职责之一。工信部管规划、管政策、管标准，指导行业发展，但不干预企业生产经营活动。它是通信、技术装备等行业了解国家政策的重要窗口。工信部在省、市地方都是以"经济信息委员会"的机构名称开展工作，人员都是国家公务员，全额财政保障，并且不负责市场日常监督管理工作。

商务部：国务院主管商业经济和贸易的组成部门。负责国内外贸易和国际经济合作的战略、政策、法规以及宏观管理，包括规范市场运行、流通秩序，进出口技术、设备和商品管理，进出口公平贸易的日常监管等。它是全国外商投资工作的宏观指导者和监督者。在地方上设商务委或商务厅、局；对市场重大问题及事项由专职监督调查部门负责，行使特定的日常监管，尤其在对反垄断调查及知识产权违法调查、国际贸易纠纷、重大贸易问题查处等方面；是国家与各类国际经济贸易组织对接、合作、谈判、纠纷解决的主要窗口。

国家卫生和计划生育委员会：是全国人民的卫生健康和计划生育事业主管部门。主要职责是：统筹规划医疗卫生和计划生育服务资源配置，组织制定国家基本药物制度，拟订计划生育政策，监督管理公共卫生和医疗服务，负责计划生育管理和服务工作等，是医药卫生及健康相关行业企业的重要沟通部门。卫计委系统人员大多是医学专业及公务员出身，职业领域的知识及业务能力水平相对较高；卫生监督系统有专门执法队伍，主要针对有相当规模的、非个人经营的企业的卫生资质监管，对众多小型、个人性质诊所之类的非正规医疗机构一般非举报不会主动监管。

国家食品药品监督管理总局：国务院直属机构，负责食品安全、药品、保健品、医疗器械、化妆品监督管理的法律法规、政策规划及规章制定，食品、药品、保健品、医疗器械、化妆品生产行政许可审批、产品标准及产品使用安全的监督管理者。

国家质量监督检验检疫总局：国务院直属机构。主管质量、计量、出入境商品检验检疫、出入境卫生检疫、出入境动植物检疫、进出口食品安全和认证认可、标准化等工作，是所有商品生产环节和进出口环节的行政主管部门、市场监督者，包括食品、药品、化妆品等，市场各种电梯等特种设备产品的监管者，有行政执法权。各省、市、地、县都有垂直功能的质量监督管理部门，外资企业习惯上称之为"商检局"（CIQ）。质检系统人员也全数是公务员系列，有专职市场检查执法队伍，并大多具有必要的技术职业资质和相应的专业水平，享受全额财政支持；日常监管检查主要针对各类企业的生产环节，有时也会对市场上的日用商品进行抽查检验。

国家工商行政管理总局：国务院直属机构。主要负责市场监督管理和行政执法的有关工作，制定工商行政管理规章和政策，负责各类企业和从事经营活动的单位、个人以及外国企业常驻代表机构等市场主体的登记注册并监督管理，承担规范和维护各类市场经营秩序的责任，负责监督管理市场交易行为和网络商品交易及有关服务，它是各类企业经营许可证的审核发证者、市场经营行为及流通环节所有商品的监管者。

中国消费者协会：经国务院批准成立的对商品和服务进行社会监督的、保护消费者合法权益的全国性社会团体。其宗旨是：对商品和服务进行社会监督，保护消费者的合法权益，引导广大消费者合理、科学消费，促进社会主义市场经济健康发展。

自 2014 年起，工商行政管理、质量监督检验检疫和食品药品监督管理"三局合一"试点在上海浦东率先推行，合并后组成"市场监督管理局"，并从 2015 年开始在全国由县、地、市及省范围自下而上逐步推进。这意味着国家已经认识到目前市场多头监管、重复监管的弊端，正在采取实际行动改善。今后市场上各种不同的"大盖帽"会有所减少，但市场监督管理的效果会否就此提高或真正改善呢？我们还需要观察并热切期待着。

（二）政府公关的意义

企业做政府公关的出发点来自三个层面：一是了解国家及行业政策动向；二是为政府担责解忧提供帮助；三是与监管部门建立良好的沟通机制。必须清楚地认识到，政府和企业的思维方式是存在很大差异的：企业谋求一切发展条件和支持的可能，而对政府部门及其官员来说，"不出错"是作为其日常工作首要考虑的事情。

一个国家在国际上的政治地位高不高、经济繁不繁荣、国家政治与社会状态稳不稳定、人民生活满不满意，全依靠政府的作为。跨国公司深谙此道，争取政府各方面、各层面的理解和支持，便是企业进行政府公关的核心目标。他们来到中国投资，政府开放的决心究竟有多大？发展的可持续性怎样？行业决策者是谁？行业发展的国家规划怎样？行业及市场监督管理部门的作为是否公平公正？国家法律体系及依法行事的氛围如何，等等，这些因素影响着他们来投资的决心，也影响着他们在这个市场经营发展的信心，因此势必要进行全面的评估考量。另外，面对日益复杂的经济和社会环境，让管理跟得上社会发展的步伐，政府也需要及时了解社会各行业的运行和发展状况，制定符合实际发展需求的行业规划，提升监管和服务水平及能力；及时解决遇到的新问题，理顺各方面关系，为企业健康发展创造政策和管理服务的有利条件。特别是现在政府机构改革正在全面进行，向服务型政府转变等，更需要与企业界保持顺畅的沟通机制和互利共赢的心态。

跨国公司来到中国开拓市场的同时，帮助建立与政府、媒体及各利益相关方良好沟通的公共关系功能也随之进入，因为他们知道这些利益相关方将在公司核心业务的健康发展中会起到相当重要的保障作用。良好的公司外部运作环境无论在任何时候都是必要的，这是跨国公司在全球市场业务发展同步的重要战略之一。而对于中国这样发展速度快、成长性一直领先的新兴市场，政府各项服务功能也在同步提高，企业与政府各个部门的顺畅沟通在任何时候都是公关工作的重中之重。

以制药行业为例，大型跨国制药公司来到中国，投资建立新的制药厂要经过商务、发展规划、卫生、食药监、工商税务、海关和检验检疫、环保、消防等多个部门的审批、监管；向中国市场推出新研发的专利药物必须通过食品药监和卫生部门的“Ⅰ、Ⅱ、Ⅲ期”且持续数年的临床验证和评估；药品营销网络和销售行为要受到市场监管部门的日常性、高密度监管，等等。这些审批、监管职能分属在不同的政府部门，不出问题时监管与被监管方各行其责一切正常，但现实生活中能够一直顺顺当当不出一点问题的企业，还从未有过。各个环节出现各式各样的问题，如果没有一个能够与外界各利益相关方进行良好沟通的专门部门，公司总裁、总经理们会寸步难行。当年美国辉瑞制药公司的“万艾可”（俗称“伟哥”）上市就经历了一个漫长的政府审批过程。在美国和欧洲，万艾可不过是一个新研发的处方药物，走正常的临床申报程序即可获准按照处方药常规上市。但对中国医药市场管理者来讲，这是第一个同一新研发药物在中国申请与国际同期临床试验和上市，况且是用于男性性功能障碍治疗的首个化学药物，领域特殊，前无先例，受到的“重视”程度不言而喻。在经过三年多的Ⅰ、Ⅱ期临床试验后，由六个部、委、局多轮联合审核，才最终获准在中国上市，比美国上市时间已经晚了两年；并被要求按照“毒、麻药物管理办法”全程严格监管，主治医师以上的泌尿外科大夫才有处方权。这其中企业与政府各部门间的协调沟通工作是大量的、重复的、艰难的。

相对来说，西方发达国家的政府和企业之间的合作关系较为健全和成熟。在健全的法律法规及制度体系下，政府和企业是相互依存的合作伙伴关系。政府对企业市场行为的干涉降到最低程度，跨国公司才有可能像今天这样充分实现其全球化战略。政府服务的国际化、标准化和企业本土业务经营的全球化，带来的是在国际市场的同步发展和各方利益相关者的共赢。发达国家政府与跨国公司的这些健康的游戏规则和成熟关系理念值得我们好好借鉴，对改进我们的政府角色和功能大有裨益。

我们国家从计划经济转向市场经济的体制改革，这种体制转变的工作量是巨大的，牵涉到政策制定、法规更新、执行方式以及人员队伍等诸多方面的变革，必定涉及各个方面的利益调整。这不是一蹴而就的运动，是需要有阵痛的改革。我们的政府人员要积极而有效地吸收国外先进经验，提升自己的能力和水平，需要透彻、深入地交流和认真地学习。因此，企业政府公关就起到了上传下达、下情上报和中外交流的双向沟通桥梁作用；政府在掌握行业发展动态、协调支持、正确履行监督职能、引导行业健康发展的同时，也能够逐渐提升其公共服务的功能水平。

需要明确的是，政府公关的目的绝不是要借用政府之力平息企业可能面临的麻烦或危机，而是要建立和维护通畅的沟通渠道和机制，了解政府政策、政府要求、政府工作方式，并通过积极与政府沟通、积极参与政府组织的活动、积极提供公益支持等，来实现政企的双赢。企业守法经营并积极履行对社会的义务，那它就会得到政府的认可和帮助。互利是关系融洽的基础，然后才能互惠，才能够共同提高、共同发展。

（三）如何做政府公关

政府公关应该是企业公共关系中难度相对较大的一个职能。我国目前的企业与政府还是比较陈旧体制下的被管理者与管理实施者的关系，政府部门及其官员个人工作作风如何、积极与否、能不能合情合理、灵活地管理对企业来说都只能是被动接受；企业对政府工作没有监督权利，实际上在中国也没有这样的机制，企业在政府面前是绝对的弱势群体；也因此在中国做政府公关的方式与在欧美市场有很大的不同，不得不“符合中国国情”。当然从公共关系理论和全球市场实践来看，企业政府公关的最高目标是谋求成为政府的“战略合作伙伴”，而绝不是谋求“平等的权利”。某种程度上，企业与其消费者之间的关系就像政府与企业的关系一样，是相互依存、相互促进的。一个能够处理好与其消费者关系的企业，在政府沟通上也应该能够融洽顺利，如其所愿。

企业进行政府公关，应当在熟知政府各相关部门职责、结构和办事程序及方式的基础上，做到五个“积极”，即：

- 积极了解国家及各政府职能部门对发展经济的长远和宏观规划，包括具体政策法规的变化和趋势；

• 积极向政府主管部门沟通汇报企业经营及市场变化动态情况；

• 积极邀请政府主要负责人参观指导和交流，以加深他们对企业的了解和认同；

• 积极响应政府倡导的社会公益活动，并付诸具体行动；

• 积极谏言献策，帮助政府完善相关行业规划、规范制定，以解政府之忧。

“积极”的反面是“懒怠”或“慢待”，这都是企业做政府公关的大忌。没有人喜欢和一个情绪消极、处处行事被动的人打交道，更何况是代表了企业形象传播的公关人。此外，当企业在正常经营中遇到问题时，应当主动向政府主管部门汇报，接受监督、调查和指导，这也是表明企业积极合作态度的重要工作方式。

跨国公司在政府公关上一般都遵循类似的原则，即通过正当的路径和方式赢得政府的信任，建立双向顺畅的沟通机制，相互帮助有效解决实际的问题，促进行业在国际化趋势下的整体进步。跨国公司不避谈良好的个人关系网或者有无“背景”资源，但更看重公关人对个人关系网的合规(Compliance)运用和风险规避；对有“背景”的公关候选人的考量也从原来的青睐、依靠，逐渐变得越来越谨慎。企业合规守则(Code of Conduct)是企业全体雇员的法则和红线，任何人踩上了都将最终难逃责罚，甚至会“抹杀”你过去的所有贡献和成就。这也是为什么在从业资质上要求企业公关人员既要懂得国家法律、行业规定，又要了解企业守则、企业文化，能够在复杂的环境中坚守职业道德，以完全的公心同各方面保持积极顺畅的沟通，维护企业的形象和声誉。

企业公共关系人员还应当对政府组织结构、人员职责分工及“官场文化”有一定的了解。跨国公司要拜访政府部门或商讨建立项目合作，必须清楚在中国的官场体系中不同级别官员的角色和作用，才不会跑错门、认错人。政府部门中，一般来说处级以下科员是所有具体事务的操办者和“跑腿者”；处长们是部门职责和项目执行的负责人，担当保证部门指定工作目标的实现和项目按照既定计划实施以及系统内部资源的协调;司、局长一般是项目总负责人并充当部际沟通协调人,监督接受处长们的进度报告和重要问题解决方案的拍板,批准下拨所需资源,同时司、局长是行业政策及发展规划制定的主要召集者和提交人;分管副部长在项目启动和结束时要出席仪式以"秀重视",因为他们往往要分管多个司、局的业务,不会参与到具体某个项目的操作事宜,对司、局长的依赖程度相当大;部长的责任是"弹钢琴",负责督促管理团队各位副部长的工作进程,一般把握本部的大事并代表本部向上汇报、对外交流;总理级别以上则是在国际交往中负责宣传项目成果,是外交礼节的演示者、国家间重大合作项目的促成者。一般跨国公司与政府部门的合作项目都会通过各部委所属相关协会、社团组织来具体实施。跨国公司董事长及CEO们要想拜访省部级以上国家领导人并非易事,如果你不是行业内的翘楚,就必须有重大合作项目达成意向或准备启动,再或就是有特别贡献,比如1998年"两江特大洪水"期间,某欧洲大型制药公司连续捐赠药品及现金超过数千万元,公司CEO来华得到国家主席接见,这对公司来说具有不可低估的政治和公关意义。

隶属于各个部委的"国字号"行业协会、学会、商会、基金会等,比如卫生系统的各种疾病防控促进会、协会、基金会,各类消费品、食品的行业协会、联合会,过去的机械、轻工、纺织等"部转总会"形成的各类机构等,理论上都属于社会团体、非政府机构,但其实际上起到的"政府的腿"的作用非常之明显,也是企业公共关系和传播必须依赖的重要资源平台。根据统计,截至2014年底,我国现有各种行业协会、商会、学会、基金会超过7万家,其中行业协会、商会占了大头。这些组织一般都由退居二线或已退休的副部级官员担任主席或理事长,核心成员主要是由退休的司、局长们,以及有着错综复杂的上下关系网的退休或在职人员组成,基本上是原部门的"二政府"。他们各自有着不同的"资源渠道"和人脉网络,能够上通下达;他们不是政策制定者,但会是所在行业领域重要的政策影响者。这些人对协会组织的重要性不言而喻,对其所在行业领域事务的协调影响能力不可低估,对企业的帮助作用也会非常有效。有时候重要人物的一句话就能出人意料地帮助企业解决大问题。政府部门很多具体项目、国际合作交流等，一般都会通过这些协会、基金会等组织来执行运作，相关“垂直条线”的全国性的“工作网络”是他们独有的优势平台，能够保证项目自上而下顺利推进。

2015 年 7 月，中共中央办公厅、国务院发布了“行业协会商会与行政机关脱钩整体方案”，开启了“红顶中介”与政府部门划清界限，真正行使其社会组织作用的大手术。这是一项强化政府服务社会和市场功能、提高政府工作效率的重大改革。相信和其他改革措施一样，因为涉及很多“官场资深人士”的既得利益，一定也会遇到很大阻力。另外看上去矛盾的是，2015 年初，国家对政府机关与相关行业协会改革的要求是，让行业协会更多地转移承接政府的服务功能，更多地发挥协会组织自身的协调和组织实施能力。这样“摘帽”与“授权”同时出现在协会组织的改革议程中，在操作层面上应该如何科学有效地推进呢？我们期待这项利于社会公平、利于政府职能完善，同时为企业界欢迎的改革能够真正改得彻底、改得到位。

政府关系人脉的建立是一个长期复杂的累积过程，绝非一日之功就能成的事情，长远的公关战略导向和有效的日常沟通维护不可或缺。第一代外企潮中的公关经理人，多数有着“很深的”人脉关系网和“圈子”背景，个人能够直接沟通司、局级以上的高层，因此他们的政府公关策略和方式多是直接影响决策者，是自上而下的推动，是只“做大事”的。第二代外企公关人“草根性”占主导，依靠前辈的带领也部分建立起了自己的关系“圈子”，只是影响力和效能要比前辈们逊色些；依仗着年轻和对变革的更强适应性，他们和政府关系资源一道寻求新的、“更符合国际通行规则”的沟通及合作模式，也逐渐建立起向下的、更广泛的政府关系网络，保护着企业的正常经营和企业的正当利益。第三代公关人更为市场化，政府体制和人员结构处在深度改革中，新人与新人的沟通更顺应时代特性，大家似乎都会“用市场的话”来办事、说事，但在激烈的变革动态中，现在政府部门的人员为了“避嫌”，对企业的“亲近度”不得不有所收敛，甚至有所回避；企业公关人也不得不通过更为专业的公关方式小心谨慎地维护政府关系资源。

但一如政府公关的普遍实践，要赢得政府有关部门的支持，企业公关人必须凭借企业所做的实际贡献或行业中所处的重要地位，争取相关政府部门关键领导人员对公司的重视，必须把握有利时机，建立、扩大企业在政府部门中的信誉、影响和认可度；另一方面，对企业公共关系来说，政府部门人员无论职位高低，无论状态如何，都不可有远近亲疏，都要保持顺畅的沟通关系。正如"公关江湖"中所说的：通过正确的途径，找到正确的人，在正确的时机，采用正确的方式传递企业信息，建立起良好的沟通机制。另外，恰当地利用媒体关系、"意见领袖"资源的帮助，建立立体的"舆论"支持环境，也是推动企业政府关系建立和提升、获得政府重视和支持的有效途径。

（四）政府公关中必须注意的事情

我们的政府正在不断改进和完善其服务于社会的功能，我们的企业也需要自觉担当起不可推卸的社会责任。近年来，一些事关民生的行业，如食品、药品等的产品质量、安全问题频繁发生，甚至一些大型跨国公司也时常暴露出产品质量问题、服务质量问题，甚至违法营销行为等。因而利益诱惑之下，呼吁商家们"血管里要流淌道德的血液"还只能是一厢情愿。我们的市场还处在很不成熟的成长初期，靠道德的约束要求这些大大小小、形形色色的商家们遵守法规、有道德地经营，还很不现实。为此，政府监管部门本身的压力也是陡然增加，市场监管的强度、力度也不得不逐步加大。跨国公司们本身也面临着改进经营方式，重新审视本土化战略，回归公共关系在正确的功能定位上继续发挥"决策参谋"和"形象大使"作用的再思考。

2015 年的博鳌亚洲论坛上，龙永图先生曾说"中国最小的官也比最大的企业家神气"；2015 年"两会"结束不久，李克强总理也就一些已经在国务院常务会议上讨论确定的政策推行不下去而斥责"难道部长的决定还需要几个处长来'把关'吗？"。这些都是目前不能回避的现实状况。党的十八届三中全会以来，不断有党和政府的高官被"双规"或被依法惩处，这些人无论官位高低都有一个共同点，就是都有多重官商勾结的"朋友圈"，他们利用这些"朋友圈"大肆违法收受贿赂、权力寻租、买官卖官，道德败坏，极尽贪腐之事。他们带来的不良影响是全方位的，损害的是国家政体的健康和全社会的风气，也严重影响着企业公共关系部门对政府公关的健康维护和正当推进。

当前政府部门面临的改革压力是巨大的。党的十八届三中全会提出了全面深化改革的号召，大力推进经济体制改革，进一步理顺政府和市场的关系。这一场深化改革的目标明确，力度超前，但推进的困难也是相当巨大，特别是在各项制度不够完善、“底层设计”严重缺乏、法律法规滞后实际需要、监督监管效率低下的现实条件下，各方面既得利益者没有改革的动力，更不会轻易舍弃已享有的权利利益。一旦遇到需要切实动刀本部门权和利的事情，他们必定消极应对，一味竭力“呼吁”“顶层设计”而绝不会主动作为，将所有矛盾上交了事。

以养老事业为例，2013 年 9 月国务院就加快养老服务业的发展专门发布了文件，对指定相关政府部门要求在限定时间拿出具体方案并开始执行。如今两年过去了，大部分“重点任务”的推进依旧缓慢，甚至有些仍不见动静。公办养老机构仍旧是一床难求，私营养老机构依旧路远、价高、服务差而少人问津。新的开发商在打着“高端化养老”、“智能化养老”旗号的商业浮躁下，或急于靠“讲故事”打动投资人，以拿到千万、上亿元的风险投资为唯一目的；或热衷于“无成本拿地”，建起来再说，十栋新楼，八栋是商品房，任由养老公寓空置。养老服务软件无人看重，养老服务管理人才更是严重缺乏；面向绝大多数老年人养老服务的社区养老、居家养老模式，因国家政策保障体系缺失，相关部门如卫生、民政、人力资源与社保、财政及发改委等部委间协调机制不健全，而难有实质性推进，绝大多数老年人的养老依然是个大问题。上海市某区曾大力推进在社区养老和居家养老上的重大改革，鼓励街道、镇政府勇于探索适合老百姓真实需求的各种非机构养老模式试点，在一些镇、街道取得了政府、百姓、服务提供商等都满意的的良好效果，该区在全上海市的养老事业发展方面领先其他各区县，受到市政府重视、全社会欢迎。然而两年后，区党政一把手调整，新任领导班子不愿充当“出头鸟”，放弃对社区和居家养老模式的主动探索，已经开展的项目全部停止；将“医养结合”向社区、家庭渗透的路径关闭，改为由属地三甲医院主导，将医养结合服务放在养老机构内推进。可这种强化的服务只会停留在养老机构内，只能惠及极少数老人，与上海市“9073”格局的社会化整体养老事业推进策略相背离。另一个区属社会福利院率先试点引进的北欧养老机构护理服务模式，在机构领导班子换届后也处处遭到刁难，难以为继。“顶层设计没有出炉”、“上面没有指示”是他们为了保住自己的乌纱帽而宁愿不作为的“挡箭牌”。真正想要在推进我国养老事业的服务能力和水平提高上做些实事，还相当艰难。深化改革真的需要再加快步伐了。

企业做政府公关不是要去巴结政府部门的官员，不是用不正当的方式拉拢甚至腐蚀政府人员，但也不是要与政府部门“作对”。与政府及其监管部门交恶，是所有企业公共关系工作之大忌。即便在当时、当事你可能确实有理，“迫使”政府部门“低头认错”，也一定不会有好的“愈后”的，麻烦一定在后头。公共关系的历史上还没有哪家企业“对抗政府”却获得最后成功的案例，你可能赢得一场官司，但很可能会失去整个市场，尤其是企业很难保证其业务运作能够百分之百地遵循当地法律法规，或者产品真的不会出一点问题。与政府部门保持一定频度的沟通，将关系维持在“桌面上的互利”，而不是“桌面下的交易”，这其间的尺度如何把握，这也是公关沟通的艺术性所在。

美国高通公司（Qualcomm）依仗其对移动终端平台所用核心技术的专利权，滥用市场支配地位，垄断全球无线通信产品市场，已在多个国家受到调查和处罚。2013 年底被国家发改委立案调查时，起初拒不配合政府部门的调查工作，并采取全方位公关的手法，包括动用美国政府要员在不同渠道向中国政府部门施压，试图通过“高压手段”逼迫发改委放其一马以消除危机，但这些有违公共关系本质的努力并未奏效。2015 年 2 月，在确凿的事实证据面前，高通公司不得不接受国家发改委对其高达 61 亿元人民币的垄断行为处罚，并被责令整改目前的商业模式。有人说高通这是“以认罚换市场”，其实这何尝不是公司公共关系策略错误、管理层误判形势乃至走入歧途所致。

曾经有国家发改委人员上门对某跨国奶粉公司调查行业垄断问题，该公司竟迟迟无人出面接待，最后只安排经理级以下人员出面“配合调查”，中午工作餐也由来查工作人员自行解决。虽然在欧、美政府，调查人员自己解决工作用餐是平常事，但这很不符合中国社会的公关礼仪，至少公共关系部门安排符合标准的工作餐并不违规，更何况这是一个沟通双方认识、解释问题缘由、表达企业愿望、缓和对立气氛、争取从轻处罚的好机会。这种失礼或是慢待行为也是企业公共关系的大忌，态度上的“失智”给企业带来的后患可想而知，发改委对经查实确认企业存在的问题采取的处罚行动自然不会留情。

近些年来，中国政府自身的体制改革可以说是在加速进行中。现在政府部门也越来越重视改进和提升自身监督管理技能和水平，对符合国家发展战略需求及方向的行业能够做到尽力帮衬，比如在创新研发及设计产业、绿色能源工业领域、传统企业技术设施升级改造、大众健康促进领域等。中国市场上包括各个电商平台上的任何商品，都同时受到多个政府部门的监管。监管来自质量监督检验检疫系统、工商行政管理系统、食品药品监督系统、卫生监督、农业、商务、发改委，等等。同时国家层面直至县一级的各级消费者权益保护组织也在积极作为，中消协及地方消协一直帮助企业协调各种消费纠纷，受到企业的赞扬和依赖。但近年来几个一线城市消费者协会时不时地对市场商品抽样“对比试验”也令涉事企业头痛不已。不同的市场监管部门重复执法、不当执法行为也时有发生，越是二三线及以下城市“人情执法”现象越是较为常见。越是市场上容易购买到的大众类商品，就越会受到经常的、直接的、多重的监管，企业无法躲避。快速消费品行业，尤其是以 B2C、O2O 等线上行销为创新经营模式的各类企业，公共关系部门不得不将各利益相关方关系的维护、在任何情况下都要保持沟通渠道的畅通作为日常工作的重要内容。

（五）帮助政府进步，利于企业发展

对所有的企业来说，一个好的政府应当具有：政策制定过程和执行过程的科学性、合理性、高效率和稳定性，服务于企业的整体自觉意识，注重沟通的双向性。一个优秀的政府部门及其人员应当努力为企业创造良好社会环境和市场秩序条件；积极帮助促进国内外企业的交流，推进现代企业制度建设；主动与企业保持正当的沟通，准确并及时了解行业及市场的发展动态；

树立依法办事的自觉意识，不滥用行政干涉权力，一切照章行事。

这些年中国市场经济的发展可以用“大浪淘沙”来描绘，我们看到蜂拥而入的跨国公司们随着中国社会变革的进程也体验着各种阵痛，其中有水土不服而不得不撤出的，有自知能力不够最终将业务转卖给本土企业的，有走马灯式频繁换帅苦苦硬撑的。但也有经营业绩一直保持可观增长，公司运营健康、稳步发展的。这些公司除了市场营销策略得当、团队领导强有力之外，还有公司结构完善、公司文化健康、重视公共关系与外部各方面的有效沟通的因素。失败的企业各有各的原因，成功的企业都拥有相似的条件。总结这些公司成为真正“百年老店”的要素其实不难，但要学到这些成功老店的基因，变成自己的持续成功因子，我们的本土企业成长乃至政府和社会环境的改善都还有很长的路要走。有人总结说，国内大企业经营失败，政商关系破裂是一个主因，中型企业多败在乱集资行为上，小企业失败则大多是因为纯粹的市场竞争。

很多企业通过政府公关希望让政府知道他们的经营活动和市场状态，以影响政府的态度，传递诉求，甚至影响政府在行业方面的决策。应该说企业的健康成长对社会发展及政府的主导作用发挥也有着重要的推动作用。由于过去我们的体制是计划经济，政府业已形成的管理模式及理念是“管理”而非“服务”，或者说是自上而下的“审批式”服务，不存在上下双向的交流沟通，更不会主动关注企业的合理需求。现在各级政府部门的旧有思维方式正在积极地转变，向服务于市场、服务于企业改进。实现一个公平稳定的法制体系、高效廉洁的行政体系、高度自由的经济体系并不是遥不可及的梦想。方向正确了，过程能不能进展得顺利些、再快些，“自贸区”式的服务理念和模式能不能再推广到更多的政府部门，可以说所有体制内外的企业都在热切地盼望着，这其中企业公共关系的沟通促进作用能起到事半功倍的效果。

现在我们的国家领导人进行重要出访的时候，也常常会邀请并组成庞大的企业家代表团随行。在加强国际政治合作的同时，也在竭力促进国有及民营企业与国外企业间的合作。这在鼓励国内先进企业走出去的同时，也在提升我们的国家实力形象。这是极富影响力的国家公关，并且也已经成为国际惯例。政府的推动作用和企业的发展愿望得到了很好地融合，也促进了国际政治经济秩序的健康发展。

政府公关机理

人之降生于世，便要受到父母、老师的管束、指导、教育和培养；一个企业诞生于社会，便会受到国家政府及市场环境的种种约束和管制。人没有与生俱来的无限度自由，企业更是如此。一个企业即使做得再大再强，都不可能摆脱国家的管理和社会的规范，更不可能为所欲为。企业人从创业之初就应该对自己和自己的企业有正确的社会定位。企业的成长发展要在纷繁拥挤的社会环境中寻找通达的路径，与各种可见、不可见的障碍或直接碰撞或绕道前行。没有哪个企业不想在一个支持的、友善的环境中经营的。与各种环境制约因素，尤其是负有监管职责的政府部门建立信任、互利、和谐共进、可持续的良好沟通关系，甚至成为战略伙伴关系，对企业的成长、壮大、国际化，乃至成为真正有传承的百年老店，其重要性和意义不言自明。积极的政府公关策略远好于被动地与政府沟通，与政府对立或敬而远之都不是维护企业经营发展的好办法。是政府在管理着国家政治和国家经济，企业时时处处都要摆正自己的位置。俗话说“伸手不打笑脸人”，企业“和气生财”，要对所有人都“和气”，当然包括管你的人。这不是处世圆滑庸俗，而是企业生存发展的必要策略。

二、媒体公关

（一）认识媒体的作用

媒体与公共关系应该是相伴而生的。有人总结了现代意义上的媒体五个方面特征，即权力资源属性，所谓得媒体者得舆论天下；公共事务平台属性，尤其对政府部门来说；定义社会现实的重要力量，可以构建影响社会的文化和价值观；获取声誉和知名度的主要手段，不管是主动地创建还是被动地接受；社会规范的标尺，可以有效引导人们对社会事务的判断。现代企业市场营销中，媒体是必不可少的推广、传播平台和载体，它一头连着企业组织，一头连着受众群体，同时还要遵循政府的导向指引和维护自身的立场。媒体平台对企业的成长发展能够起到有效的推动作用，但正如人们常说的，媒体是“一把双刃剑”，企业成功要依靠媒体，失败也可能是因为媒体。企业和媒体保持良好的沟通、互动关系，对企业的正常经营和健康发展来说永远是利大于弊。经过这十几年的探索，国内的企业正在从把媒体仅仅当作广告平台，转向与媒体构建长期战略合作伙伴关系，这是建立企业与媒体间正常合作关系的必由之路。创新产品或服务信息传播、新的科学生活知识普及、企业发展给人们带来的更多便利等信息通过媒体传播给社会大众，丰富并提高了人们的生活品质，也使人们对未来有更多的期待。当然，媒体公关必须建立在互相尊重的基础上，专业的沟通平台和较强的个人关系网对企业有效和可持续传播来说也是必要的条件。

近 20 年来我国传媒行业发展迅猛。相对其他社会力量来说，媒体永远倾向于站在“道德制高点”看待和评论世间事，这是媒体职业的社会特性。应该说绝大多数的媒体，尤其是各地主流媒体是能够遵守尊重事实、公正客观报道的职业操守的。但如同商家中会有“血管里流淌着不道德血液”的个别人一样，媒体队伍中也存在不够专业甚至用心不良的个别人。本人曾亲历的一件事，某一省会城市的都市晚报通过我们当地销售经理找到公关部，发来一篇指责我们销售人员在当地违法促销，给有关客户不当回扣一事的报道稿件，并告知如无异议他们第二天要见报。经授权当地销售同事与该报记者面谈，解释实际情况并了解其真实意图，最后达成意向在该报纸做一期四分之一版的品牌形象广告。第二天该篇文章仍然见了报，但是公司名称被换成了竞争对手公司。作为企业公关人，我们并没有窃喜之感。

在 2015 年全国人大会议讨论会上，娃哈哈董事长宗庆后曾毫不客气地揭露“某地一家电视台搞‘3·15’报道，向我要十几万元。我说我不给，你报道吧”。相信各行业的企业界人士对此并不感到惊讶，即使该地政府方面随即做了“澄清”。企业“受邀”参加或资助各类官方、非官方安排的“消费者权益保护日”、“质量月”、“质量万里行”等展示活动，如若不从，必遭“后报”，这在当下的国内市场监管领域早已不是什么“潜规则”了。2015 年 4 月底，曾深受中国读者拥戴并且最具权威性的财经媒体《21 世纪经济报道》及其“21 世纪网”等，因“新闻敲诈”受到国家新闻出版广电总局的整顿处罚和通报，网站及下属《理财周刊》被关闭；9 月底，包括《扬子晚报》《南方都市报》等在内的 15 家知名媒体因不实报道或虚假宣传又受到行政处罚和通报。

令人不解的是，我们社会的“忍受力”也真是可以获得高“赞”的，这些媒体的“不当”行为明明不是个别或一时现象，但政府主管部门、新闻监督部门对此大都 “睁一只眼闭一只眼”，一直没有施行有效的监督、监管，任其胡作非为，直到“做得太过分了”，“受到公众的关注”掩盖不住了，才采取有限的应对措施。每一年我们都会看到新闻出版广电总局处理个别媒体及记者恶意报道及敲诈事件，但对整个媒体环境的改善作用寥寥。类似 2013 年中联重科通过公安及司法途径，举报新快报记者陈永洲通过大量失实报道，恶意敲诈上市公司的“斗争”并最终获胜的例子并不多见。陈记者被湖南警方刑拘后，新快报连续几日在头版发布整版声明“喊冤”，并呼吁湖南警方放人，让人误以为真是警方错抓人。舆论权力被滥用已经到了这等有恃无恐的猖狂地步，暴露出了一直以来我们的新闻媒体监管力量何其薄弱。其实媒体人利用获取的信息恶意敲诈当事人的事件并非中国独有，在欧洲甚至有记者以曝光丑事威胁敲诈王室的事情发生，只是要想得逞难度也比较大，而且事发后受到的法律制裁相当严重，没有人再敢效仿。

本人在某跨国奶粉公司工作时，曾接受“XX 在线”（省级新闻网站）就一位消费者发现奶粉中有虫一事的采访。作为公司发言人，我向其解释了婴幼儿配方奶粉产品本身的高营养属性，对保存条件要求很高，在夏季高温潮湿环境下保存不当特别容易生虫或腐坏等事实。该省级在线网站竟以“XXX 奶粉惊现活虫，公司发言人称是高营养物质”为标题在网站主页面上发文，并配以高清晰图片，“有图有真相”地声讨“不良商家”的“丑恶嘴脸”和“不负责任的行为”。圈内同行在了解实情后都引为笑谈，并建议查一下我们在当地有什么地方得罪了该省级新闻网。少数媒体断章取义和夸张强调词语标题的方式来“新闻再现”某些事件，从而将公众的焦虑情绪在与道德相关的事情上“放大”，造成读者公众误读并引发“道德恐惧”，这在当下媒体界已经不是孤立事件。企业公关人有权利向媒体要求依照事实进行更正，但更为有效的处置方式是通报事实真相，并勿受其扰，身正自清，保持日常工作的正常进行。媒体人如果利用其不平等的舆论权优势地位，置其职业操守于不顾，有倾向性地歪曲事实、恶意报道，也终将会自取其辱。

仍是一个奶粉公司的例子，某年春节放假期间，台湾某 TV 的值班记者苦于没有什么新闻线索，便上网查看大陆方面的有关消息。他们把数月前国内某品牌奶粉“三聚氰胺”事件中消费者在博客及 BBS 上的发文整理一下，将当时针对那些“躺枪”的国外品牌奶粉的投诉汇总之后，隐去发生时间，发稿称大陆再发毒奶粉伤害婴儿事件，涉及某某品牌，消费者投诉众多，有“数据”，有“事实”，甚至有图片为证。最初大陆的网站聊天平台有人关注并跟随发表评论，那个时候在大陆人们还没有从“毒奶粉事件”阴影中缓过劲来，紧绷的神经再度被撕扯。关注的人越来越多，大家只关注谁家奶粉又出问题，跟风斥责，但没有人去追查这“再次发生”的所谓“毒奶粉事件”的时间细节，直至个别纸媒很不负责地参与煽风点火，引起大范围的各家媒体跟进报道，引发社会公众的强烈不安和再次声讨运动。企业在做了充分的自检自查，确认所报道事情不实后，主动向政府监管部门汇报并接受驻厂检查监督。国家有关部门也对本公司市场上所有相关产品进行取样检测，确认没有所谓含“三聚氰胺”的毒奶粉存在。公司在官网上及公司热线平台及时更新发布检测结果和公司声明，耐心解答每一位消费者的担心和困惑，并对一线销售员工和经销商伙伴进行了事件真相说明。同时再次一同“躺枪”的其他品牌奶粉企业也效仿应对，积极配合政府监管部门的监督检测，最后确认外资企业的产品没有一家有问题。事件在我们的坚持中得以平息，未对公司及品牌造成较大伤害，甚至再次赢得了消费者的认可。但这类无道媒体不实报道造成的社会资源浪费和损失有谁过问呢？

值得称赞的是，整个事件中，所有主流媒体并未盲目跟进“趁火打劫”，始终保持了冷静客观的态度和坚持公正的事实真相报道原则。而个别非主流媒体及记者，却也淋漓尽致地展示了唯恐天下不乱、落井下石甚至借机谋财的无良本质，竭力煽动不明真相的消费者和群众进行围攻。南方某傍名一知名媒体的网站专门设计了“XXX 毒奶粉事件专题报道”特别网页，并多次要求和我们面谈“合作”。在我们拒绝了其高达数百万元的“战略合作伙伴”费用要求之后，次日该网页的图文便全部换上黑白色，并在醒目位置放上骷髅头做 logo，专门邀请个别“伪专家”加入声讨，让人看后不禁想起当年的“大字报”，高呼“打倒”式的尽失理性的行为。这已不是用“舆论暴力”可以形容的，在监管部门“惰政”的现实生活中，少数这样的无良媒体切实存在着。对企业公关从业人员来说，经历一次这样的真实危机事件，能让你从中看清不少现实世态，学到不少真实的社会经验。不过这类“老鼠屎”在任何行业领域都是个别存在的，它们永远不可能影响企业的正当经营和社会秩序的正义主流。

（二）我国媒体现状

截至 2014 年底的不完全统计，我国现有各类报刊约 1.2 万种，电台电视台近3 000家，网站 350 多万个，其中政府网站近 6 万个，具备新闻信息服务的 1.6 万个；持证记者 25 万人，实际从业人员约 100 万。30 年间，媒体已经由过去纯粹的政府喉舌转变成为地道的一个产业——“传媒业”，媒体自身具备的多重传播功能正在得到充分挖掘和发挥。而十几年前，我们的媒体总数也不过数千家，网媒的数量还是零；今天的网络媒体，特别是社会媒体已呈爆炸性增长。

媒体对广告功能的经济依赖由来已久，并一直没有真正地改变过。“媒体利益”和其他商业组织的利益一样，深刻影响着媒体业的价值观和业态发展。现在的各类媒体不得不在市场化的游戏规则下谋求生存发展。媒体业的生存质量和社会经济的发展似乎是呈正相关的，主流媒体在更多国家政策的庇护下，无需过多担忧新闻工作之外的吃喝拉撒事；但非主流的其他媒体“自谋生路”的压力就明显较大，“利益驱动”和生存需要双重作用下的价值观嬗变会不由自主，“守住底线”便成为社会公众和媒体自身要不断强调的要求。从务实的角度来说，媒体的新闻采编部门和广告部门同样都是企业媒体公关的重要沟通对象和关系维护对象。

现实生活中有一类存在于政府市场监管机构周边并与之有着“利益关联”的特殊媒体，企业常常不得不花费精力要认真面对。他们虽然不入流，但是一旦企业有经营行为不当或产品质量问题被相关监管部门发现，即使所查问题还在核实当中，一两天之内这些平常未曾听说过的“010”打头的“国字号媒体”电话便会主动找上你。他们对你公司的问题了如指掌，并知道接下来哪个政府监管机构将通过什么渠道会以“不合格企业黑名单”予以公布。同时告诉你，他们可以帮助沟通，或请监管部门撤稿，或在他们的媒体上发表正面宣传公司的文章，甚至有的直接告诉你他们要发布你公司被查问题的信息，只要你表露出在意或者着急，接下来他们就要跟你“谈价钱”，要求你“花钱消灾”。企业明知这里面有诈，但往往投诉无门，向这些监管部门或其直属的正规媒体询问，得到的往往是“别理他们”的轻描淡写的建议。但事实证明你若不理他们，接下来你企业的大名一定会出现在某监管部门发布的“不合格企业黑名单”中。每一年的“3·15”和“质量月”活动前期，几乎所有企业都会收到这类“有背景的媒体”及打着某某协会、中心组织旗号的电话，“邀请”企业购买专刊宣传版面，不仅是来自“中央”的，还有很多省市地方质检、工商和消协组织的。这其实就是一种存在于政府监管机构网络中的、变相的利益输送“潜规则”。近些年来有愈演愈烈的趋势，企业有怨无处诉，有火无处发。虽然自1993年起，党的宣传部门和新闻出版管理部门就不断发布、更新相关法规，制止有偿新闻和新闻敲诈等不良行为，近些年来更是年年看到对违法违规媒体的处罚通报，但实际效果令人遗憾。希望我们能够逐步建立起真正有效的媒体监管机制，一个有足够新闻自由且良性有序的舆论环境，是社会和谐和各项事业健康发展的必要保障。

在“信息高速公路”概念创建之前，传统媒体的传播节奏相对较慢，企业负面消息的散播，最快也以“天”为周期。而现在的网络信息时代，新的媒体业态已经彻底改变了传播的时效性，“秒杀”成为企业信息传播的基本速度，无论你的“坏事情”是发生在全世界任何时间、任何一个角落。同时，抢抓新闻首发的时效性对媒体从业者的要求越来越高，记者们的压力来自能不能“抢”到新闻的首发，消息能不能引起轰动，角度是不是独到，观点是不是新颖，尤其是社会及大型企业的“事件性”新闻。比如，“大头娃娃事件”、“三聚氰胺”事件、“富士康‘血汗工厂’事件”，等等，就让首发报道的媒体及记者风光一时，被捧为新闻界的“英雄”。有的纸媒甚至用这些记者作广告广为宣传以扩大知名度和发行量。当然，如果企业真的发生危机事件，任何一家有影响力的媒体若是一声不吭，那也是很奇怪的事。媒体从何种角度、如何报道企业危机事件，影响因素众多。这使得企业的媒体公关在预防危机事件发生上不得不投入更多精力和财力，日常工作中面临的压力也是“山大”。

作为“无冕之王”的媒体对社会舆论的引导力、影响力永远不可低估，媒体也有责任正确地引导社会舆论的走向。对一些社会公众关注的热点问题，媒体应当坚守客观公正的报道原则和立场，并同时担当起推动相关改进、创建和谐环境的责任，而不是一报了之，根本不管会带来怎样的社会影响。在信息来源日趋繁杂、内容愈加碎片化的当下，媒体要保持冷静、客观的立场和敏锐的洞察，也是需要一定的“修炼”和“定力”的。

（三）新媒体公关

1. 新媒体的发展

如今媒体业态的变化用日新月异来形容一点也不过分，特别是新媒体（也称社会媒体，social media）的迅速成长。新媒体发展迅猛的原因在于它的使用途径的多样化，互动性强，可以满足多种业务创新的需要，客户受众面广泛，并且顺应了信息时代社会的发展趋势。新媒体的革命性在于，将媒体自身与网络平台充分融合，从单向的、自上而下的、定时的信息传递转换成双向的、即时的上下信息互动；从专业的、精细制作的内容转向读者自发的内容自创；同时原来被动型传播的中规中矩语言风格也为广大网络民众的个性化、活泼生动而非正规的语言所渗透甚至取代。这也是当下的新媒体区别于刚为人接受的“线上媒体”（Online media）的鲜明特性，后者只是传统媒体的数字版而已，已经成为“上一代”了。新媒体传播的速度更快，容量更大，渠道手段更丰富，使得多相、多界面的交流成为可能；受众对地理距离的看法被改变，自身对传播的影响力也日渐增强。只要你掌握有第一手资料，只要你愿意，你就随时随地可以充当新闻发布者，从“信息消费者”变成

"信息生产者"。这是一个真正的"自媒体"时代。

新媒体的问世呈现了一个网络时代沟通方式不断翻新、不断淘汰、快速改变的进程。

短短20来年间,科技的飞速发展使得人们实现了在世界任何地方、任何时候的即时沟通,沟通方式包括了文字、声音、图片、影像等,甚至是实时播报。手机APP的深度开发,使得公众在手机上实现社交、沟通、传播乃至消费、理财、保健等更多功能应用成为可能,"微传播"将对传统媒体业态造成新冲击已成为不争的事实。同时新媒体平台和手段的高替换率、高替换速度也在动摇着人们对它的依赖性,变化和淘汰几乎是新媒体业态不断"刷存在"的生存方式。

2. 新媒体特性

新媒体依靠互联网络而呈现它所有潜在的功能。互联网是个完全开放式的空间,其中"个人—群体"关系已经发生根本性改变,个人在群体中的"归属感"在逐渐削减,个人的社会身份得以隐藏。身份边界的模糊化,使得个人的传播力和舆情制造力都得到解放。网络传播实现了人与人之间、人与电脑间乃至人与信息之间的充分互动,人在网络界面上可以实现海量信息主动的、无限制的、多样化的选择。甚至有人把网络媒体功能的发掘和完善高度评价为"信息文化的建立和繁荣,大众文化的狂欢"。在这里你可以感受到"本我文化的溢出",既可以看到精英文化的独舞,也可以领略到草根文化的异军突起。还有人认为网络新媒体将社会带入了"大众麦克风"时代,给人们提供了广阔的话语空间,公众的话语权得到充分释放;社会各阶层可以"隔空喊话",各自充分表达自己的利益诉求;同时网络舆论影响到某一项旧社会制度的变革在当下已经是时有发生。

我们看到,博客的出现预示了传媒业革命时代的到来,仅仅十几年的时间就使得信息发布、观点分享、互动讨论、事件直播等过去传统媒体独霸的舆论阵地分崩离析,并且更为快捷方便。网络的媒体功能使得社会化的即时沟通和信息分享成为现实,这充分满足了人们的最大信息消费需求。现在上至国家首脑,下至学生小贩,几乎已经是"全民皆微"。人们通过"微传播”，记录自己身边的趣闻轶事，制作并散布“心灵鸡汤”，对时事发表评论，甚至开“微店”，做“微广告”推销商品。把个人琐碎的时间都埋头在手机这个“移动传媒器”上。受关注的名人微博或是特别吸引人的微消息会“病毒式地迅速传播”，在极短时间内快速传播至数万、数十万甚至上百万人；名人、“大V们”不时发布些负责任或不负责任的观点看法，一度左右着人们对社会事件的评判，引领着舆论的方向，同时也在削弱传统媒体的影响力。

互联网媒体传播速度快、范围广、内容丰富具体、信息量大、互动性强。传播的主体趋于多元化，传播渠道向所有人开放；过程复杂化，同一条信息在不同人群中的反应效果千差万别；手段多样化，文字、图片、视音频等都可使用；接受者的反馈即时快捷而不受控制。这些优势特点给现代人们的沟通带来极大便利的同时，大众参与的作用也在被不合理地放大。人们的意见表达更为随意无限制，情绪化的反应宣泄也如“洪水泛滥”般难以控制，使得人们对网络安全的忧虑日趋严重。目前新媒体尚未形成行业竞争局面，面临着无行业规范标准、无服务流程，资费标准不规范、不透明，监控指标及评估体系不完善，网络安全保障缺失，信息可信度及权威性弱化，不良信息传播迅速并被肆意放大等问题，网络传播专业人才也严重短缺。因此如何实行有效的网络媒体社会化综合管理成为当今一个难题，而且解决的迫切性为全社会所认同。

充分互联网化的新媒体的鲜明特性在于可双向互动传播，传播方式的个性化和信息共享便利。新媒体的传播者和受众可以随时互换角色，每一个受众个体与传播主体地位平等，企业与公众在传播平台上地位平等。这已经完全打破了过去传统媒体与社会公众之间的不对等传播关系。新媒体在传播的效果上实现了全球化、同步化、即时化；在内容上实现了完全的民主化；在手段上实现了低成本化，信息传播的量、速度、版面空间及时间上的无限化。这些“革命性”的改变也带来了管控方面的诸多问题，更加突出了媒体舆论“双刃剑”的功能属性。比如突发事件的放大效应，话语权向精英阶层的高度集中，“公民社会”陷阱带来的民众公权力意识强化和高涨，打破现有一切秩序创造新秩序的群体性冲动，等等。由此也带来了舆论信息碎片化、不完整、逻辑关系不清和信息过饱和，甚至混乱失序；网络暴力现象缺乏有效管束，应对不当的事例层出不穷；“网络舆情依赖症”正在形成，人们倾向于将解决问题的希望寄托于互联网；网络舆情甚至成为评判是非的标准，舆论的信用守护受到严重挑战，舆情的监管愈发困难。不过近来新出现的从事舆情监控的“网络警察”随意拦截和取消微信传播中的“敏感信息”，这是否是真正有效的监管办法，是否侵犯了公民的知情权和隐私权，有待进一步讨论和厘清。

3. 如何公关新媒体

新媒体带来全新的、更高效的传播途径之外，企业公关更多的是不得不考虑这一平台可能会给企业带来的挑战。新媒体改变了传统的发布者与受众的角色关系，信息在更为公开透明的环境下自由流通，更增加了企业危机发生的概率；新媒体传播的高速度压缩了企业危机的反应时间，使管理人员对危机传播的控制力受到挑战。不过从另一个角度看，新媒体传播的即时性、互动性，也为企业进行有效危机沟通创造了有利条件；新媒体传播依赖于技术手段，通过技术手段来改进企业传播管理也是完全有可能的。企业应当建立新媒体舆情管理小组，包括市场推广、技术、生产、客服、法律及公关等部门人员，以确保出现危机时所需要的各项资源和专业知识，在以快速有效为原则的新媒体传播预警机制下协同工作，以保证及时成功地扭转危机势头，迅速化解危机带来的不利影响。这样可以在应对机制上变被动为主动，在各个阶段都有对应的手段，保证危机应对的策略充分、有效、完整。即要做到：

- 在危机酝酿期，强化搜索监测，发挥企业官网的信息平台作用，及时反应，削弱危机事件的爆发力；
- 在危机处理期，整合新老媒体资源，进行整合传播，全面管控舆情发展；
- 在危机衰落期，利用 KOL 资源引导舆论客观公正看待事件本质，提高社会公众的认识和鉴别能力，转变舆情方向；
- 在危机恢复期，充分利用新媒体特性开展情感传播，积极疏导公众情绪，使受到影响的利益相关人群回到理性状态。

由此可见新媒体公关的首要原则是：在第一时间传递事实真相。新媒体在信息传播的速度、广度、容量和准确性上得到大大提高，但形式上的“数字化”和“多样化”并不能改变新闻产品的根本属性，新闻内容依旧是舆情的主导力量。面对新媒体的汹涌浪潮，企业公共关系部门必须要更快地反应，更全面地反应；要应对更为复杂的局面，同时顺应新技术和新应用的发展趋势。在日常的舆情监测中，对网络舆论的监测、评估、引导将越来越成为企业公共关系部门的重要工作内容。同时企业也必须保持在新媒体平台上一定的活跃度，积极尝试“微博传播”、“帖子传播”、“事件传播及口碑营销”等新型传播手段，直接面对目标受众和社会公众，全平台而“有分寸地个性化”传播。保持一定的更新频度，积极参与和“网民”的平等互动沟通，与搜索及内容平台包括重要“博主”们建立良好关系。这是建立良好新媒体传播沟通机制的基础工作，有利于企业长期传播战略执行的需要。

新媒体“微传播”手段现在常被用于国家首脑出访前的“热身”准备，出访首脑人未到，就先与受访国的社会大众充分交流互动，以提升自己与受访国老百姓的亲和力。对企业来说，“微传播”不仅可以作为重要的企业品牌推广、互动营销和在线客服的有力补充，也还是重要的危机公关平台；企业可以通过“微传播”手段新颖别致地推送企业活动和产品体验信息，高效地吸引目标用户群体；更可以迅速传递真实信息，表明立场，公告行动，从而应对挑战，消除危机。

与此同时，企业乃至个人创建“自媒体”的发展速度也越来越快。通过互联网搜索平台、企业官网、官方微博、微信平台、手机 APP 等，企业自建信息发布中心，将企业产品、服务信息等以可视图文、动态信息形式发布，有针对、分门别类地直接传递给有“定制化阅读兴趣”的利益相关方和目标消费人群。企业通过互联网对外传播，在技术支持下可以更好地了解信息传播的方向和效果，比如通过企业网站可以统计监测用户浏览相关页面的数量，可以定向发送信息获得用户直接反馈，可以通过信息下载量、用户注册量等评估企业信息传播的效果。企业对发布的信息更具有控制力，对每一条发布都可以随时检查反馈效果，并可以随时更改、补充和撤回。

2012 年前后，公关公司在为客户制定企业传播策略时，“微博”的作用被重点强调，“赢在微博”成为时尚的公关传播新策略，鼓动通过建立企业官微、高管个人微博及员工个人微博“三管齐下”的合力，来强势推动企业在新技术支持下的新传播；而两三年后“微信”正在成为取代“微博”的更新手段，被看成企业拓展传播渠道的必需。今天手机 APP 大有“后浪推前浪”的趋势，包括通讯类、游戏类、娱乐类、社交类、实用生活类等的应用，企业可以将产品和服务直接推送客户端，通过直接的用户体验维持客户“粘性”并持续满足客户的需求。智能化的手机正在成为一部复合型多功能媒体机器，通过它人们可以轻易实现海量信息查询、新闻即时阅读、多人相互交流、购买和消费服务等互联网特有的功能，这个手掌上的机器正在改变着我们习以为常的沟通方式、传播方式、消费方式，乃至思维方式。

各种新媒体手段、新沟通方式层出不穷，各领风骚若干年。这是一个快速发展、充分竞争的时代，新媒体使得企业自身和媒体的传播功相互联结、相互融合成为可能。也许不远的将来，企业“自媒体”可以完全独立承担大众传播的作用，而专业的媒体们独霸的新闻阵地或许将要失去或转变功能。不过，无论是企业还是媒体在坚持维护自身信息传播源的同时，密切关注新兴媒体的发展动态，充分借助新兴媒体手段以到达更为广泛的传播受众，是顺应时代发展的需要，并不必要做引领媒体新手段应用的急先锋。实际上企业传播和媒体两者都只能是新技术、新手段的受益者，读者公众在新沟通手段的新奇感得到满足后，马上要关注的还是你传播的是什么内容。企业公关人和媒体人应当记住这一再强调也不过分的传播学要素：内容永远为王。企业应当将关注重心放在信息的内容生产和受众的接受效果上。新媒体时代，沟通传播更加是企业公共关系主要职能之一，只是沟通的即时性和反应速度上升到了更为重要的地位，企业各项服务与网络媒体的契合也必须要跟得上。企业利用新媒体传播应以企业文化传播为主导，并注意把握分寸，切勿传播虚假信息，关注各方评论，以积极的态度参与互动并及时解决消费问题；企业高管们的个人微博也应当遵守企业传播的原则和企业职员行为守则，切忌太过“个性化”，以免削弱企业公关传播的主导性和对外信息发布的权威性。

（四）建立和谐的媒体关系

在任何国家、任何时期，媒体地位都被社会捧得很高，都享有“无冕之王”的绝对舆论优势。我国的媒体行业在政治上受党的宣传部门控制，行政上受到政府新闻与出版主管部门管理。媒体机构大多数是“事业单位，企业化管理”，因此国家的财政拨款都只能是“人头费”性质的基本工资，媒体机构和媒体人靠“自创营收”来养活自己的更是不在少数；新闻单位基本上是在两套系统的“通知”、“意见”、“规定”监管下“苦心经营”，媒体机构负责人更是在计划与市场“双轨制”并行的特殊管理体制下大都具有“官商两面性”。我国媒体行业的“自律”和社会监督的“他律”机制都尚不如西方发达国家成熟，我们仍面临着新闻审查制度不严、片面追求轰动效应、利益驱动明显等顽症。但是也不能否认的是，我们的媒体行业整体在起到舆论导向作用、守住其社会责任和伦理的使命上能够明晰肩上的担子，主流媒体仍然具有较大影响力和权威性。媒体必须要有高度责任感保持对社会舆情、网络舆情的敏感度，守住报道的客观性和及时性，牢牢掌控政治思潮动态和社会责任维护，促进健康有序、和谐向上的舆论氛围。这也是为企业的发展创造良好的社会环境条件。

当今企业和媒体的关系，早已不是什么“潜规则”游戏，而是正在趋向于合理的市场化合作。在“和平时期”，媒体帮助企业宣传发展理念和业务成就、企业愿景和战略目标、公司形象及品牌声誉，可以发挥其独有的效能。但媒体对“有价值的新闻”历来都是非常挑剔的，“收视率”、“收听率”、“阅读率”是体现媒体价值的主要考量因素；“独家报道”、“有极大影响力”的报道从来都是媒体人的职业追求和媒体权威性建立的重要条件；除非企业花钱做广告或“软文”，否则没有“卖点”的新闻很难被媒体接受。当企业面临问题或发生危机时，媒体的“口水”可能会湮灭企业过去所有的正面成就和积极努力；你的功劳可能不再被人想到，你的问题也可能会被“有意无限放大”；企业甚至会遭受“舆论暴力”，公司及产品信誉度会被从市场上降级，从大众心目中降格甚至停止对你产品的选择。对企业来说，应该如何避免这样的尴尬局面发生呢？企业公共关系部门日常的媒体关系维护是必不可少的工作，企业本身一要保持开放的姿态，包容的心态，以诚实的态度进行及时的反应；二要“未雨绸缪”，做好日常性媒体沟通工作，有的放矢地投放广告。这两方面做得越多，将来真遇到问题，就会较少被动“挨整”。

企业做媒体公关，要积极主动地建立、保持和媒体的顺畅沟通关系，及时沟通企业经营的成就和行业发展动态；对于个别混迹于媒体队伍、缺失媒体人基本道德原则和修养的记者，也不能一味忍让、逆来顺受。在某一跨国制药公司从事公共关系工作时，我们曾遭遇一位京城媒体人故意篡改、编造事实对本公司及企业事务部负责人恶意诋毁的事件。事发后我们给该报社总编辑发去投诉公函。作为企业公关实例分析，摘引如下，各位可以了解事件原委和我们当时作为企业公关传播部门的应对方式。

尊敬的XX总编：

我们郑重地向您反映贵报有关我公司的一起严重不实的报道，希望引起您的特别关注。

B公司自19XX年正式进入中国以来，一直致力于以优质的创新药品解除中国患者的痛苦，提高人们的生活质量，与此同时我们尊重所在的社区，以与所在社区的共同进步与发展为己任。这其中，与中国的媒体保持畅通的相互了解是我们非常重视的工作之一。在过去的几年里，我们已经与数十家媒体建立起了良好的企业—媒体—社会信息沟通渠道。

我们关注到贵报近年来以崭新的姿态和独特的视角，逐渐成为受到经济领域和产业界各方人士欢迎的一份报纸。作为我公司负责与外界沟通的主管部门，我部门也正准备寻求与贵报建立合作关系的机会。

但令我们感到深受伤害的是，贵报在XXXX年X月X日X版，刊登了一篇题为“B公司苦捱多事之秋”的署名文章。在这之前，我们未接受过贵报任何人的采访，也未接到任何有关这篇文章内容的确认咨询。文中多处描述与事实严重不符，并存在故意歪曲。经过我们的了解，事情的经过是这样的：

X月X日，我公司对外事务部邀请了全国数十家多年来一直跟踪报道我公司发展状况的媒体，在杭州举办了一个非正式的座谈会。该座谈会的目的在于向这些长期跟踪报道我公司的记者介绍公司最近的经营和发展状况，解答疑问，保持信息的互通。会前我们一再阐明，这是一个可以有问必答的非正式座谈会，主要是进行行业与公司的进展沟通介绍，要求大家不必做任何媒体报道。这种形式的座谈会已经成为我公司的一个惯例，每年都会举办一两次。

在受邀请的媒体赴杭州的前两天，贵报记者S先生曾打来电话，要求参加这次会议。考虑到我们的会议全程安排已经确定，本次受邀的都是一些长期跟踪报道我公司的媒体记者，便婉言谢绝了S先生的要求，但同时我们表达了建立联系、保持交流的愿望，S先生当时表示可以理解，并随后给我们寄来了报纸及其本人的名片。我们为开始和贵报建立了联系而感到高兴。

但令我们万万想不到的是，杭州活动结束后，S先生不知从何处获得了有关这次座谈会的内容消息，并且在未经与我公司作任何内容核实的情况下，就发表了X月X日的该篇文章。文章中多处与事实相违背的描述，损害了我公司的形象，是我公司完全不能接受的。参加这次杭州会议的媒体朋友们获悉此事后，都表示这种通过非直接渠道获取企业消息，不与企业作任何内容核实就公开发表，甚至添油加醋地歪曲，带有明显个人目的的行为，是违背记者职业道德的。现将文章中的曲解及不实之处摘录如下：

(1)"…… 抗艾滋病的新药'SRT'和'HTZ'就因为受仿制药的冲击而被迫两次降价……"

事实是：我公司为使艾滋病患者获得价格低廉的治疗，于200X年X月和200X年X月两次主动降价，有国家发展计划委员会正式批准文件为证。当我们两次降价时，国内还根本没有仿制品存在，怎么可能会受到它们的冲击呢？这种描写对我公司良好的降价意图和国家发展计委的正式文件都是故意歪曲。

(2)"…… 抗乙肝新药'ETKW'现在已进入Ⅱ期临床，……预计在年底上市……前景并不乐观。”

事实是:依照国家有关规定,新药在通过Ⅰ至Ⅲ期临床考察,并经过国家药品监督管理部门评审通过后,才可以上市,这一时间至少需要到200X年。该文章武断地将上市时间报成200X年底,并毫无根据地断定“前景并不乐观”,这对我公司新药的临床和前期市场运作产生了极其不利的影响,并且给国家药品监管部门的正常工作抹上了阴影,同时可能使成千上万饱受乙肝病毒折磨的患者对新药的期待心情受到打击。

(3)“…… 其中也不排除将公司卖掉的可能。XX的解释是‘那是总部的事’……”和后面一段文中“……事情正在调查中,一切与中国公司无关”。

事实是:作者引用XX的话却从未与其本人求证;而且XX的原话背景与该文作者描述的背景截然不同,引用的结果是对XX原话及背景的人为割离和肆意歪曲。

(4) 关于我公司“BFN”产品的情况,该文章的叙述极为不负责任。

BNF在上海市场仍然有销售,其价格及销售方式完全符合国家有关规定。目前,多家制药公司正在积极同国家计委进行价格复议;用所谓“关照”、“特批”等错误的词句对此事进行描述,极大地损害了我公司及上海市政府的形象,损害了我公司与政府有关部门的合作关系。

(5)“…… XX透露说,B公司的全球库存已经到了极不合理的地步,…… 美国公司的总经理也在去年因此辞职。”

事实是:XX向大家介绍了在制药行业及所有制造行业存在的增加库存的做法。但从未说我公司库存已是“极不合理的地步”之类的话。另者,“美国公司总经理因此辞职”一说更是无稽之谈。

(6)“…… 我们的医药代表百分百都是医生。”

事实是:XX在向大家介绍B公司于80年代在中国建立了首支专业的医药推广队伍,那时这支队伍人员都具有医、药学本科甚至更高专业背景,多数是医生转行的。而该文对XX原话的引用因从未与本人求证,再一次与原话背景割离和歪曲。

(7)“…… 对医保十分不感冒的B公司在药品招标采购上也常常一无

所获，……。”

这种罔顾事实的描述极其恶劣。事实是：早在国家推行医疗保险制度改革之初，我公司就积极协助中国政府实施有关药品分类管理、非处方药药师培训以及卫生系统管理人员培训等项目。在药品招标采购上，我公司更是身先士卒地积极参与。迄今我们的主要产品不仅大多数已经进入了《国家基本药物目录》和《国家基本医疗保险药物目录》，并且在各省、市的药品招标采购中获得了成功，这在全国合资制药企业中是公认走在了前列的。我们不知道所谓“对医保不感冒”和“常常一无所获”之言从何而来！这样的描述将我公司直接放到了与国家政策对立的位置上，已经给我公司的形象和与各级政府的关系造成了极为严重的损害！！！

见到这篇报道后，我们立即和S先生取得联系，指出他这种做法的不当。S先生承认他是因为我们没有接受他参加杭州会议的要求，而“带着怨气整你们一下”(S先生原话)。文章中的不实和歪曲描写“当时也不知道为什么就这么写了”(S先生原话)。S先生表示他近期将会到上海我公司总部来，做专门采访，回去后“一定再发一篇正面的报道来，把这件事情抹平”(S先生原话)。但当我们要求S先生出具一份声明，澄清他在发表该文时从未与我公司任何人有直接求证时，他一口拒绝。S先生的言辞和做法令我们深感失望和愤怒。这种做法对贵报在读者心目中的诚信度和公正客观性也将带来极大损害。

在与参加杭州活动的其他媒体的沟通中，他们对S先生这种以道听途说之据“编造”文章的做法深感不齿，并纷纷表示必要时他们愿意出面作证。

经过慎重考虑，我公司向贵报正式提出：

(1) 请贵报尽快查证事实；

(2) 要求该记者本人在近期贵报上刊登向我公司的致歉信；消除该篇不实报道对我公司形象及政府关系造成的损害。

B公司是最早在中国建立合资制药企业的跨国公司之一。其著名品牌BFN、JSEK、KBT、GHZ、TS等已经深受广大患者和消费者的信赖和拥戴。我们欢迎新闻界朋友的监督和批评指正，但这绝不意味着一个记者可以弃新闻工作者诚信、客观、公正报道的职业操守于不顾，将个人的不满带入报道中，歪曲事实，损害守法经营公司的名誉，并殃及与我们合作的政府部门及客户。

希望在X总编的过问下，这一事件能够有一个令人满意的解决。如果我公司的合理要求不能得到满足，我公司保留继续向中国记协、新闻出版署、中共中央宣传部及法院上诉的权利。

感谢X总编在百忙之中抽出时间关注此事。我们期待着您的答复，并祝工作顺利。

投诉函发出后，我们并未收到该报社的任何回复。但三个月后，媒体圈内朋友告知，这位S记者已经离职。既知如此，何必当初。在做人上没有修为，到哪里你能做得好呢？

互联网新媒体带来的挑战是面向全社会的，企业和传统媒体身处同样的地位。企业传播策略应当积极探索新媒体的特性和新功效，同时不应就此忽视或轻视传统媒体的作用。作为政府、社会的舆论导向工具，他们的引导力和影响力依然很强大。企业传播应利用好所有可用的平台，保持日常性的与媒体条线记者、版面编辑和部门负责人的沟通是企业媒体公关不变的重要内容；可以通过安排高层采访、圆桌会议、吹风会、发布会、企业公关活动参与报道、企媒专题活动等形式进行，合理组合公司新闻与广告投放。应当重视每一次的沟通机会，真诚、真实、准确地传递媒体需要的信息，"教育"媒体记者正确地认识、理解行业话题和专业性较强的议题，保证向大众传播的消息是准确而无偏差的；当然还应该明白向媒体传播的任何信息最好是"有新闻价值"的。企业与媒体建立良好的沟通与合作关系，维护"企业—政府—媒体—消费者公众"之间良好的生态，有利于社会各方面的和谐共生。

现如今，各类信息通过各种网络平台被过度地消费着；网络传播平台的娱乐化倾向更是越发明显，被证明是获得高浏览量和关注度的有效手段，有时候确实能够迅速扩大企业及品牌在网络媒体环境的知名度。企业公共关系部门应当十分注意公司信息传播的内容、频率、时间点等要素，对利益相关者和公众的反应做合理、客观的分析判断，如不能得出好的预期，甚至有被当作“垃圾信息”可能的嫌疑，则宁可不发布。公共关系部门的重要职责之一就是要对所有发出的公司的信息进行审核，严格把关，严控过度沟通，以免“覆水难收”引发尴尬。在按下“发送”键钮之前，停下来思考一下永远是有必要的。

跨国公司独有的优势条件之一，是可以“名正言顺”地邀请国内重要媒体记者访问公司所在国的总部，尤其是欧洲、美国等跨国公司。通过这类活动，媒体人可以深度了解跨国公司的企业文化、经营理念、发展成就，当然也不排除参观游览，“体验”异国风情。这些出访参观给跨国公司带来的好处，是能够加深公司与媒体关系和个人情感联系，并且可以有效扭转一些曾经“不友好”的记者对企业的态度。虽然不会有回来后一定要发篇文章的压力，但企业一旦将来遇到麻烦或危机事件，这些媒体一般都不会跟着起哄，最多“转载”下个别报道，或者发篇中性文章。对企业来说是建立了良好的、有利的、可持续的“媒体关系”，这种媒体公关手段对于跨国公司们屡试不爽。媒体们逐渐地也心知肚明企业公关部门安排这种活动的真实用意，回来后也不大会给企业写篇赞扬的文章，因为这会告知读者及同行“我去访问了某某公司总部了”，媒体及媒体人自身也不愿“授人以柄”。

跨国公司们一般都有自己的“专家库”或“智囊团”（KOL pool，think-tank），行业内有影响力和知名的专家、学者或政府资深人员都可能是专家库的资源，这些专家的重要性对于企业来说再强调也不过分。今天的社会早已不止三百六十行了，一个企业在某个或几个领域有专攻，但广大的消费者和媒体是不可能全部了解或具有完全相关知识的。请行业专家来对企业的专长和成长发展做参谋，给予指导，并通过媒体开展相关领域的科学教育、知识普及，特别是在医疗卫生、疾病防治、婴幼儿营养、老年健康、创新技术和产品的使用等领域，对企业、消费者和社会大众都是极其有帮助的。专家们一般都具备相当的社会号召力和影响力，他们的言谈往往容易获得大众的尊重和接受。当然这要在正确的出发点下，尽量做到去商业化，才能取得社会及公众的信任。跨国公司们会通过资助参加有关国际性研讨会、高峰论坛、出国考察访问、庆典活动等形式保持与这些 KOL 的合作关系。比如医药领域每年众多的大型国际性学术会议上，都能看到不少中国专家的面孔。他们实际上每年都被相关跨国制药公司排着队轮流邀请，虽然他们并不一定会上台做演讲展示自己的研究成果，这种学术性的国际交流对拓展国内专家们的视野、观念和提升学术、技术水平还是非常有积极意义的。

根据企业的不同推广活动制定不同的媒体传播计划非常必要。对企业的市场传播来说，通过合适的媒体渠道，精准传递产品和服务信息，一直是市场推广部门的重要策略。一般选择不同媒体的依据首先要看重该媒体的优势点、内容适合性、在公众中的信任度以及市场时机，然后会综合考虑其针对的受众人群、发行量、发行地域、收视收看率、活动自身特点以及预算等。各种媒体的自身特点是考虑的重要因素，现将一般比较常用的媒体吸引企业的优势及其自身缺点略作比较如下：

(1) 报纸：信息量大，新闻性强，权威性强，便于保存，可随时重复阅读，受传统读者群青睐，可选择读者群。企业一般选择通过报纸做产品硬广告、软文广告、系列性科普教育及活动的新闻发布。

缺点：易受读者阅读能力限制，不够生动。

(2) 杂志：中度至深度报道，资料性和学术性强，易于保存传阅，可重复、深入研读，有固定读者群。企业通过专业性杂志进行深度的科普教育及提高消费者的认知水平。

缺点：时效性低，不具新闻性，周期长，阅读能力要求高。

(3) 电视：直观，真实感强，传播迅速，受众广泛。电视广告是各类企业，尤其是 FMCG(快速消费品)行业企业的重要选择。

缺点：内容无法保存，无法重复收看，不能互动，制作成本高，收看条件高。

(4) 广播：传播迅速、面广，受众广泛，成本低，接受灵活。企业通过广播进行系列性健康科普教育较为常见。

缺点：只能声音传播，不可重复，不可保存，不可选择，只能被动接受。

（5）网络：传播极其迅速，阅读自由，不受时间地点限制，高度开放，可互动，可多媒体传播，信息存储功能强。企业“自媒体”正在成长中，互联网传播世界里企业寻求信息的及时传播与互动，和对新一代消费人群的积极争取。

缺点：缺乏有效的行业管理规范，公信力低，接受条件高，受众人群有限。

（6）手机 APP：建立产品和服务需求方与提供方的直接对接，用户直接体验各种生活所需的应用，阅读体验方便、随意、可移动，传播时效性高，可多媒体传播，易于定位目标人群。企业商品“微传播”也日渐普及增多，企业手机“微站”正开始成为潮流。

缺点：公信力低，管理尚不规范，受众人群有限。

媒体公关机理

及时、公正、客观地报道社会事件是媒体人的职责所在，更是媒体的生存法则。理论上媒体自定义为公平、正义和公众利益的代表，但在职业实践上媒体人也承受着日益增加的压力：要发 A 稿，要“独家”，要抢发“爆炸性”新闻，要做权威的、有洞察的深度报道，等等。这些无可厚非。媒体人也必须依赖公关信息的传递来取得真实的企业题材，企业与媒体永远不是对立关系，而是平等互利关系。任何企业危机、社会事件的发生都具有不可预知性，媒体人和公关人保持良好的沟通，利于信息通畅、正确地传播，利于构建健康和谐的企业—媒体—公众传播关系，利于社会稳定、健康、进步。媒体是企业有效传播的重要舞台，呈现于舞台上的不管是喜剧还是悲剧，观者都期望要有一个让人赏心悦目、为之感动乃至欢呼的剧情故事，有一个发生、发展和落幕的完整表演过程。这个演出精彩与否，是公关人和媒体人携手合作的结果。维护社会舆论导向的正确永远是媒体人不可推卸的责任。这个社会要发展、要秩序、要公正公平，都离不开“无冕之王”们的监督和推进。同时互联网手段的飞速发展，“自媒体”时代给传统媒体带来严重挑战的同时，对企业来说未尝不是一个革命性的机会。良好的规则之下，人人都可以是自媒体。顺应潮流，企业的媒体公关应该有更新的篇章。

三、公司公关活动

（一）公司公关活动的意义

在相关联的领域开展有针对性的专题性公关活动（PR events），是企业建立良好社会形象，积极传播企业理念和愿景，赢得社会公众信任和赞同的有效途径；也是企业公共关系的重要工作内容之一。创建良好企业形象要通过“打开知晓度、提升美誉度、构建和谐度”三个步骤来实现，与之相对应的是从公众对企业品牌和形象定位的认知、认同，到在受众中培养起良好口碑和选择偏好，再到获得受众的充分信任和持久忠诚的渐进过程。这对任何一个行业的企业来说都是一个漫长的过程，不可能一蹴而就；也正因为有如此的恒定认识和持久的耕耘，能够做到守信如初的“百年老店”的企业品牌才弥足珍贵，得到永续发展。

企业形象的建立体现在两个方面：一是企业内在的特性和风格，包括了企业精神、凝聚力、独特性、实力和素质；另一方面是企业外在的知名度和美誉度，包括公众的认知、认同、信任和忠诚。企业在不同的发展时期，根据业务发展的需求对公共关系有着不同的要求，这与企业核心业务平台的建立、维护和发展也是相辅相成的。公共关系的目的、目标对象、公关活动内容、公关强度等都必须既有明确的战略又有灵活可调性。比如企业之初建，相识为主，要和各方面利益相关者搭建良好的沟通平台，建立资源关系网；企业发展至中期，相知为主，要为企业核心业务的推进，进一步加强与利益相关者的沟通，深化合作；企业发展壮大后，相助为主，要与利益相关方共同致力于行业健康发展的方向和战略规划等。公共关系的内容和活动形式也会随之做战略性调整，对不同的利益相关方的公关力度也会适时调整。此外，跨国公司公关活动的同一个项目在不同的国家、地区，甚至不同的时机开展所得到的效果可能会有很大不同，企业公关人对跨文化传播在执行层面的细节考虑必须要有相当的警觉性和敏感性，以避免“好心办坏事”。

公司公关活动着眼于对公司长远利益的考虑，与利益相关者和目标人群进行深入沟通，集中地、有重点地传播企业愿景、目标和具体作为，以赢得认同和好感，扩大企业的社会影响，有效塑造企业形象。富有创新意义的公司公关活动可以产生一定的轰动效应，令人难忘，并可能带来倍增的公关效果。因此，公司公关活动的举办该高调的时候就高调，该低调的时候就低调，因势而为，有张有弛。但有一个原则：只能成功，不能失败！

（二）公司公关活动的计划与实施

公司公关活动项目的立项和实施程序包括：

- 确定目标（Objective）；
- 确定活动主题（Theme）；
- 确定受众（Targeted or involved people）；
- 确定项目要素（Critical successful factor）；
- 确定活动内容（Activities ）；
- 确定执行分工（Execution rundown）；
- 确定预算（Budget）；
- 项目完成后的评估（Project review & evaluation）等。

公共关系作为企业战略计划和业务运作不可缺少的支持部门，公关负责人要参与到企业的日常管理，参与管理层的例行会议，以充分了解公司业务发展战略和业务需求。每年企业公共关系部门要依据公司下一年度的业务目标，制定本部门具体的年度工作和预算计划，并要获得管理层和总经理的审核批准，其中公关活动是重要的工作内容。公司公关活动应当符合从一开始制定的公司整体公关战略目标及逐步实施计划，配合公司核心业务的发展计划有步骤地推进。每一项公关活动必须具有鲜明的目的性和计划性，有明确的活动主题和新闻“卖点”，要充分考虑到传播手段的影响力和影响面，同时在制定活动计划时必须对受邀嘉宾仔细遴选，将多重因素周全考虑，以保证活动的成功和嘉宾的满意。此外，企业公关活动时机的选择也是非常重要的考虑因素，比如很多有针对性的大众健康知识教育传播活动在每年的“某种疾病预防日”举办，或某种流行病爆发时期等，契合当下社会公众的需要，便于受众的主动关注与接受，以取得事半功倍的效果。

公关活动的时间和进度管理也是公关活动计划执行的重要环节，这在不同行业性质的公司形式上的要求有所不同，但实质上应该是一样的。每一次公关活动的执行是前期所有工作的呈现展示，是各项准备工作顺利"合拢"的最为关键一环。任何一个环节的滞后、不同步、不到位都会给整体的执行造成严重妨碍，因而详尽而有责任分工的执行计划（Execution Rundown）十分必要。一些比较重大的公关活动还必须进行一次甚至多次的实地"彩排"（Rehearsal），以预演重要环节的顺畅衔接，确保到时"不掉链子"。因此公关活动比较多的公司，在公共关系部门架构中会专门设有"公关活动经理"（PR event manager）一职，整体负责公关活动的组织实施，尤其是现场调度。当然企业公关部团队一般在做重要活动时都必须一起上阵，分工不分家，团队合作在任何时候都是必要的。

（三）公司公关活动的评价

公司公关活动重在"始终以明确的目标为导向，对过程进行准确的控制，各项工作有效协调和根据反馈及时调整"这四个步骤的组织实施上，因此企业公关活动的效果也是按照这四个方面工作的执行情况来评价的。公关活动的成功，重要的是在事前的精心准备上，各项准备及衔接精准到位，执行起来就会顺利无碍。

本书后文中有专门介绍公共关系评价章节，企业公关活动的评价一般离不开通过媒体报道的数量和质量来作参考。企业举办有重要意义的公关活动，邀请媒体参与必不可少，这也是向相关受众传播活动意义的公关活动整体策略的一个部分。受邀媒体事后的报道数量、报道性质（正面、中性或负面）、转载数量等都会通过"剪报"（Clippings）来进行综合评估。专业公关公司一般都会提供这方面的服务。

我们经常会看到来自美国的两个国际快餐巨头每年都会有各种各样的紧追时尚的公关推广活动，相互之间比着做，这些活动对维护自己的品牌形象、保持已有的市场地位可以说卓有成效。每年两家也都会遭受消费者、媒体等各方面的曝光、投诉或维权挑战，甚至同一种问题的多次投诉。两家公司的目标客户人群和整体市场推广策略有所不同，公关活动形式也有不同。但从旁观者的角度来看，近些年两家公司对各自公关活动的组织、执行，特别是活动后期的总结评估工作存在一定差距。其中一家能够顺应市场的需求变化，灵活应变，快速反应，适时而有效地调整自己的市场推广策略和方式，也因此每次遇到市场上的负面挑战，都能够迅速摆脱困境，在第一时间扭转舆情方向，很快并有效地回归正常运行。而另一家对公关活动的总结评估和工作效能的改进似乎做得总是不够彻底、不够准确有效，系统执行力相对较弱，使得公关团队总是处于“应付”外界各种挑战的被动状态中，而各种挑战仍会不时地袭来，以致在每次的舆论挑战中，虽然反应速度也很快，但在风波中停留的时间都会比前一家长些。相信后一家公司对公关活动的评价和后续改进工作效率有待完善。

公司公关活动意在主动的品牌传播推广，效果如何可以通过预先设定的模式和确定的指标，在事后进行有效的评价，与预期目标的达成情况也不难做出判断；但要重视活动可能带来的负面反馈，并认真地“听进去”，做出客观的评价和改进，不是每一个公司都能够做得到位的，这也无关乎公司的大小。评价公关活动不是为了划个“圆满的句号”和唱首结束赞歌，而应当是客观地总结活动全过程的工作，查找需要改进的地方，及时有效地提升工作效率和执行能力，使公司经营及公共关系团队的效能都有最佳的表现，并更具竞争力。

（四）公司公关活动示例

与政府部门或相关机构的合作、项目资助、公司各种活动的计划、组织和实施，这些都是公共关系部门举办公关活动的主要领域。这些活动通常以媒体发布会、座谈会、论坛及研讨会、招待会、展览会、新产品上市活动、访问参观、庆典活动等形式举办。一个公关活动的策划过程要涵盖从任务提出、计划文案讨论确定、媒体沟通资料制作、总经理演讲稿撰写、媒体 Q & A 准备、后勤条件准备、角色分工、现场协调及项目总结等各个环节内容。

一份典型的高级别研讨会活动方案应包括：

- 项目活动名称；
- 项目目的及活动主题：一两段的文字，高度概括；

• 时间；

• 地点；

• 参与嘉宾和与会者：包括出席嘉宾、主办及协办者的职务、单位信息；

• 媒体及沟通资料清单：包括新闻稿、背景资料、主办单位介绍、项目介绍等；

• 项目组成人员及分工：项目执行小组的详细分工及时间目标要求；

• 活动现场布置准备：包括主席台布置、贵宾休息室、音响条件、背景舞台、摄影摄像、会场装饰、茶点安排、座位安排、签到接待处、物品准备、媒体座谈室、宴会座位安排、交通安排，等等；

• 活动流程（要具体到分钟）：以出场时间序，包括主持人串场、总裁及嘉宾演讲、翻译、音像资料播放，晚宴流程执行；

• 预算计划：详尽的预算总计划和分计划；

• 活动总结：项目活动回顾，成就与需改进地方总结。

一个比较有代表性的情况是，企业公关活动邀请的一些贵宾常常会在活动开始前才能够最后确认出席与否，尤其是政府官员，他们往往也是身不由己，临时被上级召集开会是常有的事。因此企业公关人应当特别注意最终参加活动的重要宾客的确认事宜，周全安排贵宾的接送交通，及时更新总经理演讲稿及新闻稿中的宾客名单，特别是发言者。重要宾客的姓名、性别、职务、抬头称谓等千万不可出错，否则造成的尴尬很难挽回，这在有的公司公关活动中因疏忽时有发生，特别是翻译人员，这只能说明公关人员工作缺乏专业水准。

一份组团出国研究考察的活动方案应当包括的内容：

• 项目名称；

• 项目背景及目的；

• 出访计划时间；

• 访问团成员详细信息；

• 访问国家；

• 受访国家接待人信息；

• 项目协调人及联络人信息；

• 国外行程的每日活动计划（何时、何地、何人、何话题，详细到分钟）；

• 访问地点、宴会地点信息；

• 行程交通及住宿详细计划；

• 附件：出访纪律、护照签证保险单据、礼仪须知、健康须知、紧急事务联络人等。

一般通过跨国公司组织的政府及相关部门人员出访与纯粹由政府部门计划组织的访问有很大不同。企业安排的出访会更加注重务实的内容，少了许多不必要的客套、寒暄等；会晤的外方人员、参观的机构设施、交流的内容等都会更加具体、更具相关性，让访问者能够对要考察的各项政策、措施从制定环节到在终端的实际执行都能够有真实的了解，收获真实经验，特别是在社会保障服务及公众健康等相关领域。

我国现在各项社会福利及保障方面与发达国家的差别还很大，了解他们的政策制定和实践操作对改进和完善我们的社会保障、民生福利体系大有裨益。作为跨国公司这样做的目的是为了创建一个良好的政策及社会环境，而并不能从这样的研究访问项目中得到什么直接的经济利益。这可以说是跨国公司履行企业社会责任的一个方面。

大型跨国公司总部CEO来华访问团的接待也是公关部门的重要公关活动，尤其是各行业的世界领头羊级别的公司。CEO访问团来中国一般的活动内容会包括：拜会部级以上的政府高官和中国区公司总部所在城市的首脑，出席重要活动并发表演讲，访问中国区公司总部并召开员工大会（Town hall meeting），拜访重要合作伙伴，市场考察，公司业务汇报会及重要晚宴交际活动等。接待协调工作量大且繁重，节奏相当紧张，包括前期总体接待计划制定和修改，政府拜访文件递交准备，公务机航线及着陆申报文件递交，业务或合作伙伴设施参观线路设计、员工大会安排（包括员工提问"托儿"的事先安排），重要活动的嘉宾邀请，接待组人员责任分工，以及最重要的执行阶段的人员及各项条件就位，等等，每一项工作都包含了大量的沟通、协商、敲定、修改和再确认的具体操作，事无巨细，一概由公关部全面策划掌控。

公司公关活动机理

"远亲不如近邻"，为什么呢？因为近邻经常相互走动。亲戚朋友间逢年过节要相聚，相互问候交谈，相互提供帮助。企业发展过程中也离不开各方面利益相关者的认识、理解、认同和支持。蒙着头做生意永远做不大，需要经常性的交往活动来加深彼此间的联系。企业的公关活动往往目的性强，但行之有效，一举多得，使得企业利益相关者网络得以纵横交织，与利益相关者的关系更加密切。企业在业内及至相关领域声望渐增，影响力就必然渐强。人们为什么热衷于各种"Party"活动？交流的需要、增进相互信任的需要、提高"主办者"社会影响力的需要。同样地，"企业公关 Party"形式上是一群人的各种聚会，内容上则是利益相关者的充分交流，"深度耕耘"、保持通畅的沟通才能确保得到长久收获。企业声誉获得的前提是你确实做了很多有利于各方的事，利益相关者通过各种方式也能够不时地获知，彼此沟通渠道顺畅。企业就能够万事如意、财源滚滚、顺利成长。

四、对外传播

（一）企业品牌与产品品牌

企业对外传播实质上是广义的对外宣传，是公共关系的重要职能之一。企业对外传播（External communication）是通过建立和维护企业品牌（Corporate brand）、企业形象（Corporate image）来进行的。如果说产品品牌（Product brand）是一棵大树的枝和叶，企业品牌和形象就是大树的根。企业品牌要传达的是关于"我们是谁"、"我们做什么"以及"我们做得如何"。涵盖了企业的文化传承性、价值观、行为准则、个性特征等。其"利益相关者"涉及消费者群体、政府及其监管部门、行业组织、媒体、业务伙伴、企业自身员工等。产品品牌传递的是关于"我们做什么"的具体体现，反映的是具体的产品或服务、品质属性、功能和能力等，涉及消费者群体和各种媒介。具有良好公众认知度的企业品牌为其新产品的上市成功创造了有利条件，同时一个相互缔合的企业与产品品牌战略，是赢得市场和消费者认可、建立企业及产品品牌知名度和美誉度的必要保证。由此可见，“企业品牌”的建立和维护是公关部门的核心工作，“产品品牌”则是市场推广部门的专属工作。两者作用点和深度有所不同，但是相辅相成、相互支撑。

企业品牌和产品品牌对于不同的企业、同一企业的不同时期来说其策略都有所不同。跨国公司在“企业品牌”形象上坚持的是全球市场的统一性战略，而“产品品牌”会随具体市场的需要和地域性客户偏好而灵活变化。比如宝洁（P & G ）公司在 1980 年代后期进入中国市场时，先采取的是各个产品品牌独立运行的方式分路出击、探索市场，适合大众需要的海飞丝、飘柔、玉兰油、舒肤佳等“各自打天下”，各品牌经过几年的奋斗都成功地占据了一定的市场，并且产品品牌的市场声誉度甚至高过了企业品牌；而企业品牌在经过一定的“大手笔”公关战略铺垫之后，逐步结合到产品品牌推广战略中，再形成由企业品牌提供强有力支持的二次市场战略。带来的结果是，今天无论宝洁推出什么新的产品，只要知道是宝洁旗下的，忠实的消费者群体就会毫无顾虑地选择购买。

（二）如何建立企业品牌

美国《财富》（Fortune）杂志每一年都会根据读者对八个指标的打分来评出全球各行业龙头老大们的“企业声誉排名”。评分指标包括了管理质量、产品和服务质量、财务状况的稳健性、吸引、培养和保留优秀人才的能力、企业资产的使用效率、长期投资价值、创造性、社会环境责任等。无疑该排行榜评出的“世界最受尊敬企业”（The most admired company）同时享有最高的企业品牌形象。知名人力资源咨询服务公司翰威特（Hewitt Associates）每年也会推出评选“亚洲最佳雇主”活动，评上最佳雇主的公司无疑在公司员工的沟通、管理、尊重、激励和服务上要明显优于其他公司。这两项极具良好企业声誉和企业品牌意义的评选一直为在华跨国公司们所看重。

今天品牌的价值胜过具体的产品，品牌是企业不可或缺的无形资产，企业品牌形象关系到企业的生存和可持续发展,并且是必要的基础。制定企业品牌战略是一项系统工程,需要对企业发展的历史、代表"企业基因"的文化特性有充分的理解,即要明白企业从哪里来,其成长壮大的过程及里程碑,有别于其他企业的独特个性,更为重要的是要知道企业往何处去,通过怎样的路径,如何到达目标彼岸。有了这些认知,企业品牌战略与企业的可持续性发展才是匹配的,企业品牌和形象才具有整体性。企业品牌的建立是一个长期战略,必须通过战略性的里程碑设定、持续不懈的努力、循序渐进的积累和用心有效的维护才可能建成。恰如建造一栋摩天高楼,基础必须坚实稳固,层层精心垒砌,楼才能够建得高大辉煌,才能受到仰视。

成熟的跨国公司在进入中国市场前大都建立了自己的 CI(Corporate Identity)战略,即"企业识别"战略,以保证企业品牌形象传播的一致性和有效性。CI 战略传播企业价值观和经营思想,通过经营理念、行为方式和工作方法以及有关联的识别物这三个层面,"有形与无形形象"的整合推广传播来实现。跨国公司一般都会精心设计能够体现自身特点的公司标识(logo)和口号(Slogan or tagline),并且根据发展阶段的需要进行适当更新,以树立有传承的企业品牌形象。这些口号一般都文字精练,朗朗上口,鲜明生动,有深刻含义又易于记住,能够充分表达企业的特点、理想和目标追求。同时能够引起受众的思想和情感活动,调动人们的感官因素来认识企业、认同企业、忠诚企业。比如:美国辉瑞制药的"Life is our life's work",瑞士罗氏制药的"Doing now what patients need next",美国耐克运动品的"Just Do It",荷兰飞利浦的"Sense and Simplicity",芬兰诺基亚的"Connecting People",雀巢咖啡的"The taste is great",通用电气的"梦想启动未来(Imagination at Work)",丰田的"车到山前必有路,有路必有丰田车",等等。

企业文化是在企业核心价值观的指引下,其经营、管理风格、道德准则和员工群体意识及行为表现所综合形成的企业特质的总和。也即由特色产品生产经营、企业制度建设、员工行为表现和人员精神面貌这四个方面构成。企业文化一般由企业创始人或 CEO 创造。理论上说,企业文化树立的是一种信念力量、道德力量和心理力量，更实际点说，是“家风”教导下形成的“企业教养”。企业文化特性的塑造练的是“内功”，企业文化也决定了企业公共关系观，并影响到企业公共关系模式的选择，决定了企业传播和沟通的基本方式。公共关系部门应当是企业文化的坚定维护者、积极展示者和有效传播者。

在实践中，不同的企业会表现出明显的文化特征差别，对其员工的行为有着明显的影响。跨国公司企业文化在其员工身上的“外在表现”是个很有意思的现象。一般在外资企业“坊间”，大家“午间餐桌八卦传播”形成的一般共识是：

• 通用电气(GE)的员工因绩效“压力山大”，每个人似乎都被“末位淘汰”制度鞭策着，高强度的培训和授权更是强化了以技术为主导、“只能胜不能败”的竞争精神及氛围；工作带来的压力感比较明显，对绩效的格外看重使得员工大多工作第一，生活其次，因而员工的活跃度不高。公司为员工福利的考虑倒是独树一帜，比如听起来无比美好的“不设定天数的休假制度”，能否适用到每一位员工只有他们自己知道。

• 宝洁(P & G)是所“培训大学”，员工可以得到业务所涉及各个方面必要的培训，经过若干年的锤炼后，个个品牌理念、业务能力、商业意识超强；以结果导向，擅于用数据说话；也正因此他们比较自我倚重，在团队合作中的 PGer(宝洁人)比较缺乏对他人的信任感，但较易受到上司的赏识。

• 达能(Danone)将投资回报看得重于一切，不惜常常与合作伙伴因利益纠葛而分道扬镳，有始无终，缺乏耐性；市场策略重点是“快速致富”，员工的精神面貌亦如是，销售“指标压力”较大；公司“大门敞开”，愿来者来，愿去者去，因而员工职业表现的“优雅性”和专注度上弱于卡夫(Kraft)员工，难有公司自豪感。

• 微软(Microsoft)中国的员工是幸运的，公司为员工创造的工作环境一流，具备支持创新研发的一切宽松条件，并且还特别用心在员工的视野拓宽、业务技能提高及业余生活丰富上。因此微软出来的员工自我感觉都“超好”，若非业务“整体剥离”或整体裁员，一般都不大愿意“挪窝”。微软中国因业务重组数次裁员，都引得相关公司争相“抢夺人才”。

• 几家前十位(Top 10)的研发型制药巨头都较为推崇员工的专业水平和能力，医学或药学专业出身的市场与销售员工面对的也都是医生、药剂师之类的对口专业客户，专注于疾病和治疗的问题讨论，行事格调沉稳，但涉世面及话题面较窄，“医生范儿”较重，趣味寡淡，即便是八卦资源极其丰富的“勃起功能障碍”治疗药物领域的营销人员，也是玩笑有度，有点专业人士说通俗事儿的“高度感”。

所有大型跨国公司都会建立完整的企业对外传播信息体系，并适时更新。一套标准的企业“传播信息包”(communication kit)包括：公司官方网站，公司介绍 PPT，公司项目或活动宣传册，企业可持续发展报告，公司年报，公司标识，公司口号，公司简介 word 版等。尤其是企业年报、企业 CSR 与可持续发展报告等，作为定期发布的企业重要进展信息，对股东、媒体及公众了解并监督企业的经营，维护其对企业的信任是必不可少的。新形势下，建立个性鲜明的企业网站和“微站”，利用一切有利条件扩大企业在互联网平台上的知名度，将企业网站作为功能性服务平台之一或通过手机 APP 实现，也正在成为企业对外传播的重要手段。

企业对外传播或宣传的内容撰写是企业公共关系从业者的硬实力之一，如同媒体新闻稿创作的一般要求一样，企业传播稿件也必须遵循五个“W”的要素原则，即“何时、何地、何人、何事和以何种方式”。一份好的企业传播稿件，应当尽量使用简洁明了的词语、句子和段落，多用主动语态而少用被动语态，避免过多专业性词句或行话，少用形容词和副词，多赋予人情味的叙述。从整体来看，现在包括很多外资企业在内的的企业，对外传播人员撰稿能力普遍水平不高。一些大型跨国公司做得相对好一些，中小规模的公司新闻稿“五花八门”，还谈不上规范、标准；国内企业更是“惜字如金”，极少主动地对外传播，在主观意识上，对与社会公众的沟通还很不放心。

(三) 企业品牌的维护

企业形象如何影响消费者公众的购买行为呢？某知名 4A 公关公司 2011 年对近 1 400 名消费者和 600 位企业高管进行了一项调查。结果显示，超过67%的消费者在购买产品之前会仔细查看标签以了解产品生产者的信息;70%的消费者会拒绝购买该产品,如果他/她发现是自己不喜欢的生产者生产的话。消费者越来越不会因为企业"口号"喊得响就对你产生好感,更多的是看你企业怎么做的。企业必须越来越重视自身的品牌形象才能有持续的发展。正是因为企业的立身依靠及优势各有不同,提供的商品品类繁多、千姿百态,我们的市场和日常生活才显得如万花筒般丰富而多彩。同时,企业品牌可以被转化为员工的一种神圣的自豪感,激励他们在工作中精益求精,不断追求卓越,从而不断提升企业在利益相关者和社会公众中的声誉。

企业对外传播与对内部的沟通密不可分,企业内安才能外强。在内部沟通实践中,公共关系部门与人力资源部、法务部及市场部的合作是日常工作的重头,因为工作的内容大多涉及企业内部或外部的各种问题、难题及挑战等,可能影响到企业形象及声誉(Reputation)。一般来说,企业公共关系部与相关部门及外部机构的"密切关系"可简述如下:

(1) 公共关系与人力资源:人力资源部的工作重点在于对"人的管理",公关部的工作重点在于"与人沟通",因此这两个部门在公司的日常运作中关系密切。人力资源部的相关公司政策、培训计划及活动、员工福利政策、公司架构和组织管理变革的沟通、企业文化的共同建立和推动等要通过与公关部门联手并借由公关部的传播平台传达。在需要与各相关政府部门沟通时,如人力资源和社会保障部门、劳动监察、公共安全等,公关和人力资源两个部门的密切合作更是十分必要。员工涉及法律法规的问题也需要公关部的介入,尤其是在对身处重要岗位、一般性沟通难度较大的高级别员工做终止合同的裁处时,公关部的帮助可以有效避免或减轻不良事件的发生。

在外资企业,可以说凡是经理级及以上的管理人员都是很有些"个性的",他们大都经历、经验丰富,是公司业务取得成功的重要支撑力量;也因此这些管理层人员一般都自我感觉非常良好,对自己的工作风格、领导能力相当自负;上下级之间意见相左、产生矛盾就自然较为常见。这些因为个性矛盾造成的上下级间不和一般比较难处理,尤其是矛盾冲突化的情况下,仅靠人力资源部的诫勉谈话、整改建议甚至口头或书面的"警告"(Warning)一般也很难有有效改观；结果大都是下一级不得不离职，而上一级一般不会太受影响，大不了重新再招人替代离职的手下而已。不得不离职的这些曾经的“中坚力量”们(Key talent)有的人会以手中掌握的公司、部门或上级个人在业务中的一些违法或不恰当行为证据“与公司谈判”，甚至以曝光或举报来要挟公司。公共关系部门的工作是充当“和事佬”，配合人力资源部对离职员工晓之以理，动之以情做沟通；在为其争取合适的离职补偿金的同时，尽力和平化解冲突，消除隐患。这类内部沟通、化解矛盾的事务在外资企业中也不少见。

(2) 公共关系与法务：公司生产的商品要进入市场推销，进入市场的所有商品、服务以及营销行为必须要受到政府监管和市场规则的约束。有利益的地方就有纷争，有纷争就要依靠法律法规来做最终解决。同样位于公司核心业务支持部门的法务部，历来不支持每逢麻烦就“打官司”的做法，因为他们深知“走司法路径”虽然可以在“正常渠道”上为公司最终可能赢得正当利益，但今后公司为此失去的可能会多得多。也正因此，企业公共关系部门通常是法务部的“急先锋”、“先行者”，不到万不得已，法务部人员没必要时时事事都出面，免得使事态从开始就严重化或给事主带来不好的心理暗示，自减沟通余地。这是比较有效的企业公关部门和法务部门的合作实践。公司法务部门应对消费者或“专业打假人士”的消费诉讼案，查访打击假冒伪劣、商标侵权行为，解决员工劳动合同纠纷等事务，也常常会邀请(Involve)公关部门参与，以共同解决问题。

(3) 公共关系与市场推广：在这方面公共关系的角色是“市场传播”(Marketing communication)，可以有所贡献的是：营销策划、法规咨询、公关媒体资源、品牌传播策略等。广告设计投放是市场部门的重要工作之一，公关部在此可以提供相应企业形象要素及媒体资源服务等。市场部要建立与重要机构的战略合作关系，推动致力于某方面的消费者公众教育或科学知识引导，公关部的“穿针引线”、双向协调也是必不可少。在应对政府监管部门及其他团体、消费者的“挑刺”和刁难时，公关部和市场部的密切合作、共同面对十分必要，良好的合作可以减少对公司形象的不利影响，并且减少给公司带来的经济损失。那些因各种违法违规或者“行走于模糊地带的宣传”行为遭受到政府监管部门重罚甚至曝光的跨国公司，其内部的部门间沟通协作机制一定存在问题。

（4）公共关系与其他功能部门：所有“财富500强企业”一直以来都会受到各级政府部门的青睐，因为他们给地方政府带来招商引资政绩的同时，也对地方的就业、税收和投资拉动等有很大贡献；政府各职能部门对这类企业的“关照”也自然很多。因此与各级政府及管理部门的“日常走动”以及相关政策事务的沟通是公共关系部门的职责所在。公关部会与总裁办或行政办、企业发展战略或业务拓展部、财务部、研发部、生产制造部、供应链部门等密切合作，联手进行诸如政府部门及官员互访、政府文件往来、新行业政策沟通及新业务机会的争取、政府财政奖励及优惠事务办理、研发优惠政策申请、生产线及工厂扩建项目的申报审批、海关及边检问题协调等等方面的有效沟通。通过相关职能部门与供应商、经销商及物流商等业务伙伴的公关沟通相对简单，业务上的互惠互利、对彼此企业文化的认同是业务部门日常沟通的基础，公关部门对保持和维护双方友好合作关系起到辅助的作用。公共关系部门在对外沟通，尤其是危机事件处理中的作用在后面相关章节有详细叙述。

（5）公共关系与行业竞争者：身处任何一个行业的企业都会面临竞争对手，不管是外企与外企之间，还是与本国企业之间。每个行业都有“龙头老大”，这也是每个企业人的梦想；但如果“老大”过于强势，国家也会根据你的经营“态度”掂量着是否要施以“反垄断”限制。每一行业的企业中，大中小型企业间应当保持一定的“生态平衡”，这其中企业公共关系的协调沟通作用很有发挥空间。要想提高和稳固自己在市场中的优势地位，不能靠攻击或贬低竞争对手的薄弱之处来抬高自己，那样只会使得健康的市场竞争越来越走样；而应当靠不断地提升自身的实力，突出自己的优势特点来稳固竞争力。一流的大型公司在这方面普遍做得比较好，并能够按照市场游戏规则维护市场竞争的公平性。跨国公司更愿意称竞争对手为“Co-player”，而非“Competitor”，推崇并尊重行业共同遵守的游戏规则。各个行业的跨国公司大都会以“俱乐部”(Club or salon)形式组成相关协会，市场主要竞争对手的大佬们定期会商共同面临的行业问题，商讨共同遵守的游戏规则及适时更新规则、标准、规范，或是代表行业向国家主管部门提供建议。公共关系部门多是这种企业“俱乐部”定期活动的组织协调人。

(6) 公共关系与各种协会组织：在欧美，非政府组织(NGO)和各种非营利机构(NPO)在各项政府事务、社会事务及行业发展促进中发挥着独特的作用，其中不少国际知名的组织也一直在努力试图进入中国市场，但在政策上我们还没有对其真正放开。这些组织和机构发挥的是独立于政府部门之外的“社会功能”，虽然他们也很清楚要想成就每一件相关的事情，都离不开政府的支持和参与，但在其本国，他们组织的法律地位就是“非政府”性质的，定性很准确，运作很适当，法律有保障。而在中国情形则大为不同，由于历史原因，我们也有很多这样的机构，如各种协会、学会、基金会、发展中心等(前述“政府公关”一节已经有所介绍)，他们虽然是登记在民政部门社会团体管理系统下的非政府组织，但其主要成员大都来自政府退休甚至是在职人员兼职，跟原来的政府部门依然保持着千丝万缕的联系，是政府部门发挥重要作用甚至以此获利的桥梁。但是不管他们身份的“非政府性”成色怎样，这些组织机构“近水楼台先得月”，手中掌握着优良的政府资源和网络，能够搭建政府与企业之间的沟通合作平台，对企业的发展也是有帮助和促进作用的。企业公共关系部门必须积极加入这些组织机构中，积极参与相关活动并有所贡献，以为企业创造并赢得更多有效的“行业声音”(Industrial SOV)和支持。

(7) 公共关系与工会组织：由于我国工会组织力量实际上的日渐衰弱和外资企业的“抗拒”，在中国的外资企业中，工会组织(Trade union)一直未能得到有效建立，工会组织在外企本国的强势地位和作用在中国完全没有发挥。改革开放之初，因为我们的政策重心放在招商引资，只要外企愿意来，建不建立企业工会组织都不做硬性要求，因此外企认为多一事不如少一事，而且基于在他们本国与工会组织利益对立的经历，大都不赞同建立企业工会。到目前也只有极少数外企中建立了工会，但其实际意义已经不是“职工权益和利益的代表”了，甚至只有在逢年过节时候给职工分发些洗护用品、饮料食品什么的来表明其“存在”，真正遇到要为企业员工维权的事情，企业工会也很难做些真正有意义的事情。因为如此，外资企业中公共关系与工会组织的关系普遍非常薄弱，甚至大都不存在。这可能与国企有很大不同。

企业品牌的维护还表现在联合同行共同应对行业共同面临的问题上。比如在全球市场通行的医药代表向处方医生推荐药品的工作模式，进入中国市场后逐渐被“地方化改造”得完全走了样，特别是在本土医药企业的“拷贝”中。以致在 2002 年，卫生系统对医药代表工作模式发起了责难，甚至不少医院在门诊大厅入口处摆放“医药代表谢绝入内”的标牌，以示对药企的抵制。为此 16 家跨国制药公司连同一家国内大型药企共同发起了“医药代表与药品推广行为准则”制定和行业内宣传推广运动，以严格规范医药代表的行为，改进国内医药推广市场秩序。本人所在的某跨国制药巨头之一积极响应“原研发制药企业联合会”(RDPAC)的号召，独家组织编写了系列文章，向相关媒体积极宣教，以为医药代表正名。

对外传播机理

我是谁？我做什么？我做得怎样？是每个企业在开辟一个新的市场时必须要充分展示的。我们古老的商业成功是靠吆喝赚来的，今天的商业成功也是要考吆喝的，只是吆喝的方式有很大改进，用了很多先进的技术手段，并且有了“市场营销”的好听名头。今天的好酒是很怕巷子深的，不吆喝，就没人知道你，更不会自动上门品尝你的好酒，做你忠实的客户。初生的企业，羽翼还不丰满，卖什么就吆喝什么，唯产品是论而已；待长大些了，就要有丰富的故事来充实吆喝的内容，不断推出新产品和服务，换来更多人驻足和关注；再长大些，成为业界翘楚了，就要联合所有重要的利益相关者共同来吆喝，重造需求、弘扬理念、畅谈理想。自古至今，商业及各个产业事业的从无到有、从小到大，大都是如此经历。有了好商品，你要会卖；有了好经营，你要会说。企业对外传播什么？在这个领域内和关联地带，我做得最棒！

五、员工传播

（一）员工传播的意义

企业的成功在于天时、地利兼备条件下的人和。员工传播（Employee or internal communication）的目的可以从三个层面来描述：一是为了传播并建立全体员工共同遵守的企业价值观，培养员工对企业文化和愿景的认同，并用以指导员工的日常工作和行为，提高员工对工作意义的认识，企业和员工共担社会责任；二是协调企业内部的人群关系，包括领导与员工之间、部门之间、员工之间的关系，创造和谐融洽的工作氛围，增进不同人群之间的信任感、和谐感、成就感；三是努力营造企业"家文化氛围"，重视并关心员工各方面的需求，尊重并认可其劳动和付出的努力，照顾他们的工作和生活。最终实现增强企业的凝聚力，提高企业在市场中的竞争力，传播企业"以人为本"的公信力的根本目标。

在企业内部的员工传播做得怎样，也深刻影响着企业对外传播的质量和效果。一个企业如果能够做到协调好内部各方面关系，优化员工的内部生存环境，尊重员工的知情权和个人价值，努力增进企业内上下层间的情感交流，强化组织内信息的有效沟通，就一定能够提升并持续企业在市场中的竞争力。在优良的企业文化下，企业能够充分向外展示其良好的管理机制、经营素质和企业风貌，同时向市场提供可以信赖的信息，塑造良好的企业形象和市场信誉度；企业员工则和企业同心同德，把企业的事当作自家事对待。

员工传播也是塑造企业形象的起始点、作用点，企业要拥有并保持高度的市场竞争力，就必须具备健全的组织架构、高效的运行管理机制和全体员工的精诚团结。一个企业是由相互联系、相互依存的各个职能部门组成的缜密系统，各职能部门间、员工之间能否配合默契、步调一致；员工上下是否心情舒畅、士气高昂、团结一心，就决定了企业是否能够充满活力和生机。培养和促进这种活力与生机也是企业员工传播的重要任务之一，是建立良好企业形象和卓越业绩表现的基础。因此，一个好的员工传播机制不单单是企业的“内部广播站”，而是企业管理者与员工之间、员工与员工之间双向通畅沟通的桥梁，是解决内部矛盾、消除沟通障碍的“老娘舅”，是凝聚人气、激励共进的“加油站”。良好的企业内部形象使员工对企业产生认同感、归属感和荣誉感，激励员工投身于企业的成长发展中，是企业健康发展的重要精神动力源。

（二）员工传播的形式

员工传播是塑造并发扬企业文化的重要平台。企业员工传播的形式比较丰富，包括了各种形式的宣传物品、电子阅读及视频等各类资料，网络宣传平台和移动终端平台，公司图书室、展览室、意见箱等设施，以及各种员工活动、跨部门团队建设、企业内部培训、大大小小规模的员工大会，等等。员工传播还包括股东会议、企业年报、年会、内部调查、CSR 项目、员工“家庭日”活动等各种形式。

跨国公司在欢迎新员工加入时都会送上一套资料包，其中包括了公司介绍、公司员工行为手册、员工刊物，甚至总经理或人力资源总监的欢迎信等；人力资源部还会安排新员工与相关部门的人员分别面谈（Orientation），以对公司文化、公司宗旨和目标、业务单元工作内容等有全面和准确的了解，同时明确自己的岗位职责及与相关部门的日常工作配合。有的跨国公司对新进员工，尤其是业务部门新员工做一周甚至一月的培训后，还要进行相关的考试，考试合格后才能正式上岗。

通过固定的公司内部传播平台，如公司局域网（Intranet，e-bulletin）、员工刊物—季刊或月刊（Quarterly or monthly）及员工通讯（ Newsletter）等，员工们可以及时全面了解关于公司的各方面消息，包括总裁的定期信息分享、公司业务进展状况、行业发展动态、近期公司重要事项及活动、新产品研发信息、市场销售成绩和推广活动、公司全球信息、公司新规章新福利、公司培训计划、晋升信息、新员工介绍、员工生日祝贺及生活感悟分享，等等。一份好的员工传播刊物可以凝聚员工的向心力，培养起员工热爱公司的感情，在了解公司取得的成就和同事们所做贡献的同时，也能够鼓励员工更加努力做好本职工作。

根据行业的性质不同，各类企业的员工刊物在内容格式上相近但却风格迥异，有足够的空间可以充分展现各自企业的文化特征。一般在内容上大都遵循：50%是关于企业发展、活动和业务创新的，20%关于企业组织、人事、福利政策，20%关于行业发展状态，10%为员工生活分享的编排原则。传统行业，比如制药公司的员工刊物一般相对比较刻板、规规矩矩，就好像药品研发行业人员的稳重、准确、专注，有关业务进展、新药研发成就、市场推广活动介绍等，文字精简，结构整齐，数据充分，逻辑有序，绝无废话；而快速消费品（FMCG）公司内刊相比之下版面设计、文字运用要活泼得多。一些大型跨国公司的内刊，比如辉瑞制药的《辉瑞人》，默沙东制药的《心桥》，施贵宝的《焦点》，霍尼韦尔的《中国导向》（China direct），多美滋的《风采》，欧莱雅的《接触》（Contact），安利的《新姿》，等等。你能从这些公司刊物名中嗅出些该企业的独特"文化"味道吗？这好像不是难事。近些年来，跨国公司企业内刊"无纸化"正成为风尚，"电子版"内刊在企业内部网发行越来越普遍，极大地节约了纸质刊物的印制成本，并符合环保风尚。而近两年更为创新的是，通过公众号的微信订阅将可能成为企业员工沟通的新一代主要平台。

企业员工传播不仅仅是企业文化的塑造和价值观建立这些"高大上"的工作，也包括平日里的各种纠纷处理。这些纠纷可能来自员工的利益被忽视、员工工资福利分配欠公平、员工后顾之忧未得到妥善解决等。如果影响有可能涉及公司的对外形象，公关人员要和人力资源部一起，认真倾听员工的诉求，及时与相关管理层人员沟通协商，增强沟通的透明度，寻找合理合情的解决方案，直至严肃处理违规违纪人员，安抚受到不公对待的员工，有效地化解矛盾。因此公关人有时候也是协调企业内部员工矛盾的调解员、"政委"或"老娘舅"。

（三）员工传播的组织

员工的满意、开心对企业日常运行的健康、有序并充满活力至关重要。企业要实现业务目标的顺利完成，员工满意度高，企业有更好的客户、伙伴、股东间的公共关系，员工传播的成效在很大程度上取决于管理层在以下几方面的高度认同：

• 让员工充分了解企业的目标和计划的意愿；

• 创造鼓励员工基于自己的经验、洞察、感受进行上下意见交流的沟通氛围；

• 对有争议或敏感的话题鼓励直言不讳、勇敢面对；

• 合力营造利于创新的工作氛围，奖励团队合作成果；

• 倡导每一位管理人员与员工探讨公司的发展与个人职责的合理分担等。

在跨国公司，员工传播大多是企业公共关系部门的职责，也有少数公司放在人力资源部下。面向企业内部员工的沟通和传播应当是公关部和人力资源部共同的责任，因此日常工作中两个部门的密切合作十分必要。公共关系部门在企业内部的政治格局、企业文化和经济活动、企业使命与战略传播、组织结构、人力资源的柔性化管理、员工忠诚度和凝聚力培养、企业与利益相关者关系，以及企业与社区关系等诸多方面发挥着不可替代的重要作用。按照不同的工作内容要求，跨国公司一般会组成不同的跨部门"工作小组"(Working group)来分别执行各项沟通工作，比如新产品上市、品牌系列性路演活动、论坛及研讨会项目等。员工内刊一般由公共关系负责人任主编，部门内专人领导内刊工作，会在"编辑委员会"(Editorial committee)下，各个部门指派的部门助理、业务经理等组成工作小组，定期地讨论确定每期内刊的内容；编辑委员会或自己或请外面的广告公司专门设计、编排、印制和分发。产品品牌线上信息(网站、微博、微信等)的更新也遵循同样的工作程序。

（四）员工传播的持续性

正如所有公司的总裁、总经理们在各种场合对员工发表演讲时强调的那样，员工是企业获得成功的依赖主体，是企业形象传播的实践者，是企业文化的构成者、践行者、传播者。要使企业员工懂得，企业的形象和声誉事关每位员工的切身利益，企业利益与员工个人利益是统一的，企业形象的好坏切实影响着企业的成功与否。因此好的企业形象不仅仅是公共关系部门的事，而是每位员工共同承担的责任和共同努力的结果。它落实在从原材料进厂的严格把关、产品制造的全面质量保证、营销方式的合法合规和高效执行、客服工作的真诚周到，以及员工职业发展道路的公平公正和透明化，等等，在这不仅需要全面细致的规范制度（SOP）作保障，更需要员工们的自觉意识。这种员工的自觉意识培养需要通过企业各种有针对性的培训、活动和透明公开的沟通机制予以强化，更需要时间的沉淀和滋养。企业员工传播对企业发展的实际意义也体现于此。

员工传播不是像人事、财务那样把公司政策、规定自上而下地强加于员工身上，而是"和风细雨"般地通过宣传引导员工对企业核心价值观的接受、认同，培养员工对公司的好感和主观认同性，是对人事工作的良好补充。员工传播是精神层面的活动，要在创造一个良好沟通氛围的基础上，建立起企业所独有的文化特性。员工满意度和忠诚度高，产品品质和服务质量就有高度保证，顾客满意度就高，销售业绩能够保持高水平，企业市场竞争力自然也高，企业就可以获得发展的持续力量。良好的员工传播还可以优化企业内部环境，保留和吸引人才，同时员工热爱企业的良性作用被员工传带到其家庭、亲友、社区乃至更广泛的人群中，培养良好的企业口碑（Word-of-mouth）和信誉度，增强消费者的信任、信心和忠诚，并能够赢得政府、社区及合作伙伴等的好感和认同。公关部还应当主导全体员工的"公共关系培训"，以提高全体员工的公关意识，建立企业公关氛围，倡导"人人公关"，提升企业美誉度及良好的社会形象。因此，说员工传播是企业保持持久成功的必要保证一点也不过分。

一直以来，由于投资策略的不同，成熟的跨国公司企业文化建立与发展各有不同的策略。日资企业与欧美企业在企业文化建设和员工传播上的做法上就有较大不同。日资公司一般多为劳动力密集型企业，生产性员工较多，因而对企业稳定性更为看重。企业"家文化"的注重在日资企业中有一定的传统性和普遍性，也拥有较高的管理层员工"忠诚度"。而欧美企业的投入更为多元化，对人才的独立性、领导力更为看重，业绩为主导的压力大，特别是有管理责任的人员中，业绩意识强，挑战与竞争氛围强，因而员工的流失率也相对较高。随着现阶段企业转型、市场变革的深入，这种企业文化差异的格局也在恪守传统和与跟进现实的博弈中发生着改变。

建立一种良好的企业员工传播氛围，不是一天两天就能够实现的，这需要较长时间的、不厌其烦的倾听、沟通、交流来加强，需要持续的人力、财力投入和保障。企业应当努力建造一种内部沟通机制，让员工们明白管理层在努力做什么，并且能够参与到过程中，感受到他们也是其中的一分子；知道在做什么和为什么做，那么他们做起来就会用心得多，有效得多，问题和麻烦就会少很多。企业管理层应当对此自始至终保持清晰的认识，成功的企业需要有效的内部传播，以使员工与公司的目标相吻合；企业公共关系部负有维护、引领和保证员工精诚团结、目标与行动一致的重要责任。具有强大可持续发展能力的企业，在员工传播上也一定有协同的机制和有效的重视。

员工传播机理

企业的成功，天时、地利固然不可少，但人是决定了一个企业能否取得成功、成功能否持久的关键因素。跨国公司总是宣扬企业对人才的看重，实际上做得如何这里不必去多加评价，他们在形式上还是能够做到所有的要素一应俱全的，相对来说能够保持与员工的充分沟通。员工传播谈的是自家的事，不会去评论别家的长短；把自己家里打理好了，才有充足的劲头出外闯荡，企业也是一样。员工把企业当作自己的“家”，乐于维护良好的“家文化”，对家里的事就不可以不知情，否则公司管理层与员工的“间隙”(Gap)就会越来越大，上下就不能同心，那样的话何谈企业的成功。企业员工传播传承的是企业的文化传承特性，营造的是积极向上的公司氛围，提升的是员工的归属感和企业自身的生产力。对“家文化”特别倚重的中国员工来说，乐于每月或每季翻看最新的“我们公司的员工刊物”。

第三章　企业公共关系主要路径

一、市场/品牌传播

（一）市场与品牌

企业市场推广部门的最终目的是让消费者从公司的产品使用中获得与众不同的满足感，从而培养出对产品品牌的忠诚度；而公关部门的目标是培养所有的利益相关者对公司及其企业品牌的好感、认同和喜爱。可以说，市场部展示于外的是企业“硬实力”，是有形资本，公关部要创造的是“软实力”或“软环境”，是无形资产。这两种功能的相辅相成，带来的是品牌竞争力，加之销售部门的执行力，定会造就企业的成功。今天你如果问任何一位去“海底捞”用过餐的人为什么要选择这家火锅店，他一定会说出“海底捞”候座区的各种贴心服务小项目、员工们服务过程中的周到用心等食物之外的种种理由，食客的满意已经不仅仅在于“海底捞”所提供的食物，对其贴心服务的认可甚至超过了食物。“海底捞”的食材不错，服务更好，已经获得众食客高度认同并形成了良好口碑。店小道理大，这就是市场推广（Marketing）与公关（PR）相结合造就企业品牌成功的现实例子。

（二）公关对市场/品牌的必要性

现代市场发展的“快餐化”节奏，带来了所有商品和服务繁荣丰富的同时，自然也带来同行间的激烈竞争。伴随着各类商品的同质化程度越来越高，企业不得不通过无形的“企业品牌”价值来提高自身产品在市场上的辨识度。你可能不能真正看到、触摸到、品尝到或感受到品牌的“形象”，但它对消费公众的思想和情感真实地产生着更大的影响。我们日常生活中的各种所需几乎已经没有单一的生产者和单一品牌。同样的商品，你为什么总是选择这一家的，而从不更换其他品牌的，你可能有各种理由。大品牌公司之所以能够牢牢地"锁住"消费者群体，产品品质和服务固然是重要原因，产品背后的企业形象和美誉度也决定了消费者的忠诚度。市场部门的广告和推广活动可以很快速地吸引消费者的关注，并激发他们的购买欲望和行为；公共关系树立企业的形象，则是一项经过长期培养所积累起来的口碑，赢得的是消费者和所有利益相关者的信任。这就是为什么在琳琅满目的日化产品中，你会毫不犹豫地选宝洁的；摆满数个货架的奶粉中你会首选惠氏、美赞臣的；苹果手机给使用者带来的满足感总是胜过其他品牌的，等等。

市场推广本身前行的步伐往往超出人们的预期，互联网互动性、个人化、定向性、整合性、人际化、界面化功能特点及其强大影响力，在鞭策着市场推广手段的不断创新，以吸引更多人群的兴趣。在新媒体策略的"大树"下，通过网络平台的营销(e-Marketing)，企业可以更高效地实现信息发布的及时性和权威性，赋予市场推广品牌新的活力；同时可以更高效地开展网上调查，洞察消费者群体的选择性倾向；开拓产品网络渠道销售，客户在线服务，以及网络公关等各项功能运用，甚至 CSR 及公益活动的传播，充分实现公共关系在品牌建立和品牌保护方面的重要功能。

（三）如何发挥公关的作用

公共关系和市场推广携手，共同进行品牌推广战略和行动计划制定，这就是品牌传播（Brand communication），是市场传播（Marketing communication）的核心内容。但是公共关系对于市场推广来说应当是一个强有力的助手，而不是起主导作用，也不应成为企业公共关系的主战场。公关与市场推广在很多平台、传播方式和技术手段的使用上是重叠的；但是两个功能针对的利益相关者人群有所不同。对以品牌战略为主打优势的跨国公司来说，其品牌战略往往是要保持全球一致性，但在具体的一个国家市场，需要根据当地的各种条件"量体裁衣"地制定具体推广策略。要想目标人群准确定位，活动执行有的放矢，市场部的策划能力和销售部门的执行能力无缝衔接至关重要，并决定了企业产品品牌的创新活力和生命力。在市场变换极其快速的今天，品牌及产品的老化越来越明显地阻碍企业核心业务的成功发展，企业既要留住老顾客又要吸引新生代，市场推广策略必须要保持充分的可变性和活力。

创新的想法来自市场部精英们开放、活跃的思维，对消费者群体行为极其敏锐的洞察力，以及公司宽松支持的环境；公关部门对市场部的创新策略和想法必须给予全方位的保护和完善。比如给予市场监管政策法规方面的指导，企业形象全球战略方面的要素参考，本土良俗文化因素的考虑等；同时将重要的关键信息通过公关途径传播给更广泛的受众人群，以带动更多消费者的购买行为，保证市场推广策略的有效、安全推进。在大众类消费品，特别是市场高敏感性产品的市场推广策略实施中，公关人员还要对消费者的“公众情绪”保持高度敏感；要善于把握与公众沟通的时机，引导和化解不良的公众情绪，以达成相互谅解，赢得公众的信任，满足其对消费公平感和安全感的要求。

公关活动与市场推广活动在性质上和形式上都有所不同。市场部更多关注于为有选择的市场对象提供直接沟通和个性化服务，以提高其满意度，并以特定顾客群的需求为市场驱动力，开发相应的创新产品。公共关系战略的执行更应配合企业长期目标和可持续发展需要，对每一阶段的公关活动应当遵循一贯制的大原则，把握好分寸，低姿态、诚恳地务实，循序渐进、潜移默化地引导并影响受众，让受众乐意接受、认可，以提高对公司产品和服务的忠诚度。因此，公关部与市场推广的合作会更多关注于产品关键信息（selling points）、目标人群（target group）、传播媒介（channel & platform）和传播方式（tactics）的确定和支持策略上；传播途径可通过宣传册、软文广告、展会、路演、活动冠名、赞助等这些“形象广告”来实施。在一定的市场发展时期，产品线比较庞大的公司会将每一产品品牌设立为一个“业务单元（Business Unit），并配置独立的市场推广和公共关系功能，这样可以使得市场资源和公共关系资源的有效利用达到最大化。

一份常见的品牌产品市场传播计划通常包括以下内容：

- 背景介绍；

- 品牌市场目标及环境、受众分析；
- 市场推广＋传播的 SWOT 分析；
- 成功的关键要素；
- 市场传播目的和策略；
- 传播方法及步骤；
- 传播评估和测量；
- 执行时间表和阶段目标；
- 预算。

公关部是公司品牌及核心业务推广的重要支持力量，公关部目标瞄准所有利益相关者，进行双向沟通；市场部则是紧盯目标消费人群，进行单项的沟通。市场部门提出创新的推广策略旨在吸引更多的消费者关注，有极强的目的性；公关部则应从可能的消费风险倒推执行及策略制定过程和每一细节，以有效保护企业及产品品牌声誉。对可能的消费风险进行事先评估并提出预案，这对后续公关部门处理消费纠纷的压力及工作量的减轻会有很大帮助。公关部门有义务对公司所有对外宣传推广材料（POSM）进行把关，包括市场部门的硬广告和软文广告。提出对关乎企业形象信息的正确使用，国家对企业宣传推广活动及产品标签标识的法律法规等方面的意见和建议，这也是公共关系部门作为企业信息中心的功能之一。

举例说明，FMCG 行业产品的标签标识一直是容易发生问题的地方，也是有关政府部门监管的重点。企业一般都希望通过商品标签标识尽可能传递更多的产品信息和消费“卖点”，而多数这类推广和促销信息常常“游走于”法规规定的“灰色地带”。一些出自不同监管部门的法规严格限定了什么不可以说，不可以怎么说。比如工商部门严禁产品标示“第一”、“最好”、“最大”、“最高”、“最先进”、“最受欢迎”、“优于其他品牌”等词语；质检部门会紧盯“百分百有效”、“促进什么什么生长”、“提高什么什么功能”等功能性描述语句；另外现行不同监管机构的法规及标准有时候是相互矛盾的。企业市场推广部门要突出宣传产品的特性卖点，不得不好好动动脑筋；公关部门和市场部也不得不同样承担着可能遇到监管部门“挑刺、找茬”的风险。

这类问题的沟通处理在食品、营养品行业是家常便饭，各地工商、质检、卫监和食药监等一般对大型公司产品盯得越紧，跨国公司尤其容易受到“特别照顾”。

政府市场监督管理部门，如工商、质检、卫生监督、食药监等，检查产品并查处厂家行动的一般工作程序是：

- 接到“举报”或在市场产品抽检时发现某产品存在问题；
- 向生产厂家出具调查函，要求厂家在指定时间内派人接受查询；
- 与厂家代表当面询问、确认问题并做笔录；
- 立案并做进一步调查取证；
- 要求厂家提供全部问题批次产品生产、销售、库存资料，包括销售供应商合同、包材供应商数据等；
- 依照相关法规确定处罚金额，开具处罚通知书；
- 15 日之内厂家对处罚决定未提出“行政复议申请”的，执行处罚；
- 企业提出“行政复议”的，原处罚决定继续执行，复议决定 60 日内给出；
- 罚款到账，列入系统内“企业黑名单”；或在定期市场检查通报中公布；
- 结案。

跨国公司对政府市场监督执法部门的这套流程大都不陌生。对企业来说，如果真正是产品或经营行为出现问题，那也没什么好解释、好争辩的；配合调查，采取积极措施改进、弥补，争取“宽大处理”为上策。如果不能确认是本公司及产品的问题，或问题的定性模棱两可处于“灰色地带”，依照法规并不能准确认责，企业公关人员必须尽力在执法部门立案之前积极沟通，澄清事实，争取不立案，掌握主动权；在决定处罚金额阶段如能找准关键协调人“求情”，或许能够得到“从轻发落”。一般执法部门立案后，必须走完调查程序，对企业的处罚是在所难免的；期间依照相关法规企业必须配合调查，提供相应生产、销售、财务的各种数据，否则执法部门有权查扣或封存企业经营、生产及财务数据和相关资料，企业会陷入非常被动的境况。近年来，高通、奔驰、微软等跨国公司总部办公室、各地办事处等被市场执法部门突袭检查，电脑数据被调取，高管被约谈等事件接连发生；在充分显示国家严查各类违法商业行为决心的同时，也在有力地敲打着跨国公司的公共关系部门神经。企业经营绝没有“有钱任性”的空间，企业对外沟通必须基于诚信守德的价值观；遇到来自政府部门的检查或调查时，是否有积极配合的态度对后续进程的影响乃至处罚的轻重相当关键。

公共关系部门在市场传播中可发挥主导作用的平台或途径包括：专家及机构参与的专题研讨会、圆桌会议、媒体发布活动、白皮书发布、网络传播、赞助活动、大型路演等。

以全球最大（Top 10）跨国制药公司经常性举办的新药或新治疗手段研讨会为例。每当一个原研发的一类新药进入Ⅰ、Ⅱ期临床试验阶段，制药公司们都会启动全国“路演”性的新药上市前研讨会，在不同区域巡回“办班”，向相关学科的医生介绍新药的功效。一般这类专业研讨会都会邀请该疾病治疗领域国内外知名专家做主持，参加相关临床试验的专家及企业市场部负责人做主讲人；企业公关部和市场或销售部门会一同登门邀请这些专家级演讲者，区域内各省市大医院相关科室的主任医师、主治医师们则由销售人员邀请。这类研讨会是跨国制药公司新药上市的重要步骤，它能够向目标处方医生直接介绍新研发药物的化学或生物学特性、治疗机理、适应症范围、药理学和药物代谢动力学指标，以及毒副作用、不良反应禁忌等重要治疗信息；通过现场的讨论可以充分了解不同专科医生特别关注的问题，提高全体与会者对该新药的全面认识。这几乎是一个新药上市前面对医生考官们的“专业考试”，但是非常有必要和有效。公关部门和市场部、销售部的通力配合是这类推广活动成功的必要保证；公关部门还会邀请有关媒体记者参会，以对创新药物及疾病治疗的新进展进行跟踪报道。

本人在某大型跨国制药公司公关部任职时，与公司肿瘤药物部合作开展了“Let's Talk”患者沟通活动（Campaign），旨在帮助各种肿瘤患者认识癌肿瘤本质、了解科学治疗手段、掌握正确生活调理方式，以鼓励患者树立信心，勇敢面对各种癌症。我们选取在各个省、市级肿瘤医院院内，邀请当地最知名肿瘤专家面向患者及其家人，以“大讲堂”的形式讲解常见肿瘤的相关知识，为患者提供面对面的解惑答疑机会，获得专家名医的直接指点，并分发专门编制的肿瘤防治宣传册；或是请专家参加当地电台、电视台制作的“健康大课堂”节目，现场解答观众提问。这项系列性活动不仅给相关肿瘤患者提供了知识获取、疑问解答的机会，一定程度上也提高了患者战胜肿瘤的信心和勇气；专家讲授的知识和具体的答疑还在当地媒体全文转发，更是对公众进行了相关肿瘤防治科学知识的普及教育；公司的肿瘤业务部门的品牌形象及业务业绩同时也得到了可观的提高。

公共关系对企业及产品品牌的保护还表现在对“假冒伪劣”产品的调查打击上，这也是企业公关对外传播的重要职责之一。因为跨国公司产品的品牌形象、产品设计及产品品质一向享有良好口碑，外企产品在国内被仿冒一度非常猖獗，特别是药品、食品饮料、IT 产品、奢侈品等品类。也正因此，我们一直被国外舆论批评在知识产权保护方面做得不够好。在任何国家，打击假冒伪劣品生产者都不是企业的职责，应当由政府主管部门来调查和查处。企业有举报的权利和配合政府采取打击行动的义务。有些美国大型跨国公司专门聘用 FBI 退休高管作为企业“安全顾问”，亚太责任区会设在新加坡或者香港，他们的职责之一就是查访打击“假冒伪产品”事务；在中国他们会和挂着“某某商务咨询公司”名头而行“侦探公司”之实的国内合作伙伴联手行动进行秘密查访，取得证据后向工商部门举报并要求查办，但实际上这种“正规举报途径”一般很难有立刻的成效。曾经因为公司产品品牌名被一家“地下作坊”似的小公司注册作企业名称并且生产同类产品，我专门去南方某市调查取证。在取得相关事实证据后，报告给当地工商行政管理局，但该市工商局人员只是轻描淡写地回复“哦，知道了”，将举证材料放至一边，以“要调查研究下”为借口，便不再理睬。数月后我们又向该省工商部门举报，同样被搪塞敷衍直至不了了之。外资企业每每遇到这样的情况，大多没有更好的办法，直到事态严重影响了公司业务的正常进行，只能汇报给该国驻华大使馆商务部门，通过他们向中国商务部等机构投诉，甚至在重要的高层访问或论坛上提出来。这也是为什么常有外国政府、组织和企业等在不同场合对我国的知识产权保护措施提出公开批评的事情发生。我们的相关政府机构真应当负起责任，加大监督检查和处罚力度，改进管理效能，减少直至杜绝这种“丢脸”事情的一再发生。

市场传播机理

“王婆卖瓜”当然要“自卖自夸”，生意场上这是谋生存的方式，这不是我们现在才有的商技，古已有之。放到“现代企业管理”里来，这就叫做市场营销战略下的“市场传播”。当然，现代企业更是越来越离不开市场传播这个重要工具，它已经成了企业成长发展的重要助力。比如你要买件什么东西，你周边人都跟你说某某品牌的特别好使，你还会犹豫不定或另选其他吗？畅销不衰的东西一定是品质功用都好；认准只购买某一家的某产品一定是其品牌声誉好。新时代市场竞争环境下依然活力十足的百年老店，一定是企业品牌发展及公关传播战略做得好。日益激烈的市场竞争状态下，企业创新产品设计、创新服务方式、创新消费体验正在成为常态，特别是针对新生代的消费者人群。市场传播是为了让受众充分了解你的产品好在哪里，如何与众不同，如何为消费者周到考虑，会带来怎样的不同感受；然后“顺带”告诉消费者“我是谁”，让还在观望犹豫的围观者猛然醒悟“哦，这牌子是你家的啊，我买了！”

二、市场拓展

（一）公司核心业务与公关

一家大型跨国制药公司研发了新一代抗乙肝病毒化学药物，在全球市场包括中国同期开展 I、II 期临床研究的同时，出资 100 万美元与卫生部合作，帮助设立“乙肝防治健康教育”项目，并在西部地区选取了 6 个贫困县做试点，用三年时间进行面向孕产妇及母亲群体的新生儿乙肝疫苗接种普及和宣传教育活动。三年下来，科普宣教活动取得了预期的成果，试点地区人群对乙肝预防疫苗的知晓度、对能给新生儿带来哪些好处的认识、初生婴儿的疫苗接种率都大为提高，为卫生部及其肝炎防治机构今后有效普及肝炎防治教育提供了有力的帮助；与此同时，公司还开展了多种形式、高密度的处方医生宣教活动。完成了必要临床试验后，该新药在全国医院随即迅速铺开，显著的抗病毒疗效和较低的抗、耐药性赢得了乙肝患者的信任和选用，更使得竞争对手在市场上原来一家独大而且早已呈现抗药性和致病毒变异的某乙肝治疗药物很快退出了市场。

一般人可能会觉得不可思议，制药公司研发出新药治疗乙肝，同时又在帮助政府开展预防乙肝的教育，你是希望乙肝患者人数越来越少呢？还是希望越来越多好呢？其实这是大型跨国制药公司一贯采用的原研新药整体市场推广策略，包括通过公共关系跟当地政府部门合作，"预热"市场、打通重要渠道的关键步骤。原研型跨国制药公司之所以在全球市场久盛不衰，这是他们的最主要市场开发策略和手段，或者说是成功商业模式。我国现在约有 10%的乙肝病毒携带者，就是说有约 1.3 亿人，其中真正的慢性肝炎患者超过 3 000 万；新型抗乙肝病毒药物的唯一性、高昂的研发成本及明显占优的疗效等因素使得药品初上市的价格自然相当高，加之病患基数很大，而且必须通过长期服药以控制病毒的复制"转阳"，这给制药公司带来的利润已经是非常可观，而且在一定时期内可以说能够持续获取"暴利"。实际上原研型制药公司就是这样依靠专利药物来获取高额回报的，是他们一贯的"玩法"，即便专利过期，只要市场机制有空隙，也不会轻易"低下高贵的头"以降价换取更多的市场份额。这种公关与市场密切结合的策略在国内制药企业界尚未得到很好使用，因为一直以来我们自身的新药研发能力还相当低，生产仿制药是我国制药行业的主要生存方式。中国不像印度那样，国家政策支持本土制药企业"强仿"大药企的专利药物。但我们也高兴地看到，近些年来我们若干个"药谷"正在努力赶上药物研发的创新者行列，未来新药的研发市场中国定会占据一席之地。

企业公共关系与公司核心业务推广的战略融合在其他行业领域也有类似的作用，这充分展示了跨国公司市场战略的综合性和对资源的充分有效利用。企业公共关系和公司核心业务发展的关联性清晰而明确，步调一致，联动高效，是企业获得业务成功的必要保证。

（二）特殊渠道

企业要从市场中开发寻找新的商业机会。市场面对的是来自各方面的客户，这其中当然也包括政府客户，甚至有的企业只专门服务于政府客户。政府公关的另一大着眼点是，每一年各级政府都有大量购买公共服务及相关商品的预算，对企业来说这是非常重要的业务拓展机会。政府、公益组织、慈善机构等有多重途径购买需要的商品和服务，他们可以通过纯市场化的路径"集团购买"，也可以通过专门的政府招标采购的方式"公平"选择供应商，甚至会和生产企业、制造商建立直接供应关系。比如国家计划免疫项目各类疫苗的采购、残联系统向残障人士配送生活照护辅助器具、红十字会向失智失能老人配送失禁护理用品等民生工程项目，每年都要向相关企业购买大量所需用品。

对企业来说，政府是具有可持续性的"优质客户"，没有不争取的理由，乐于以出厂成本价直供并保证长期供应，还负责直接送货上门。我们称这些业务通路为"特殊渠道"业务。过去这些"特殊渠道"的业务合作没有特别的规范，企业通过"关系"结交上有需求的相关政府机构并成为其供应商后，这种合作关系可以一直持续而不会改变，因为如果频繁更换供应商，政府机构也嫌麻烦。但近年来政府部门对"政府购买服务"进行了管理体系改革，各地相关部门被要求严格按照政府制定的"公开招标采购程序"重新确定供应关系，招标标的起点有的地方甚至降低到 10 万元，并且按照规定必须是至少三家供应商竞标，标书文件也是很厚的一摞。这在形式上似乎达到了"公开化、公平化、透明化"，但实际上只是操作环节多了道关卡，甚至还催生了"招标代理"机构的产业化，挤压了中标企业原来就极少的利润空间。原本出发点是好的，但管理体系还有待进一步完善。产品要质量优，供应要准时足量，服务要全保障，价格还要远低于市场水平，这些都是"民生工程"规范化的要求，可以理解；但一味不合理地挤压企业的利润空间，企业怎么还能有足够的能力和热情提供有质量的服务呢？原本是多赢的事情，希望不要因为有欠考虑而导致"多输"。

再比如我国的医疗器械行业是受国家及地方医疗卫生政策影响较大的

领域，特别是高端医疗设备类市场，如CT扫描系统、核磁共振成像系统、X光成像系统及其设备等，近十几年来一直被通用电气、西门子、飞利浦等国际巨头牢牢占据。这些国际巨头之间在产品质量、性能，及产品实用性和普及性研发上的激烈竞争自不必说，谁在政府公共关系方面做得到位，其产品市场占有率和业绩产出便会较大地领先于对手。政府采购是公办医疗机构主要的设备及器械配置途径，该领域市场重点也正在从对一、二线大城市的大、中型医院的全覆盖向更广大的中小城市及农村医疗市场延伸。几家巨头公司无不争先恐后、各出奇招，通过各种“渠道公关”渗透进各级医院，有的甚至在大型医院内冠名设立本公司医疗器械系列产品的“展示室”、“教研室”，以“割据地盘”。

（三）公关在客户关系建立中的作用

把政府作为重要客户来发展，通过正当路径拓展企业的业务渠道，是企业公共关系部门另一项重要职责。这尤其在IT设施、通信设备、医疗器械及卫生用品等行业表现突出。这些行业的政府采购往往都是“大订单”，企业参与公平竞标要靠企业自身实力和产品的竞争力，公共关系的支持和积极参与更能够起到促成和保障作用。

企业开辟“特殊渠道”业务，销售部门或市场部门主推产品及服务“硬实力”，为此很多企业专门设有“大客户部”，服务于政府、机构、企业等集团客户；企业公关部则展示“软实力”，与发标机构进行事前的充分沟通，事中积极应对开标评审，事后督促保障中标产品按规格要求及时准确递送，使得渠道的开拓和持续维护更具胜算。

以我们曾将上海市残联的“脊髓损伤者”护理关爱项目向其他重要城市残联进行推广为例。要想说服一个城市的残疾人事业决策部门设立新的民生福利项目绝非易事，我们首先用已先行城市的实例打动其心，使主管人员充分认可该项目给广大依靠轮椅行动的残疾人带来的实际帮助和社会意义；其次提供务实的护理用品供应递送保障计划，消除其对项目运作后的顾虑；再次提供合理的报价和可持续操作的预算方案。我们还通过与“中途之家”等组织和残障人士直接沟通，深入了解他们日常生活中的亟需和选择，提供相关产品试用以得到真实的使用感受评价，再通过他们向市级主管部门表达按需配给的愿望。通过各个相关沟通渠道的“立体公关”，其中一个重点城市残联很快成功将其列入了本市政府的民生工程项目，并通过法定招标程序向社会公开政府采购信息。这不仅真实解决了所在城市残障人士日常的生活所需，也提升了当地政府机构为民办实事、办好事的良好形象和口碑；对企业来说，我们不仅建立了新的可持续的业务拓展渠道，也为同行创造了新业务的公平竞争机会。这是一件利于各方、获得“共赢”的好事，也是充分体现公共关系功能对企业业务发展强力支持的最佳范例。

市场拓展机理

做企业的目的是挣钱，合法地挣钱。人类社会自古以来因农而稳，因工而富，因商而活。成功的商人对获得利益的机会具有高于常人的敏感度。在市场划定的营商“摊位”之外，如果还有任何获利的可能，精明的商人怎么会视而不见呢。通过正当的渠道、正当的程序、正当的竞争取得政府购买服务订单，是安全的、有利的、可持续的。这里需要成熟的运作和监督机制，企业界尤其是跨国公司们对政府抱有很高的期望，希望这种保障机制能够尽快建立并完善，以保证我们共有一个良性有序的市场环境。其实我们自己的“企业家”们早已谙熟此道，专做政府生意的“红顶商人”已经很有历史了。再比如反面的例子，这几年“打老虎”、“拍苍蝇”拿下的全都是官商勾结谋取巨额不当利益的贪官，说明我们的监管机制缺失严重。政府购买行为和保障机制做得合法有序，会利于政府、利于企业、利于社会健康发展；做得不好，就会变成腐败的温床。为什么我们不能学习借鉴欧美等国的政府与企业相处之道，在严格的法律制度和社会道德约束下，无论是政府官员还是企业老板都不想去触碰红线，走邪门歪道，谋一己私利。此事关乎民生，影响深远，不能不查！

三、客户关系管理

在商品市场发展到一定阶段时，谁也不能独霸市场，相似相同的商品让人们的购买选择更丰富、更容易，人们对商品价格的关注不再是重点，他们更期望从感兴趣商品的购买行为中获得更多的附加价值，因而优质的服务，无忧的售后保障，良好的品牌口碑等，在竞争激烈的市场环境中就显得更为重要。客户关系管理(CRM, Customer relations management)的重要性就在于此。

从实质上来说，客户服务应该属于企业社会责任范畴，但基于客户服务影响的重要性和工作的日常性，现在一般企业都会单独设立客户服务部，或者是归入市场、销售甚至公关部门下。成功经营的公司总是努力使顾客满意，原因很简单，满意的顾客会重复购买你的产品，会跟周边的人分享对你的产品使用的满意度，培养一群顾客的"忠诚度"；若是不满意你的产品和服务，他/她也会把不满意传递给更多的人，你就会失去很多顾客，失去顾客的"忠诚度"。因此，"让顾客满意"成了许多跨国公司务实的生存哲学，融入了企业文化和产品质量保证、服务质量保证，以及有效营销策略的全程价值观体现中。这些工作做得好，不仅有效地维护了顾客群体的"忠诚度"，而且你根本不用担心你"忠诚"的顾客群会被竞争对手"翘边角"。

客户关系管理是以客户为中心的现代企业经营的重要策略，即以客户需求为导向，以信息技术为手段，重新整合企业业务流程，形成整体性解决方案。企业以客户为中心体现在：始终把满足客户需求放在第一位，以赢得客户的忠诚，进而获得更大的客户利润，这是双赢的策略。一个新客户从对企业产品感兴趣，到愿意购买尝试，愿意重复购买并向其他客户推荐，到形成对企业及其产品品牌的忠诚，这是需要一个过程的。客户关系管理的任务是要促使客户关系尽快进入购买行为阶段；进而积极修复服务中出现的种种缺失，维护客户关系的稳定，培养并保持其忠诚度；客服工作重点是避免客户关系受到不利事件影响甚至终止，导致客户流失。因而在实际操作中，产品的售后服务和客户各种疑难问题的帮助解决历来都是客户关系维护的重头戏。

在快速消费品(FMCG)行业，消费者投诉处理是客户服务部门的重要日常工作，工作量很大并且很具有挑战性。比如食品制造行业，是消费者投诉的重灾区之一，尤其是婴幼儿配方奶粉类。大型奶粉公司每个月都会收到几百件消费者的问题咨询或投诉，如果有一例没有处理好，就很可能会演变成为真正的危机事件。在日常的客户服务中，客服人员必须完好保留每一单与投诉者沟通的原始记录，这不仅为需要采取的行动提供清晰的指导，也可以为在发生危机时讲清事实和责任作为重要依据。近十多年来，随着消费者权利越来越受到重视，消费维权的社会意识不断得到提高，企业不得不在持续完善客户投诉处理规程上投入更多努力。大型 FMCG 跨国公司纷纷设立独立的 CRM 部门，以直接了解消费者的反馈，提高消费者服务效率。客户服务规程是企业传播“全心全意服务于消费者，依法依规经营业务，勇于担当社会责任，及时周到地化解消费矛盾”的依据和行事标准。现在客户服务的好坏越来越成为影响人们消费选择和维持消费忠诚度的重要因素之一，企业再重视都不为过。

客服人员每天面对的消费者各式各样，素质有高有低。曾有一家大型婴幼儿奶粉公司客服人员，面对缺乏教养、一而再地无理取闹的消费者，在按照规范解答不奏效、并遭受无端辱骂的情况下，采取针锋相对的办法在电话里与消费者毫不客气地对骂，你怎么骂难听的话，我就怎么难听地骂还给你。一时间在业内成为笑谈。这位客服小姐不寻常的行为让同行们非常吃惊但也很是佩服，因为看起来效果还是不错的。相信没有哪家公司会鼓励客服人员这样服务消费者的，这也违背了客户服务的初衷。我国的整体消费市场目前还处于低水平阶段，商品本身品质、性能和丰富水平在不断提高的同时，消费人群的整体素质还没有跟得上；物质的发展超前了些，人的精神文明意识提高却滞后了些。客服人员在日常工作中和形形色色的人打交道，其中免不了会遇到蛮不讲理、胡搅蛮缠的个别消费者。因为客服人员一般多为女性，有时候还会遇到精神空虚、心理变态的骚扰者。对待少数这样的人，讲文明讲礼貌有时候真没有以牙还牙来得干脆有效；况且涉及到企业经营行为中的这类“日常性的消费纠纷”问题，并未造成一定社会影响，又够不上刑事犯罪的“门槛”，公安部门都不会立案或查处的；你去报案，他们能给你的建议往往都是“你们自己协商解决吧”。

不同的行业或产品类别都会有一些具有经常性、代表性的投诉问题；并且越是社会大众日常生活使用或容易接触到的商品，投诉的比率也越高。比如：

医药类：经常要面对患者用药后的不良反应投诉，或者是未按说明书要求错服药物，药品包装残破，少药、漏药，药品过期等问题的投诉。对处方药来说，因患者用药必须遵照医嘱，处方医生会根据患者病情和是否有其他基础性疾病情况开具科学合理的处方，药品不良反应一般可控，一般老年患者错误服药的情况时有发生；但企业客服真正面临的患者投诉压力并不大。非处方药（OTC）药品因为已经是市场上的成熟药品，不良反应较少，无需医生处方，用药安全性相对较高；一般也不会有太多投诉。产品包装破损问题对制药企业来说过去常有发生，企业在产品包装线上如果控制得更加完善些，完全可以避免；接到这类投诉，企业应当进行退换货处理。

食品类（特别是婴幼儿配方奶粉）：常见的投诉问题有食品或奶粉中发现异物或活虫、食品变质、家长怀疑奶粉中有激素、小儿乳糖不耐受等。家长反映在奶粉中发现黑色颗粒状物是客服人员经常遇到的投诉，这其实大多是奶粉生产过程中在“喷粉”阶段可能的局部高温，造成极少量乳糖碳化所致，形成焦糖颗粒；其本身并不会对婴幼儿健康造成什么伤害，在成品奶粉中也不会大量出现，可以手工剔除之。大型公司的奶粉生产线都是在充氮气的密闭正压环境下混合包装，外界物质根本没有机会进到最终包装产品中；如果发现有其他异物或虫子等，一般多是产品开封后没有很好密闭保存，或是冲调奶粉中不小心带入；夏季高温高湿环境下，如不及时密闭保存，奶粉容易生虫；奶粉的冲调、保存及卫生要求都较高，否则易于发生变质。激素在各种食品产品中，乃至母乳中都会天然存在，量多量少而已；没有哪个厂商会愚蠢到往配方奶粉中人为加入激素类添加剂，因为一从营养学角度完全没有这个必要，二还会无端增加产品成本；现在各大品牌奶粉在原料检验和成品检验中都会定期进行有关激素的检验，以双保险控制；其实我们现代的饮食结构中越来越难以避免各种激素的来源，母亲体内的激素水平在婴幼儿身体上也会有不同的体现；孕期及哺乳期的母亲应当尽可能避免食用各类大量人工养殖的鸡、牛、猪、鱼等，尽量挑选食用有机或安全的食品。“乳糖不耐受”是婴幼儿天生或季节性乳糖酶缺乏造成的，虽不会大量发生但也是常见问题，比如我们会听到有成人说自己就是不能喝牛奶，喝了肚子痛或拉稀；改换非牛奶产品或特殊配方奶粉即可避免，也可以在喂养过程中慢慢调适过来。

个人护理用品：常见投诉是过敏反应、产品中发现异物等。个人护理产品类比较宽泛，化妆品、护肤用品、洗浴用品，以及卫生巾、纸巾、纸尿裤等都属此类；客服人员常常接到使用后出现皮肤过敏问题的投诉。其实过敏反应存在较大的个体差异性，对大众具有普适性的产品极有可能对少部分人不适合；这个现象虽然真实存在但比例一般来说并不高，否则个人护理产品类也需要医生开“处方”使用了。到目前为止真正的致敏原因并没有很好的确定，相关国家标准的控制效果也很是有限，并不能保证符合国标的产品就一定不会再有少数人的致敏反应，医生能够给出的建议也只能是笼统的“避开致敏源”；如果投诉相对较多，品牌商家甚至可能会停止该款产品的生产上市。在客服服务工作中，只能建议消费者暂停使用该产品观察看看；如果确定是该产品致敏的，那就必须更换其他品种或品牌产品了。也正因此，一般化妆品品牌都会拥有相对固定的消费者人群，忠诚度很高。护理产品中发现异物并不常见，多是保存有误或人为的因素造成，比如某品牌婴儿纸尿裤中发现破碎的美工刀片，最后确认是一名被除名员工为泄愤而放进去的；对该员工只能走司法途径进行处理，对消费者必须给予充分的赔偿。

汽车产品：维修保养纠纷、汽车本身的安全性、异响及机油渗漏等是常见投诉，近些年汽车制造商为了节省成本对 ESP、气囊个数及后防撞钢料故意减配问题比较严重，特别是中低端的车型，在行业内外颇受诟病。一般来说，维修服务中的不透明，甚至故意“以旧充新”、“高价维修”在不少 4S 店也经常发生。因信息的严重不对称，车主维权较难。偶尔或较少发生的电控、机械等问题，不得不靠更换零配件来解决；如果是大量、重复发生的同样问题以及上述的偷工减料问题，质检监管系统会监测到并责令厂家进行召回处理;汽车召回现在已经是很平常事,消费者已经见怪不怪了。现在各类车主的评论及维权网站很多,汽车厂家再不重视车主的意见和投诉,就真会给自己带来品牌危机了。汽车的投诉大多在于车本身的质量和维修质量,维修服务程序一般也都很清晰。只要 4S 店们不在主观上利用信息不对称"宰客",客服人员如能够督促维修部门保证按时按质解决好问题,保证消费者的用车安全就算是尽到责任了,自身能帮助解决的技术性问题并不多。

广义上说,政府部门及相关机构人员也是企业的公关和服务客户。作为企业的客户服务人员,我们怎么做能让政府客户满意呢?我们的医疗、卫生、养老,以及教育等公共服务领域的改革任重道远,没有社会各方面共同努力形成革除旧习、勇于纳新的整体社会风气,状况的改变还不知要等到猴年马月去。

随着消费者群体受教育程度的逐渐提高,特别是中产阶层人群的大幅增加,对"价廉物美"的追求已经是过去时了,他们对产品和服务的期望值在明显增加。他们更加重视产品的性能、质量和安全性,更强调自尊意识,更希望被当作个体对待,愿意为高品质的产品和服务埋单;对企业的宽容度在下降,越来越能够精明地辨识广告促销,会更积极地利用相关法律法规保护自己的权利。消费环境的改变逼迫企业的客户服务必须做到及时、诚恳、负责,因为只有如此才能真正解决消费者遇到的问题,维护消费者的信任,赢得消费者的满意。满意的顾客会带来重复购买的行为,培养起对品牌的"忠诚度",换来企业的真实效益,是企业发展的真正动力。现在的消费者满足感不仅仅来自商品本身的适用、美观,还来自消费行动带来的附加价值感,尤其是售后服务方面。企业市场部门通过各种有效手段向消费者做推荐,客服部门和消费者保持通畅的信息交流,及时解决消费中遇到的各种问题。优质产品加完善服务两者的"无缝结合"就可以有效维护消费者的忠诚度和市场口碑。

另一方面,消费教育也是企业客服的重要工作内容。很多时候消费者的投诉是由于错误地使用产品或不当保存造成的,客服人员有责任向消费者宣传全面、准确、清晰的产品性能、使用方法和注意事项等消费信息，解答消费者的相关疑问。这对卫生健康行业的客服更显重要，这也是为什么大型跨国制药公司都热衷于设立各种患者之家类的专项教育和关爱项目，比如百时美施贵宝面向心血管疾病和糖尿病患者开设的“心希望健康中心”、“糖友健康厨房”，诺和诺德关注儿童糖尿病发展状况的“诺和关怀儿童营”，罗氏对肾病患者建立综合关怀行动的“又是彩虹天”，GSK 对抑郁症等精神病患特别设立的“心晴行动计划”，等等，以向各类慢性病患者（也是消费者）提供准确、正确的疾病预防知识、正确治疗方法、日常养护健康须知等知识和教育，为特定消费人群带来有附加值的服务。

企业客服人员日常服务工作的标准操作规程（SOP）应当遵循的工作原则包括：

- 对每一位消费者的问题和投诉应予以仔细查问；
- 对本行业一般常见的消费问题应有准备充分的解答和定期更新；
- 对每一起投诉都应记录在案；
- 应当告知投诉者问题将会如何解决；
- 应当迅速启动并跟进投诉问题的解决程序；
- 督促投诉问题涉及的负责部门及相关人员及时回馈；
- 定期分析总结投诉问题，反映至相关管理层人员以引起重视和进行必要的改进。

现在为各类 B2C 公司，特别是快速消费品行业公司服务的客户呼叫服务中心（Call Center）正趋于成熟（见图 3－1），一来使得客户日常服务工作能够做到更加专业化、规范化，二来服务外包也为企业减轻不少负担，有效降低了日常工作的压力。

在 CRM 热线的日常服务中，客服人员的职业培训始终不能松懈，除了专业性知识解答技巧的培训外，应当避免使用不当的客服“话术”给消费者带来不好的感受，尤其是一些看似没什么不正确但实际效果较差，甚至会点起投诉者火气的话术。比如：

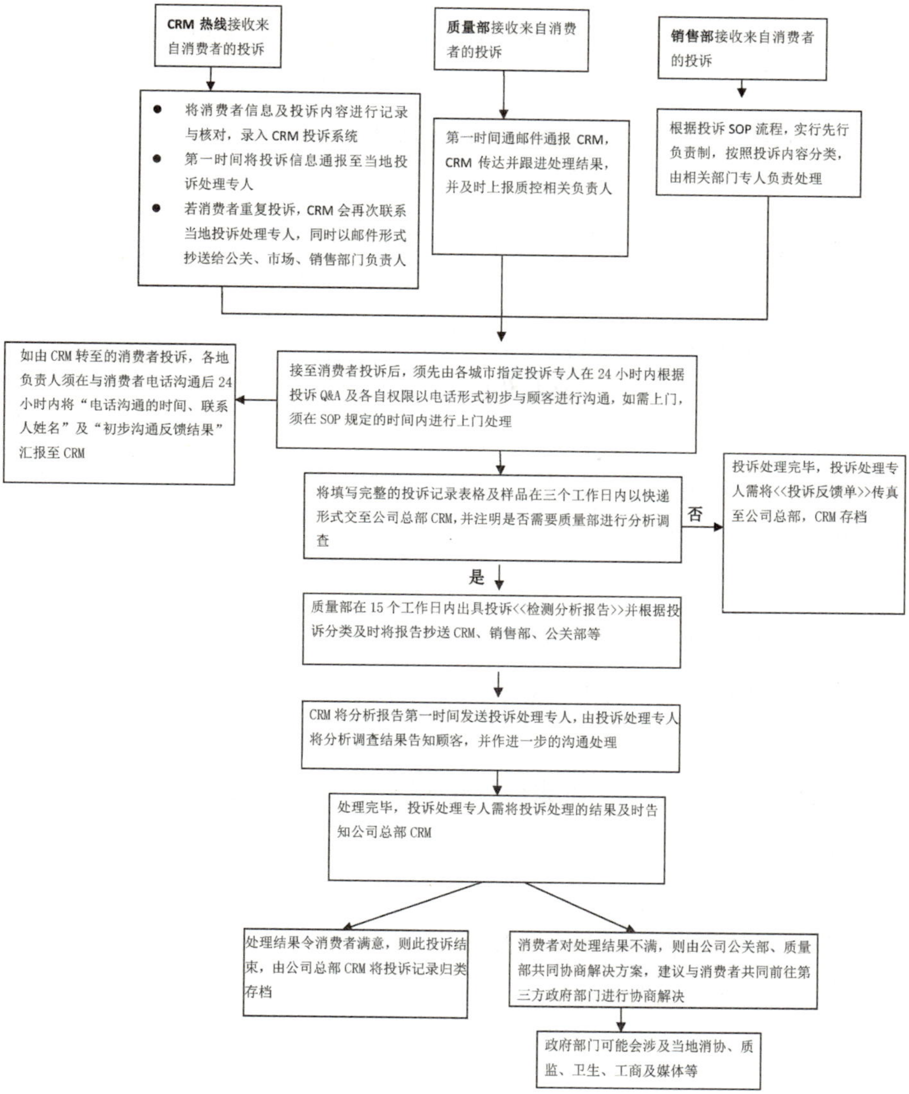

图 3－1　快速消费品行业消费者投诉标准处理程序

“我们的产品百分百保证没问题的”

话别说得这么大，没有谁敢做这种保证的。

"我们公司一贯以消费者利益至上为原则"

这话说多了您不觉得空洞吗?怎么一出问题了你就抛出这话?

"我们产品是经过非常严格的合格检验才出厂的,都是经过了几百项检验的"

难道你们还有检验不合格产品出厂的吗?

"我们的产品是最先进的、最好的"

工商部门听到了一定会来找你的。

"我们一定让你满意"

你怎么让我满意呢?

"这是你自己使用不当,那我们也没有办法"

别忘了我咨询你就是为了寻求你的帮助的!

"我们的产品到现在从没出过这样的问题"

那就是我倒霉了?

"别人家的好,那你买别人的好了"

你这是什么态度?

"……,好吧?就这样吧,好吧?"

我还没完呢,你就想结束了吗?

"我们会尽快给你回复"

什么时候是尽快?为什么不明确跟我说是什么时候呢?

“是你没听明白我的意思”

我聋吗？你再解释清楚些不应该吗？

“这事儿不归我们管”

你不该告诉我去向谁询问吗？

“我不能在你一个人这儿浪费太多时间，我非常忙的”

我不忙吗？你的职责是什么？

“这是因为你孩子小肠粘膜乳糖酶缺乏，产生乳糖不耐症现象，不能分解并转化利用乳糖……”

我是老百姓，别跟我那么专业好不好，就告诉我该怎么办？

客服机理

现在同样的商品市场上多的是，我为什么偏要买你的？是因为你的产品看起来不错，价格也公道；我为什么习惯性地买你的？因为你的产品用起来让人满意，你的服务也让我安心，遇到什么问题你的售后服务都能解决，让我放心；为什么我还推荐周边的伙伴们也来买你的？因为你的产品我不仅一直用得满意，而且从来没有什么后顾之忧，让我很享受到周到的服务。市场经济下，各类商品琳琅满目，同质商品间高度竞争，没有周全的售前、售中、售后服务，就没有忠诚的消费者，企业的生存发展就不可能持续。道理简单吧，但现实的企业商家未必都能做得到，更多的是还没有正确的品牌维护意识；现在的消费者对客服的要求越来越高、越来越挑剔，企业客服也确实越来越难做。但犹如在大海里游泳，你必须得有耐力，游得更快更好，才能更靠近安全的彼岸；停下就意味着死亡。不破不立，不进则退。对企业来说，永远没有做得最好，只能做到更好。

四、企业社会责任

（一）什么是企业社会责任

企业社会责任（CSR，Corporate Social Responsibility）概念的提出和公共关系的产生同属一个时期，其定义、作用性质和范围等还一直被人们争论着，在20世纪90年代后期开始日渐为全社会所重视。人们一致认为，企业社会责任要求企业在创造利润、对股东负责的同时，还应承担起对劳动者、消费者、环境和社会等各个利益相关方的责任。

ISO26000给出了较为抽象但全面、准确的定义：组织社会责任，是组织对运营的社会和环境影响采取负责任的行为，即行为要符合社会利益和可持续发展要求：以道德行为为基础，遵守法律和政府间契约，并全面融入企业的各项活动。企业社会责任要求企业按照内部规章、核心价值观、员工行为规范，承担经济责任，提高效益，回报社会，以此实现企业的可持续发展。企业对照这一标准定义，不难理解和制定出自身在社会责任方面的策略和行动计划。

（二）CSR对企业发展的意义

企业成长发展到一定规模，企业社会责任便会在各方关注和“督促”下自然进入到老板们的工作计划中。不管是出于“社会财富的再分配”需要，还是纯粹为了企业的“面子工程”，适时做些具有社会公益意义或者慈善性的扶贫济困、救灾救难及回馈社会的活动，已成为顺应社会需要的责任之举。当然CSR也为企业形象宣传增添了必不可少的故事内容。从性质上说，企业做CSR的目的，是通过非商业性的、积极主动的社会公益活动来扩大企业的社会影响，提升企业声誉，赢得各方面利益相关者的认同和支持，为企业长远发展奠定更广泛而坚实的基础。一个企业不论它所从事的是什么行业，也不管它是大型公司还是小型公司，它与客户、公众之间的良好关系对于建立企业声誉来说是必不可少的基础，同时这种良好的关系也会带来可持续的商业成功。这就是企业CSR战略设计的重要出发点。

在外企看来，CSR 能够给企业带来看得见的好处或机会，可以具体概括为下列几方面：

- 媒体对企业广泛的正面报道和宣传；
- 提升企业声誉和公众口碑；
- 开发可能的新投资或融资机会；
- 提高客户及消费者的忠诚度；
- 带动员工的创新学习热情，提升企业影响力意识；
- 理解企业与竞争对手的不同之处和独到优势；
- 提高企业运作效率，降低成本和管控风险；
- 吸引并留住人才，创建最佳雇主形象；
- 保持并增强与客户、业务伙伴网络的联系；
- 为企业创造新的业务机会。

CSR 能够有效呼应企业宗旨和愿景的传播，提升企业员工的凝聚力和向心力。现在很多企业 CSR 项目会要求公司高层管理人员和员工一起参与制定，从开始就对这项工作予以足够重视，不带有偏见，同心协力，透明运作，让全体员工理解公司及员工个人所应承担的社会责任，并代表公司履行好这份责任和义务。同时适时地与所有利益相关者分享，使企业 CSR 更有意义，更具有可持续性。企业在 CSR 方面的表现对社会公众及目标消费人群的影响正在显现，并且已经越来越多地出现在跨国公司采购订单的附加条件中，要求合作企业从质量管理、环境管理扩展到更进一步的社会责任管理，都必须符合现代企业制度和国际市场准则的新要求。不久的将来“企业社会责任”也可能会成为人们在选择购买商品时的考量因素之一；欧美市场已经在逐步推行了，我们还会远吗？

（三）CSR 立项

企业社会责任是一个具有广泛内涵的概念，包含了企业对社会整体应负的责任。具体话题包括了企业自身良好治理和道德经营、人类社会进步事业、自然资源理性使用和对环境保护方面采取的积极行动，等等。

企业 CSR 项目可选择范围很广，活动形式很多，也无需要刻意做什么限定。企业 CSR 可以通过建立与政府部门的合作项目、员工参与社区公益项目、投资者公益项目、业务客户合作公益项目、加入与 NGO 和 NPO 的合作项目等形式实现，特别是在当今人们日益关注的涉及健康、安全、卫生、水及大气环境的保护、绿色能源、资源的循环利用及企业结构优化综合治理等方面进行选题。我们平常所说的慈善是指人们自愿奉献爱心和采取援助的行为以扶弱济贫，是有道德地给予；社会公益是为了确定范围的公众所应当享受的利益，强调的是提高弱势群体的权利。企业社会责任涵盖了慈善事业和社会公益事业。

在政府指导下开展 CSR 工作是企业较易接受的立项策略，但大多数企业设立 CSR 项目都会考虑与本公司业务相关领域的事情或相关受益人群，一来对公司长远发展有益，二来是自己较为熟知的领域，易于判断和把握；更是与企业自身“可持续发展战略”的需求相结合，以能够更为有效地影响到广泛的利益相关者，更加有目标性和更准确地传播企业的品牌形象。比如制药行业巨头们一般都下设有独立运营的公司基金会，这些基金会专注于全球范围的公众或特定人群的健康教育和促进活动、特殊议题的专项研究，如针对妇女、儿童的特定健康教育项目。在不同的市场会细化得更为具体，如建立各类“慢病患者之家”性质的俱乐部，通过有组织、定期的活动，特别是在每年的“某某疾病日”、“某某疾病防治周”等时间点上开展相应的主题宣教活动，邀请专家在电视广播及现场讲座咨询，发动媒体宣传活动，编制疾病治疗和养护手册等，以提高人们对诸如心脑血管疾病、糖尿病、艾滋病、肝炎、癌症等常见难治疾病的科学认识和治疗信心。

近年来国内众多小规模的非营利性社会组织比较活跃，他们大多是由一些志同道合之士自发组成的，在全国各地开展各种扶贫帮困、募资助教倡议，改善偏远地区学校及儿童学习生活条件、健康促进、环保公益推进等项目，跨国公司也常常受邀参加，形成了比较良好的“大家都来做公益”的社会氛围。2015 年，一些自发的助困帮贫“微信公益捐”活动在微信朋友圈里悄然推出，在相识的朋友当中号召募捐，效果还不错。受限于有关国家政策的开放度和政府一直以来矛盾的态度，众多国际知名的 NGO、NPO 一直致力于在中国开展有关社会公益促进项目，但步履艰难，困难重重，有的甚至不得不半途而废。比如2011年前美国副总统戈尔率领旗下环保公益组织在北京饭店推介“全球气候变化与环境问题改善”项目，并借此发展来自各领域的成员，以形成社会合力，共同推进；但这很让尚未做好政策及管理准备的政府决策部门心生疑虑，“热闹”的开场之后便声音渐弱，不再有任何进展，人们最初的热情期盼也就逐渐淡化，不了了之。而跨国公司通过自身的基金会在华开展教育、健康卫生促进、灾难救助等方面的社会援助、捐赠活动，因为“政治因素”风险相对较低，则深受政府等各种组织的欢迎。我们的现行政策是：欢迎国外NGO、NPO来“送钱”，但不允许他们涉入国家政治领域的任何话题。我们自己真正的NGO、NPO们力量很分散，能力很有限，也极少有实力和动力“走出去”。在社会非营利性组织的开放方面，我们的政策和心态还处在非常矛盾的状态，缺乏主动接纳和推进的意识。

在跨国公司，设立企业CSR项目同样遵循一定的规范程序。要经过可行性分析、项目筛选、项目批准、项目实施和效果评估等环节。以本人曾经在某欧洲跨国公司运作的“资助SOS儿童村设施建设”项目为例，跨国公司设立社会公益性CSR项目的一般程序是：

• 公司管理层提出CSR立项要求，管理层会议上提出动议，公关部门负责项目调查筛选；

• 公关部经过调查评估后提出SOS儿童村项目建议书和预算计划，包括对同行对手CSR的调查比较，选取该项目的理由及预期目标；

• 管理层讨论并批准项目计划，公关部在管理层会议上答辩；

• 公关部拜访“中国SOS儿童村协会”，了解协会工作流程及合作方式，立项合作关系并获得目标儿童村推荐；

• 现场考察协会推荐的候选儿童村的管理状况、管理人员状况、设施条件及实际需求，实地考察至少三家儿童村的实际条件和需求情况；

• 根据相关要求选定待资助儿童村，“三选一”确定目标儿童村，并在公司管理层会上汇报；

• 与目标儿童村管理团队讨论项目内容和实施保障计划，目标儿童村出具项目设立报告及实施方案；

• 项目正式启动仪式，公司及SOS儿童村协会领导和代表出席启动仪式，向儿童村赠送公司员工捐赠物品；

• 通过“中国SOS儿童村协会”分步拨付款项，项目进程和款项管理由儿童村协会负责监督；

• 受助儿童村负责项目实施及进展报告，包括中期进度报告、费用情况报告；

• 项目年度验收，项目年度终报告获儿童村协会批准；

• 公司及SOS协会领导现场考察，项目验收及组织员工代表参与慰问孤儿活动；

• 邀请员工代表参与回访慰问，后续的员工参与活动，包括每年进行的指定内容的员工募捐；

• 受助方及企业员工评价调查，年度项目评估，结果在企业内刊上发布；

• 制定下一年度项目内容，与儿童村协会及受助儿童村商讨下一年度援助计划；

• 年度实施报告归档内审，接受企业的年度内部审计。

（四）CSR项目评估

CSR究竟能够给企业的商业业绩和社会形象带来多大的促进作用，比较难以定量考量。企业也不应该企图对每一项CSR活动都要得到一个定量的评估，除非活动针对的是特定的客户人群，并且得到客户在情感上的高度认同。企业CSR项目越是和企业营销行为及目标走得近、捆绑得多，就越没有生命力和可持续性，甚至会带来负面的社会反应及消极影响。消费者切不可愚弄！企业能够稳定在市场中的地位，业绩持续增长，口碑良好，消费者群体忠诚度高，其中一定会有合适的CSR策略的贡献。

跨国公司们一直热衷于以公司受到“XX国际组织”的认可，或者被纳入“XX发展指数”排行榜企业名录为荣耀，这意味着企业在环境保护、社会责任和经济表现等方面的综合实践受到国际上的认可，因而逢人便说道、逢会必宣扬。比如被列入“道·琼斯可持续发展指数”(Dow Jones Sustainability Index),“碳披露领导力指数”(Carbon Disclosure Leadership Index),“富时社会责任全球可持续指数”(FTSE4 Good Global Sustainability Index),以及“联合国千年发展目标”(Millennium Development Goals)上榜公司等。目前ISO等国际组织正试图推进“指南性的”CSR评价标准化工作,以使企业包括政府等各类社会组织在社会责任方面的成绩评估具有可操作性。但从该“标准”适用对象的广泛性和实际状况存在真实差异的考虑,在全球推行采用这一评价标准尚有难度,还需要有一个漫长过程。

现在社会公众、企业利益相关者等更多是从企业的经营发展状况、遵守法律法规情况、对客户及员工的伦理道德关怀和社会慈善行为等这几个方面来评价企业的社会责任表现,有些可以定量评价,有些则不能。CSR评估体系的完善和广泛采用还有待时日。但无论是政府层面、国际组织,还是所有产业、社会公众等都抱有热切的期待,这必将推动各行业企业积极思考、主动行动,直至形成社会潮流。

CSR机理

从社会获取,必须要回报社会。企业成长壮大了,就应当感谢社会公众长期的支持和爱戴,承担起更多的社会责任。媒体、股东和社会公众越来越重视企业的社会责任贡献,把它作为对一个企业的经营理念和实践是否具有道德品格的重要考量。但是企业通过个别CSR或慈善项目就期望能够赢得媒体或公众的认同也是不现实的,并且越来越难。企业的成功非一朝一夕之功,同样道理,在社会公众中建立起良好口碑、声誉也是要有一定的、持续性的贡献。你的企业长大了,就有能力为改善大家的生存、生活条件和品质多做些贡献,做更大贡献,这是上天赋予你的责任和义务。企业家永远不要忘了财富取自于民必要回报于民的道理。你如何做,人就如何说。善小不拒,恶小莫为。佛法有言:欲知前世因,今生受者是;欲知来世果,今生做者是。当然你也不能总是抱着施恩图报之心来做善事;从善如流,莫贪着其事。善行多,则拥护者众。这个世界是公平的。

五、危机管理

（一）什么是危机事件

公共关系为人们所认识并且常常要展示其重要作用的舞台就是危机事务的处理。这和公共关系产生之初为了政治利益需要，通过传播手段表达自己立场并纠正别人的不当之目的是一脉相承的。什么是危机事件？从公关实务的角度来看，当一个企业或任何一个机构组织因为某个错误或外界因素的干扰而受到严重影响，正常运行停滞或中断，造成利益乃至声誉的损害，这个由明确的因果关系带来的破坏性干扰就是危机事件。危机事件具有突发性、破坏性和紧迫性，企业、团体组织不得不采取及时有效的措施予以控制和化解，否则给企业、团体组织带来的打击极有可能会是毁灭性的。

（二）为什么会发生危机事件

企业的产品和服务受众可以是一些特定人群，但企业形象和口碑是要传播于全体社会公众的。企业日常运作中一定会有各种各样的问题需要及时处理，这些问题可能来自外部环境，也可能来自企业内部。外部环境中消费者对产品的不正确使用、不良媒体的借机敲诈、竞争对手的恶意诋毁、行业政策的重大调整、政府监管执法行为的不当，等等，企业都必须采取及时有效的应对措施迅速反应；内部运行系统中，生产过程异常造成产品质量缺陷、服务缺失、管理流程漏洞、供应链系统出错、经营战略失误等问题，如不能及时有效地解决也会演变成危机给企业带来难以恢复的损失。

在跨国公司公共关系进入到中国之前，我们的各行各业出现任何问题，大多是依靠领导们之间的个人沟通，或者通过上一级主管行政部门的协调甚至“命令”予以解决，这是典型的计划经济体制下的危机公关管理方式。现代国际化企业的公共关系部门大都制定了程序化、标准化的危机事务管理沟通体系，让危机管理名正言顺地走上了台面，成了企业正常运行不可或缺的保障手段之一。

可以说我们正生活在一个危机四伏的年代，无论对于企业还是政府。现代危机事件的“破坏力”之大，稍有不慎，不管是百年老店还是时代先锋，都有可能会在劫难逃。今天的商品化、市场化社会，只要公司的产品和服务推上了市场，你就不得不随时做好准备，接受政府监管、媒体质疑、消费者投诉，甚至竞争对手的故意陷害、别有用心者的恶意敲诈。无数事实证明，企业如果采取“鸵鸟政策”回避或者故意忽视，得过且过，都只会让自己在麻烦的漩涡中陷得更深，并在人们的记忆里留下不良印迹。

一般来说，危机事件是企业自身主观故意造成的案例比较少见（当然也不乏个别的例子），管理程序漏洞或操作失误引发的危机，“温水煮青蛙”似的问题积累导致性质恶化，引发经营危机的占绝大多数。既然危机事件发生了，作为公司管理层就必须接受现实，客观冷静地对待，明白事件一定会给公司及品牌带来暂时的负面影响，应当有坚定的信念和勇气，正确面对来自各方面的挑战，用正确的态度、正确的流程和正确的行动积极应对，妥善沟通，立即纠错，化解危机，重树企业声誉和形象。任何危机事件的发生一定有其必然原因，事后应当认真总结教训，及时改进，以防再发生，这是企业在经历磨难后必须立刻采取的正确措施。

一个企业出现危机或处理效果不佳的原因往往来自三个方面：一是企业人员，尤其是管理层高管及公关部门人员素质不高，在危机意识和应对机制建设上没有给予应有的重视；二是企业内部管理混乱，规章制度不健全，流程管理漏洞经常性造成出错事件；三是企业对形势误判，决策失误，对公众舆情和政府的态度没有正确的理解。一个不争的事实是，今天没有哪个企业是处在危机风险的安全孤岛上的，没有哪家企业可以“吃老本”，躺在过去贡献的“功劳簿”上或者危机处理的“成功经验”上睡大觉而一劳永逸的。危机可能发生在任何企业，在企业发展的任一时期，在企业运行的每一天、每一环节。

（三）企业危机公关策略

企业必须建立自己的危机管理团队，以在日常预防工作及真正的危机事件处理中做到有备无患。一般跨国公司的“危机管理委员会”（CMC，

Crisis Management Committee）由企业总经理、公关总监、人事、法规、市场及销售总监等核心成员组成；委员会下面由公关部会同市场、销售、客服、质控、法规等部门成员组成“危机管理小组”（CMT，Crisis Management Team），负责日常性问题处理、媒体动向监测、投诉处理、市场传闻监测及潜在危机预警；公关部总监领导危机管理小组的日常运作，一旦有潜在危机风险即向危机管理委员会发出警报。

“往最好处努力，做最坏的打算”是企业危机公关的基本策略。企业公共关系战略执行的重要任务之一就是要预防危机的发生，而不仅仅是为了危机来临时有个应付套路。日常工作中，公关部门要投入相当的精力在处理各类大大小小问题上，而这些日常性问题如果处理不好，都有可能会演化成为危机事件。到那时所要花费的精力、人力、物力成本就非常可观了。从企业实际运作来说，危机事件其实都具有一定程度的可预测性，问题与危机管理的预警机制及公关人员的敏感性尤其重要，公关部门日常工作中的压力也因此比较大，特别是市场敏感度高的产品类制造企业。真正危机发生时，公共关系部的作用不是要把危机事件强“按”下去，危机公关目的是要尽全力减少危机事件给企业造成的伤害，控制危机事件的影响面和程度，安抚好受到危机事件伤害的客户或利益相关人，将不利事态向好的方向转化，而且越快越好。

危机事件发生、发展直至消亡有确切的规律性，周期有长有短，但一般都会呈现由酝酿、爆发、高潮，向缓和和消除发展这样的过程。一般情况下危机事件从发生到酝酿期会是几天或稍长的时间，爆发期在两至三天，高潮期在一至两天，缓和期在三四天内，呈现抛物线形规律。在各方面社会环境因素不够成熟的当下，有的危机事件还会被人旧事重提，反复出现。尤其是网络传播时代，那些“翻过篇”的公司危机事件“旧闻”在网络上大都永远留有记忆，别有用心之人轻易可以把它翻出来再炒作，给人们造成错觉和恐慌，以为这家公司又出什么新问题了。这也是企业公共关系部门颇为头疼之事，虽然这种行为不一定会再次造成真正的危机，但对企业公关人精力的耗费、压力的维持、个性的磨练，是避免不了要受的“罪”。因此，无论企业如何成功地化解掉危机，危机公关都是事后的“修补功夫”，是治标之策，而不是治本之能。严格控制产品生产的每一道环节，严格生产运行流程规范管理，严格遵循国家法规、企业守则，合规经营，周全服务，才是确保企业不遇到或者少遇到危机事件的必由之路，是企业持续健康发展的必要保证。

不同的行业有不同性质、不同特点的常发性危机事件，比如婴幼儿奶粉因为是多重营养物质的配方产品，原料的品质保证和消费者正确的食用尤为关键，因而关于产品质量问题方面的投诉就多于其他食品类；日化产品为了寻求独到的“卖点”而在推广广告中经常踩上“涉嫌虚假宣传”的地雷；家用轿车的动力控制与安全保障系统问题一直备受人们的关注，也因此常常成为国内外汽车大规模召回事件的主要原因；防止旅客自杀一直是高星级酒店业的公关不得不面对的难题；煤矿安全事故频发似乎是无法根治的永远的心痛，等等。危机事件的呈现虽然五花八门，并且发生于所有的行业，但一套完整的危机事件预警、防范、沟通处理和化解机制是不同行业危机公关的共同需求。

危机事件不管受到影响的是某个企业、几个人还是大众人群，都必定会受到社会所有利益相关方的关注，“好事不出门，坏事传千里”，危机事件给企业带来的社会影响永远不可以低估。因此企业公共关系必须永远把预防危机的发生作为工作的重心，功课做在事前，防患于未然。

（四）典型危机应对方案

跨国公司是如何制定危机事件预案的呢？下面列举两个跨国公司危机事件管理的“标准应对方案”实例供读者参考。

1. 食品公司，食品被人为故意污损事件应对方案

• 收到相关报告

公司公关部可能通过一线销售人员、客服部、质量控制部、公司接线员等收到有关公司产品受到污染并给食用者造成致病/死亡事件的报告。一旦收到该信息，应立刻采取以下行动：

• 立刻开展调查

联系最初报告者，以确定：

——报告者个人的真实信息，所报告产品受污染的详细情况。

——报告者是否匿名并进行产品污损威胁（报告者的动因）。

——在回应或答复确定的报告者时，必须做到：

亮明自己身份；

耐心倾听，冷静并保持平和的语调，积极回应；

尽量少做评判；

不要承诺或否认责任；

不要防御心重，不要责怪。

——在回应匿名报告者时，在不确定是否产品受污损的情况下，必须做到：

冷静，积极回应，保持平和的语调；

仔细倾听，并做详细记录；

引导报告者就事论事谈问题；

尽量掌握多点信息，但不要给报告者压力；

如果是匿名威胁，报告者是否表明了他这样做的原因？

如果是匿名举报，报告者匿名的理由？

——任何一种情况下，在结束沟通后，立刻向危机管理小组汇报。

• 评估状况并准备响应

——危机管理小组通报危机管理委员会，报告最新信息和进展；确定响应行动。

——考虑到媒体公布的可能性。

——确定是否需要产品召回。

——立刻通知生产、存储和运输、上架等环节，以防污损再次发生。

• 准备媒体声明

——确定有必要产品召回。

——确定有必要回应媒体。

媒体声明的范本

蓄意破坏——一起孤立的人为污损事件

X 月 X 日，有消息称一消费者因食用我公司的 XX 产品而生病/死亡。我公司一向深切关注我公司产品的消费者的健康及其家庭的幸福。通过与当地政府机构的全力合作调查，我们了解到该消费者的生病/死亡是因为食用了受到污染的产品。相关权威机构确定了该受到污染产品的生产批号，除该批号产品外，其他产品未收到污染报告。权威机构随即开展了犯罪调查以确定产品遭受污染破坏的真相，并且鼓励公众提供任何关于此事的消息。同时，我们提醒所有消费者检查其所购买该产品包装的密封性，如果有任何疑似遭到破坏的痕迹，应及时跟我们联系或报告相关权威机构。我公司承诺确保在我工厂内生产包装的所有产品的安全性。消费者如有任何问题或疑问可以拨打我公司热线 XXXXXXX 询问。一旦有更新消息，我们会在公司官网及通过公司微博、微信通报大家。

致客户的一封信——公司正在对产品污染事件展开调查

关于批号为 XXX 的 XX 产品

尊敬的 XX，首先感谢您 X 月 X 日的询问。

我们接到报告，有消费者发现我公司批号为 XXX 的 XX 产品有被人为污损发生，公司对此高度关注。我们已经对所报告之事展开全面调查，并向相关政府权威机构报告，以尽快确定产品污染的属性及受污染的真正原因。一旦有确切的结果或需要采取的行动，我们一定会在第一时间通知您。

如有任何问题或疑问，欢迎您拨打公司电话 XXXXXXXX，联系人 XXX，职位：XXX。

回应媒体的询问

在调查行动展开前：

我们收到消费者的询问电话，称在我们的 XX 产品中发现了 XXX 污染。公司正在和当地政府权威机构紧密配合，以尽快确定该污染物的属性，并将采取相应的行动来保护我们消费者的合法权益。

请留下您的姓名及联系电话，一旦有任何新的消息，我们会及时通报您。

在确定发现污染物并采取保护性产品召回时：

我们收到消费者报告，称在我们的XX产品中发现了XX污染。我们现在尚不能确定该污染物的属性，正在密切配合XXX实验室进行检测，以尽早得出结论。我们郑重重申我公司一贯对产品安全性的重视，为保护消费者的健康，现决定从市场预防性主动召回XX批号的XX产品。一旦有新的消息，我们将及时公布。

2. 产品被仿冒事件应对

危机管理小组通过销售、市场、客服、质控等路径得到产品仿冒报告，立即采取以下行动：

- 收集事实根据

仿冒产品发现地信息；

价格、规格、批号及销售终端库存；

鉴别与正规产品的差别；

将仿冒品送当地权威机构或自己实验室分析；

确定是产品被仿冒还是仅被更换包装；

仿冒品有无健康风险。

- 调查详情

分销涉及面；

仿冒品数量；

经销商信息；

有哪些供应商可能卷入；

有哪些本公司人员可能卷入。

- 评估

问题产品数量；

消除问题产品影响的可行办法；

是否需要上报当地监管部门或报警。

• 初步采取的行动

向公司法律顾问通报；

保持信息仅限危机管理委员会知晓；

派出专项团队进行市场调查；

如必要可聘用专业调查人员或对口律师。

• 当媒体已作相关报道或当地监管部门已开展调查时

——在当地监管部门调查前：

先行对内部员工进行案情通报；

与监管部门合作确认销售仿冒产品的零售终端，并准备采取取缔措施和行动时间表；

与分销渠道协调，检查库存并指导如何鉴别仿冒品，选定零售终端以应对取缔行动发生后顾客的大量质询；

准备客服热线，指导客服人员一旦消息公布应该如何处理消费者的质询；

联系可以提供帮助的专家并通报所发生的事情。

——在监管部门调查期间：

准备主动与相关媒体沟通，和监管部门联合或自主沟通；

对客服及分销人员先行通报以保证其有足够时间启动内部信息传递程序，确保信息上下传递一致。

——调查完毕且仿冒者被处理前：

向消费者重申公司的信心和正在采取的有效努力，一切行动正按计划有步骤地进行；

及时更新媒体声明和问题回答。

——调查仿冒者：

与监管部门充分配合，准备主动媒体声明，公布调查所获仿冒品的最终来源和将采取的彻底取缔行动。事先必须严格保密，谨慎与经销者等的沟通。

• 与媒体沟通的关键立场信息

——作为 XXX 行业的领跑者（之一），我公司一贯遵循国际和国内有关最高标准，始终坚持为消费者提供安全优质产品的信念；

——我公司极为关切产品被仿冒事件，并且正在与当地政府监管机构全力合作，以最大程度地保护消费者的权利，并购买到正规合格产品；

——该仿冒品与正规合格产品相比，在 XXXX 成分上存在较大区别，有造成 XXX 的风险；

——消费者可以通过 XXX 热线或与指定零售商 XXX 等渠道，了解如何区别真品与仿冒品及相关更多信息。

危机事件的处理并不是要刻板地按照手册要求，按部就班地照着做就行；对实际案情的处理应当就事论事，根据需要，酌情合理安排沟通及反应行动，相应的行动内容和与各相关方的沟通不可缺少。

（五）危机管理手册

危机管理手册是企业应对危机事件的重要法典，涵盖了对危机事件的定义、判断、反应机制、执行程序和重要相关资源等各个方面信息。企业危机管理小组应当保持对手册的定期更新，并对企业危机管理团队进行年度模拟培训，以保持团队充分的灵活性。无论是什么行业企业，一部完整的公司危机管理手册，一般都会包含如下的内容：

- 目的：包括手册适用范围、适用对象，危机事件处理与沟通原则；
- 危机管理组织：包括核心及周围团队成员，各自职责，危机信息沟通路线图；
- 危机响应流程：包括从“预警”到“事后评估”的全流程，每一环节的责任人、工作和沟通重点；
- 危机处理对照表：危机处理的流程工具包，以避免实际工作时的疏漏；
- 必要工具和资源：包括主要团队人员 24 小时联系方式，危机状态分析、评估报告表，应对行动记录表，沟通原则提示，公司声明标准格式，问题回答示例等；
- 典型案例应对方案：行业常见危机事件的应对模式；

• 关键外部资源信息：包括政府部门，媒体，专家，供应链，顾问，专业公关公司等。

对危机事件的定义在不同行业及企业可能会有不同，总体上企业可参照如下分类来判断并指导相应行动：

• 意外事故：Accident

意外事故或偶然事故是不可预见的，纯属偶发的事件或情形，可能来自于一时的粗心大意或操作不当，事发的原因和结果间的逻辑关系不明显，影响面及程度都比较小。比如人员跌倒、划伤、道路交通事故等。企业不必要启动危机事务应对机制，可以做单个事故处理。

• 小事件：Incident

小事件是独立发生但结果比偶然事故严重的，且可以确定因果关联的事件，具有某种程度上的可预见性和可预防性。比如生产安全事故、斗殴造成伤亡、货物被盗影响销售、产品因标签标识问题被处罚、企业信息网络瘫痪、天气及自然灾害造成货物断供、高级管理人员突然离职等。企业危机管理小组应充分了解小事件的发生和状况，配合管理层团队采取措施，防止事件恶化及扩大化，并弥补造成的损失，但不用启动危机应对机制。

• 危机事件：Crisis

危机事件是会给企业运行和声誉带来严重损害的事件，其发生和演变的过程可追溯，引发政府、媒体及公众关注，处理不当引发的不利社会影响可预见。比如产品被投毒、产品质量缺陷、工厂爆炸、恐怖袭击、媒体敲诈或恶意报道、员工罢工、监管部门查封公司等。企业危机管理机制必须立即启动，并采取快速应对措施，主动沟通所有的利益相关者，借助各方力量进行有效化解。

判定危机事件的响应程序如图 3 - 2 所示。

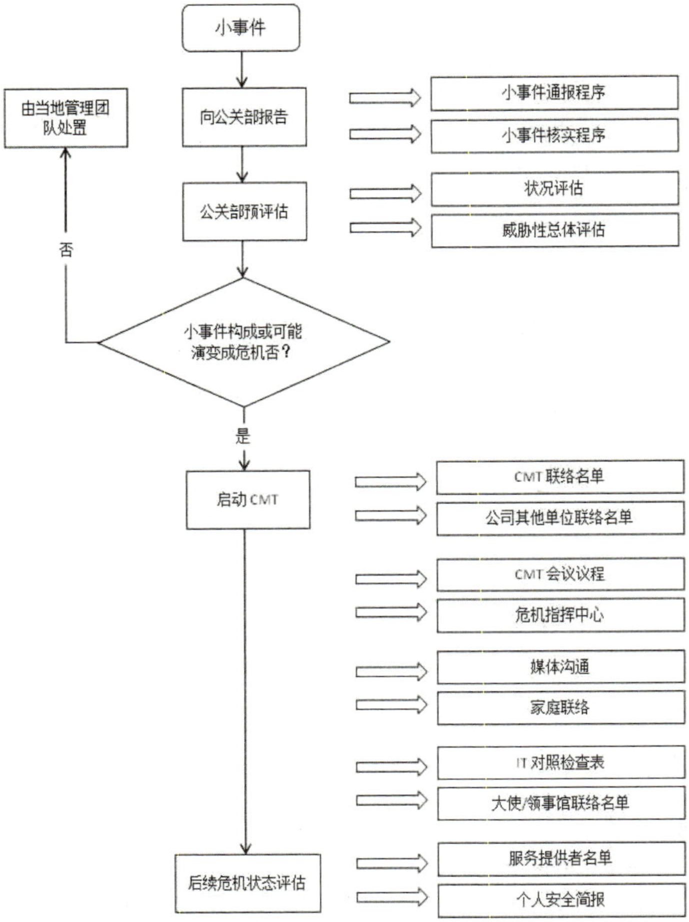

图 3－2　判定危机事件的响应程序

危机管理小组的响应行动程序如图 3－3 所示。

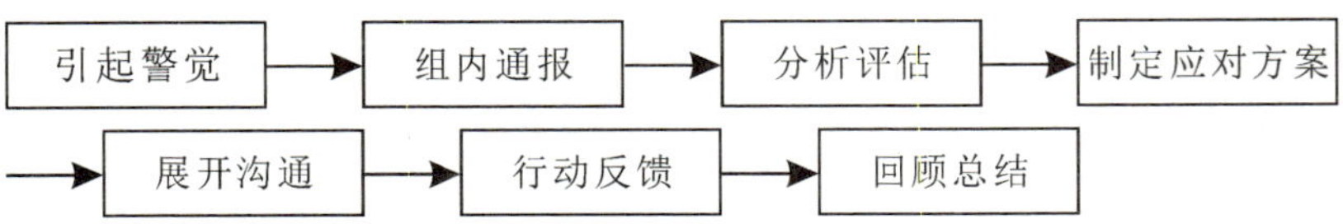

图 3－3　危机管理小组的响应行动程序

对以下类型事件，危机管理小组必须立刻报告危机管理委员会，提请启动危机管理程序，并汇报给公司总部：

- 影响到整个企业声誉形象的问题和挑战；
- 工厂或生产线遭受火灾或自然灾害造成重大损失；
- 关键设施或重要资源（如数据或人力）损失造成业务暂停；
- 产品被污损或被人为投毒；
- 缺陷产品会带来潜在的严重健康问题；
- 行业政策变化影响业务的正常进行；
- 大范围流行性疾病蔓延影响公司业务正常进行；
- 严重的政治或社会动荡等。

危机事件发生时，危机处理的总指挥应当是企业董事长或总经理，危机管理小组在其指挥下各司其职、统一行动。在这一特殊时期，危机管理委员会成员各自有明确分工，比如：

总裁/总经理的角色是：

- 激活危机管理委员会；
- 确保按照危机管理程序有序安排各自工作；
- 指挥协调危机管理小组的具体行动；
- 集中审查所有投诉和警报；
- 全面风险分析保持对事件状态的总体把握；
- 与重要利益相关者、合作伙伴及重要客户沟通；
- 与公司总部沟通。

公关负责人的具体工作包括：

- 检视并监测所有沟通的结果和反应；
- 就沟通内容或决定采取的行动可能带来的结果向总经理提出建议；
- 集中管控所有进出公司的相关信息内容；
- 负责所有对外、对内的沟通；
- 协调媒体沟通事宜；
- 协调与政府机构的沟通；
- 协助总经理做新闻发言人或亲自担当。

危机处理小组秘书的工作：

- 全程协助委员会工作，暂停手上其他工作内容；
- 安排"危机控制中心"各项条件及 24 小时沟通保障；
- 协调安排委员会集中工作所需各项办公条件；
- 各项生活后勤保障；
- 协调委员会秘书事项，包括各项文件准备、制作、分发及存档；
- 外部人员来访及突发状况的及时汇报；
- 负责会议纪要事宜。

如前面"应对方案"所述，当一家食品企业遭遇产品安全危机事件时，企业应采取的行动步骤可以概括为：

- 警示危机管理小组；
- 调查收集所有相关信息；
- 委员会分析研究所有信息并做出判断；
- 追踪产品分销状态及涉及经销商；
- 锁定问题产品在市场供应链各端的准确位置；
- 产品更换准备；
- 确认产品问题的真正原因；
- 做出停止生产或原料停止使用决定；
- 做出产品召回决定；
- 听取保险公司及专家意见；
- 回顾过去相似事件处理经验；
- 通知报废产品处理公司待命，并了解报废产品处理程序；
- 暂停产品市场推广活动；
- 确定沟通信息内容、路径及工具；
- 预留广告位或准备广告更换；
- 对外、对内统一沟通口径；
- 与经销商等业务伙伴沟通，包括讨论采取的行动；
- 制定赔偿方案；

• 确定产品召回期间的投诉处理原则。

对外、对内沟通的主要工作内容：

• 通报相关政府部门及行业团体；

• 准备公司声明和问题回答（Q & A）；

• 准备背景材料；

• 与 HR 总监共同通报全体员工并重申公司沟通纪律；

• 由公关部统一对外沟通、发布公司信息；

• 制定对外沟通优先次序；

• 做好不速之客来访的准备；

• 与委员会讨论确定最佳发布时机；

• 监控媒体反应，如有必要提出信息发布更新建议；

• 准备针对不同利益相关者的沟通函件；

• 做好发言人工作准备；

• 做好媒体接待室准备；

• 保持积极、坦率、公开、平和心态；

• 通过一线人员收集市场反馈；

• 更新问题回答并及时上传。

与政府沟通的主要工作内容：

• 牢记永远保持与政府部门的合作态度；

• 评价事态处境，如无论如何都必须告知政府部门，那就最好积极主动地于媒体发布前进行沟通；抢先一步与政府沟通总比晚一步效果来得好，以尽早取得政府的理解；

• 配合政府部门的调查，提供相关信息和调查方便，如采集问题产品样品、提供产品生产记录文件、原料入厂检验记录等，但涉及生产和经营机密事宜要征询公司法律顾问的意见；

• 与政府部门一起协调媒体沟通及公众声明的内容和时机等事宜，以正视听。

与消费者沟通的主要工作内容：

• 尽可能快地向消费者提供准确及时的信息，以使其免受谣言或错误信息影响；

• 可以使用的消费者沟通平台包括：广告，消费者服务热线，公司网站、微博、微站，以及零售终端销售代表的面对面沟通等；

• 确保所有沟通信息的一致性，保持与客服部门及关键岗位员工的信息畅通；

• 客服人员要保持耐心、理解、安慰的沟通态度和语气，不要有防备心态，不偏离公司批准的信息要点；

• 明确强调受害者及社区的利益是公司的首要关注，打消消费者的担心；只要有可能，在安全的前提下，随访受到伤害的消费者。

（六）危机公关原则

有位台资公司领导曾说“我们一直以产品品质为立身之本。只要我们的产品好，我们就不担心会有什么来自市场上的麻烦”。有这样的品质崇拜意识当然好，但是只要有生产行为，即便是相对完善的大规模工业化的生产条件下，也没有哪家企业能够百分百保证它的产品不会发生质量问题，事实上也从来没有哪家企业的产品从未出现过质量问题的。企业设立质量控制、质量保证部门的目的是为了及时发现问题并解决问题，但实际中要做到完全的零疏漏也是不可能的。公关部门和质量控制部门充分合作，在日常工作中妥善解决大大小小的各种问题，产品品质问题或疏漏一般来说不会造成大麻烦；但有了上面的“品质为王”意识，就不做预防性的危机公关应对机制准备，一旦产品出现严重质量问题，给公司造成的伤害就可能会是灾难性的。这就好像老百姓常说的，人不时有点小毛病，吃点平常药能治好，就不会出太大的健康问题；而那些平时不大生病的人，一旦生起病来，会“吓死人”的。说上面话的台资公司最近就因其在台分公司使用伪劣原料的问题遭到公众抵制，对大陆市场也造成严重不良影响。因此预防性原则必须是企业危机公关的首要考虑。行业发生危机时，企业难以独善其身；企业发生危机时，行业也要共同面临挑战。故企业公关人员平常对行业动态，尤其是竞争对手的信息也要格外关注。

危机管理的根本原则：永远说实话，尽快沟通，不要隐瞒！这与其说是反应机制，不如说是应对危机的态度。公众对公司对待危机事件态度的关注甚至远高于事件的本身。真诚地就事论事地报告事实，不做无原则的猜测和隐瞒，不推卸该担当的责任，抱着真诚和负责任的态度，对事件受伤害者给予必要安抚，以获得各利益相关方的理解和同情，才能对事件的正确、快速、有效处理创造良好的基础。因此，企业对危机事务的处置应当遵循的策略是：永远预防第一，公众利益至上，全局利益优先，主动快速反应，真诚统一沟通；并且要主动引导舆论而非受舆论左右，争取相关社会资源的支持与帮助。

具体来说，企业及其公共关系部门处理危机事务应依照以下路线做好各方面准备工作：

1. 预防危机事件的发生

(1) 了解你的利益相关者是谁及他们的兴趣点；

(2) 依照相关度和重要性优化排序这些利益相关者并维护关系；

(3) 建立行业专家(意见领袖)库，保持良好沟通；

(4) 建立并维护全方位媒体沟通渠道；

(5) 建立正面公众形象，比如通过 CSR 项目宣传；

(6) 制定风险等级评估体系及相应行动计划；

(7) 计划典型案例方案并每年模拟危机培训；

(8) 建立问题/危机监控系统。

2. 当危机真实降临时

(1) 保持冷静，尽你所能控制事态恶化；

(2) 启动危机管理机制，设立危机处理工作中心和危机信息沟通中心，保证信息统一；

(3) 第一时间对外公告公司的态度、掌握的事实真相和正在进行的工作；

(4) 在公司危机处理小组内充分沟通告知危机事件；

(5) 主动与相关政府部门沟通；

(6) 积极争取"意见领袖"的发言，寻求客观、公正的评估；

(7) 积极探讨改正问题的方法及防止再发生措施；

(8) 主动对客户、利益相关方及公司内部员工提供清楚说明及公司正在采取的措施；

(9) 准备媒体沟通内容和 Q & A；

(10) 指定公司发言人，设立外部沟通直线电话，工作小组讨论确定问题标准回答；

(11) 确保向市场传递信息的准确性并及时纠正错误信息；

(12) 确保内部及外部信息沟通平台的通畅；

(13) 向公司总部及时汇报进展及采取的行动。

3. 危机事件中的媒体沟通原则

必须做到：

(1) 牢记关键信息并始终不偏离；

(2) 将事件始末经过画出一张图供自己参照；

(3) 纠正所有的误解、误传和曲解；

(4) 用数据支持自己的立场；

(5) 充分聆听、尊重每一位提问者；

(6) 冷静、平静，切勿好争辩；

(7) 回答精准，对不确定的事请同事帮助或表示稍后提供；

(8) 注意肢体语言；

(9) 对社会和政策环境的进步多加赞扬；

(10) 多用正面、简洁、易理解词语，重复关键的公司信息；

(11) 最重要的事实首先说，详细佐证和说明放在后；

(12) 让听众感受到一切尽在掌控中，真实有据而平静地报告当前事态；

(13) 仅代表公司发言，不代表任何其他单位、组织；

(14) 对负面性及情绪化的提问，重述问题内容至比较中性化再做回答；

(15) 时刻注意保持专业性，平息情绪而不是惹恼提问者；

(16) 强调过往的安全记录，以使每个人都知道公司是一个守法守规的好公民，换取同情；

(17) 必要时请相关专家帮助，特别是比较专业的问题，听众更愿意倾听专家的解释。

不可做的：

(1) 不要匆忙回答问题；

(2) 不要感到是被迫回答问题，不做推测性回答，绝不要说“无可奉告”，可以坦白告知“对不起现在我不能回答”；

(3) 绝不可偏离已批准的公司关键信息；

(4) 不承诺不能提供的信息；

(5) 不讨论保密信息，如具体的损害或估计价值；

(6) 在所有事实搞清楚前不要有所指责或推测原因；

(7) 如提问者引用他人观点提问，不必被迫回答，可重申自己观点；

(8) 不要太过感情色彩，保持和蔼关切神情，用明确、缓和的语调和少动稳固的姿态阐述自己的观点；

(9) 在问题全部翻译前对外籍记者的提问不要点头、微笑或其他肢体语言做出响应；

(10) 不要过多谈论公司在全球市场的运作，除非记者表现强烈兴趣；

(11) 不要特别强调公司或个人与政府部门的关系，除了表达对政府部门的感谢外；

(12) 不要触及敏感及政治性话题；

(13) 不要评价中国法规环境，如必须，多加正面赞赏；

(14) 不要重复批评及使用情绪化词语；

(15) 不要期望记者们的热情；

(16) 对敌意的或引诱性提问不要过度反应，年轻记者往往乐于如此；

(17) 不回答“如果”性的假设问题；

(18) 不做推测性回答；

(19) 不对行业竞争性问题做直接评价；

(20) 不要用术语，要用谈话性语句、易懂词语。

企业发言人的作用在于保证企业信息沟通的主动性、权威性、准确性、及时性和一致性，有利于改善企业与公众间的信息不对称状态，通过高效的沟通互动，有助于赢得利益相关者和公众。企业发言人应当具备的心理素质表现在：自信、开放、大方、热情、沉着、稳定、坚韧、勇敢。当然要找到完全具备这些素质的企业发言人也确实不易。企业总经理和公共关系负责人同作为企业的发言人，应对媒体的采访是危机公关中的重要一环。面对着伸向你的“长枪短炮”的采访话筒，没有预演彩排，没有重来一遍纠错的机会，是彻头彻尾的“直播”，人不紧张是不可能的，即便是经验老道的电视直播员也免不了会紧张。但是作为公司发言人，这种时候你不上谁上？更何况媒体的访问成功与否关系到危机事件处理的走向，更是展示企业诚心和信心的时机，所以硬着头皮也得上。为此最保险的应对之策，是在接受采访前，企业总经理和公关负责人对事件的全部经过应当有充分了解和掌握，对公司明确的态度和原则要了然于胸，对公司正采取的措施清楚明白；在此基础上对关键信息的传递不要怕重复。对媒体的不友好挑战不动声色，辨析提问的出发点，保持“合作非对抗”的姿态，始终不偏离重要的核心信息，诚信务实、从容不迫地沟通确认的事实。要做到这样的自如应对，企业公关部要经常性（至少年度）进行模拟危机事件演练，以及接受公司发言人的专门培训是必备的功课，放松不得。

近十多年来，社会公众对企业传播推广的认同感也在发生着明显的转变。外企潮的初、中期，跨国公司主动的宣传、推广、公关、广告在打开企业及产品品牌知晓度方面频频得手、招招见效，博取消费者公众的认同，并形成购买力，直至有了忠诚的消费群体。企业的对外公关传播在其中也是功不可没。但到今天，消费公众对市场及品牌的认识逐渐成熟，对“商业噱头”式的宣传已心生反感，不会再盲目地接受商家的任何促销推广。好事再多也难出门，坏事一条可传千里。企业投入巨大人力、财力做的推广活动，可能会被某些个别受众的反感、挑剌甚或批评，带来得不偿失、前功尽弃的风险。大势之下，企业的对外传播不得不充分考虑各种因素，对外进行公司形象及产品品牌推广不得不小心谨慎，尽量做好各种预案，避免各种疏漏，以防止陷公司于不利。现在的企业公关圈内人在见面时常常会相互打趣"呦，你们公司近来挺安静哈，也没什么消息"，"没消息就是好消息啊，哈哈！你懂的"。

（七）应当吸取的教训

企业危机公关在力求迅速消解事件不良影响的同时，也要赢得所有利益相关者的理解、同情，乃至主动帮助，避免其人云亦云，甚至落井下石。作为企业职业公关人，你永远不知道在遇到危机时能否得到朋友的帮助。即便是在企业发展最辉煌时期，保持与各方面沟通渠道的畅通，培养与关键利益相关人的相互理解和认同，打造自己的职业声誉，保持并维护好建立起来的公共关系网络，同企业发展的命运密不可分，只能同步调、共进退，这尤为重要。此外，问题或危机事件处理中适当的妥协有时也是必需的战略选择。妥协或是认错是为了降温事件本身，降低公众关注度，利于控制影响面，并且为事后的形象恢复活动创造足够余地，特别是企业真的存在问题或有不当经营行为的情况下。

本人曾接待过某省会市工商局检查大队一行人员的突然到访，在"拷问"了我们公司一线销售人员的工作方式和日常管理情况后，拿出了在我们当地办事处搜查出的一个销售员工的"回扣给付日记"。面对这样的"突袭访问"和确凿"证据"，你毫无狡辩之力，只有承认这是错误的个人行为和公司管理存在疏漏，并承诺遵从国家法规和公司规章给予查处。坦率地承认员工的错误做法，给调查者以配合的态度，表明公司的正确立场，能够有效降低事态的"温度"，避免给执法部门可能采取不利于公司的强制行为创造条件。

危机事件对企业来说实际上难以避免，影响本身可大可小，但如果公关人员自己做出错误的决定，就可能导致企业遭受灾难性的伤害。因此建立企业危机管理与沟通机制固然必要，对企业公关人的人品考量和持续的专业培训更为重要。危机来了，所有的人都在看你怎么做、怎么说。这些年市场上不乏企业危机公关失败的案例。失败的表现各种各样，但根本原因都有相似相同之处。或是辨不清形势，未能准确把握时机正确应对；或是一心只想蒙混过关，采用鸵鸟政策；或是依靠某些背后个人关系，搞强权公关，得一时之逞；甚至是置公众利益于不顾，站错立场，竭力为特殊利益团体辩解，等等。当然也有极个别企业公关人员为谋求个人私利抛弃公共关系的根本原则，采用不正当手段贿赂、腐蚀监管人员、媒体记者等，严重损害了公共关系的职业声誉。网络上很多公司遭遇危机事件的案例，成功的、失败的、有头无尾的，读者很容易“对号入座”做出判断，了解这些公司及其公关部门的作为。不成功的危机公关给企业乃至给公关从业者个人带来的压力绝对“山大”，危害的影响面大，后果也很严重。这也使得公关人员在处理公司面临的各种问题和危机事务时，不能不小心谨慎、考虑周全。

公众舆论在本质上是“主持公道”的，尤其是在了解了事实真相后，当然也要在企业充分尊重并顺应社会主流价值观的前提下。让公众尽早认清事实真相，适度地通过事实真相“喊无辜”，而不是“是非都由自己一张嘴说”，公众心里自有一杆秤。但是与所有行业一样，我们的传媒业也并非一片净土，媒体从业者的素质也是参差不齐的。总体来说，主流的、正规的媒体比较遵从职业规范；但那些非主流的甚至是以专门靠报道企业负面事件为生的媒体也是有的。对个别媒体“挑事”的负面报道也不必惊慌，企业遇到的问题在不同的媒体和社会大众群体会有不同的理解和反应，现在的消费者群体也越来越具有“雪亮的眼睛”，他们会用自己的头脑进行思考、判断，而不会盲目跟风加入声讨队伍，除了少数别有用心者。企业要做的是立足于事实，客观冷静地阐明立场，不能被少数用心不良者牵着鼻子走。在进行媒体发布或沟通时，对争议问题的回答应做好充分的准备，冷静处理，力求准确、全面，不留猜想空间，不做深入讨论，不情绪化，不持个人观点，避免“挤牙膏”式地被动回答。对“专门找麻烦”的媒体，笔者获得的教训是，你最好也能保持一颗平常心、公平心对待，保持自己的涵养和风度；不能因为他们的不够专业、不友好就有所轻视，尤其是在接受采访中，应当绝对避免情绪化的反应或过度沟通。因为没有被满足，个别无良媒体歪曲事实，恶意篡改采访原话，或故作骇人标题报复企业的也时常会有发生。

“好事不出门，坏事传千里”。正如已经为公关从业者广泛认同的，企业危机事件必定有一个演变发展的过程。在危机事件酝酿期，企业公关人能否敏感觉察到，并采取适当措施有效管控住，是决定事件向真正危机爆发还是化解消亡发展的重要环节。对这一环节的把握有相当难度，也是对企业公关人员危机意识和处理能力的重要考验。危机爆发了，能否保持冷静、镇定，处理过程能否干净利落，兵来将挡，水来土掩，不推波助澜，不给危机“添柴加火”，决定了危机事件能否得到迅速有效地控制。危机暂熄，立即进行形象恢复，对危机事件中发现的问题或失误进行及时修补、改进、调整，制定新的市场恢复策略、新的广告推广及公关活动，以使企业经营尽快回到正常状态中来，重新赢得消费者的信任和信心。当然在不同的行业及因危机的性质不同，形象恢复的速度不一样，需要的时间有长有短。有效的、策略性的危机处理也为休眠期“旧事不被再重提”，不会被别有用心者拿出来重启新一轮攻击创造基础。为此，企业每年都应当根据危机管理手册进行内部的危机事件模拟培训，以强化危机管理委员会及小组人员的危机预警意识和反应行动能力，并最好请专业公关公司作为观察者进行评估和提出改进意见。

其实我们本土企业也不乏“转危为机”的成功处理危机事件的案例。1985 年，在冰箱还属高档家用电器的年代，国产冰箱的质量问题投诉率很高，海尔冰箱有一段时间也收到很多质量问题的消费者投诉。当时的海尔厂长张瑞敏带领技术人员对库存的 300 多台待出厂冰箱一一重新做检查，发现有 76 台确实存在质量问题。那时一台海尔冰箱市场价几乎是一个工人四五年的工资。张瑞敏力排众议，拒绝了做内部降级品处理的请求，让工人们把这 76 台冰箱在车间一字摆开，然后亲自带头抡起大锤，将这些问题冰箱全部砸烂。全国媒体一片哗然。这一砸冰箱行动刺痛了在场工人的心，也深深教育了海尔人，继而也教育了全国产业工人，不彻底摒弃业已养成的忽视产品质量的懒惰习气，企业就没有生命力，企业就没有希望。自那时起，“质量控制小组（QC）”、“全面质量控制（TQM）”、“质量保证规章”建立活动在全国产业界遍地开花。今天，张瑞敏当时用的那柄大锤已经被收藏于中国国家历史博物馆。这是一起极其成功的、杰出的危机公关案例。

危机公关最终要纠正错误、化解矛盾，使企业业务恢复到正常经营状态上去，同时修复与各利益相关方的关系。在这样的前提下，一般企业遇到问题不会首先想到通过诉诸法律的办法来解决，除非是严重的违法事件。为了企业业务的继续、市场的稳定，将问题解决在“打官司”之前是明智之举。有时候适当的妥协，是为了更长久、更安全的再起跑，这符合公共关系的原则；否则可能会造成赢了官司却丢了市场，或者既输官司又丢市场的两败局面。是否通过法律途径解决问题，需要非常慎重的考虑，对判决的各种后果进行预判和评估。找准能够解决问题的关键人物，得到他们的帮助，就能够事半功倍地化解危机，这是公共关系人脉的根本作用之一。

随着互联网新媒体的快速发展，关于企业的谣言在新媒体平台上的散播越来越难以控制。企业状况越是不稳定、态度越是模棱两可，就越会给谣言滋生制造养料。不助长谣言散播是起码的企业危机预防原则，及时回应涉及企业利益相关者的疑问，采取正确的传播策略，用事实陈述和真诚的态度遏制谣言的滋长，并且利用相关资源努力将不利的舆论向有利方向转化，这是企业公共关系在新媒体时代进行危机公关的新工作重点，企业公关人只能勇敢迎上去，没有绕开或回避的任何可能。

民意不可欺，流言须立止。一位财经类媒体人在一次研讨会上总结了企业危机公关“十句真言”，对所有行业企业非常具有指导意义。分享如下：未雨绸缪，防微杜渐，反应迅速，敢于面对，从容应对，口径一致，态度诚恳，以柔克刚，化敌为友，举一反三。

危机公关机理(1)

人吃五谷杂粮就难免生病，企业做生意卖商品难免会出现各种纰漏。小纰漏是小问题，大纰漏就会是大麻烦，甚至是危机事件了。人要健康不生病，就要锻炼体能，养成良好健康的生活习惯；企业要安全稳定的发展环境，就要自强内功，完善各项链条上的保障制度。做企业的都不希望危机发生在自己身上，但谁也不能保证自己的生产经营和产品本身完美无缺。市场商品越是丰富，人们生活需要越是变得便利，企业遇到问题或危机的风险也就会越高。一只手的五个手指有长短，一个企业内的几百乃至数万员工责任心、能力自然有高有低，社会大众的评判角度更是千差万别。差别造成认识的不一致，带来公众的反应是平和的还是激烈的都由不得你。企业遇到麻烦时，首要的是考虑利益相关方的感受，而后才是要亮明自己的立场，做必要的善后弥补；先人后己，有助于问题或矛盾的有效化解。企业危机公关要努力缓和修复目标公众偏离正常的情绪反应，弥合各种干扰造成的损失，使得一切尽快回归正常状态中来。企业公关人，是企业经营的保护者，是企业成就的传播者，其责任也重，其能量也大，其功德也高。

（八）典型案例点评

1991年开始的中央电视台“3·15国际消费者权益日”直播专题晚会，每年都会以设定的主题揭露不同行业、不同产品和服务领域存在的欺骗、陷阱、黑幕和严重质量问题等种种坑害消费者的行为，在一定程度上维护了市场的公平秩序，同时也被企业界戏称为“企业受难日”，尤其是针对那些确实存在严重问题的企业。在这一天，所有的企业公共关系人员都会高度紧张，随时准备应对毫无预告的曝光。这种每年一度的“大考”从一个方面也促进了企业公共关系人员必须在平日里尽自己的本职义务，帮助企业守法合规、有道德地经营。另外中央电视台的《每周质量报告》、质检总局主管的“中国质量万里行”活动等平台也积极参与到企业产品和服务质量的日常监督中，很多具有经典意义的企业危机公关案例也由此产生。

1. 三鹿奶粉“三聚氰胺”事件

自2007年底起，全国最大婴幼儿奶粉企业河北石家庄三鹿集团陆续收到消费者投诉，婴幼儿在食用三鹿婴幼儿奶粉后发现尿液中有颗粒状物质现象。兰州部队医院收入首例婴幼儿肾结石病患。随后半年多时间里，同样问题投诉遍及全国各地。至次年9月，事件迅速恶化，投诉呈爆发状态，国家质监局、卫生部、工商局等接到大量群众举报，并有婴幼儿死亡。经三鹿集团自检、质检总局最终确认，三鹿婴幼儿奶粉受到三聚氰胺污染。在接下来开展的全面检查中又在20多个国内品牌婴幼儿奶粉中检出三聚氰胺。媒体迅疾大篇幅追踪报道。此时因食用三鹿奶粉受到伤害的婴幼儿已达 4 万人，住院治疗 1.3 万人，死亡 6 人，受影响全国婴幼儿约有 30 万人。9 月 13 日，党中央国务院启动国家重大食品安全事故Ⅰ级响应，并成立应急处置领导小组进行调查处置。随后，国家启动受害婴幼儿医疗救助和赔偿；三鹿集团宣布破产；19 名不法奶商及包括三鹿集团董事长、总经理、管理层等在内的涉案人员被依法判刑；农业部、国家质检总局、工商总局、食品药品监督局、卫生部、河北省及石家庄市等一批高官被撤职或行政处分。

1）公关失误

三聚氰胺是一种化工原料，不可以用作食品添加剂。调查确认，三鹿婴幼儿奶粉中的三聚氰胺来自无良奶商在收购原奶时为了人为“提高”奶蛋白含量而非法添加，而在现有的用氮含量来推算原奶中蛋白含量的测定方法，无法辨别氮是来自原奶还是化工品。国家鲜奶及奶制品标准中也没有三聚氰胺的检测方法和限量标准。作为企业危机事务的预防者、警示人和处理人，三鹿集团的公共关系部门丝毫未能发挥其应有作用。

从接到消费者首次投诉到事态已经发展严重的十个月间，三鹿集团没有给予高度重视，没有开展必要的产品问题调查。对陆续接到的态度比较坚定的投诉者通过给予数倍奶粉赔偿的方式，“出现一个按住一个”；同时通过国内某家名声很大的公关公司用“花钱消灾”的手法进行媒体公关，收买网络媒体删除或屏蔽相关负面消息，堵住媒体的嘴。直到最终纸包不住火，国家多个相关部门介入调查，中央及国家领导人亲自关注，企业已经陷入完全被动状态。

三鹿在中国乳制品界有过辉煌的成就，曾是中国乳制品行业的一面旗帜。企业荣获了众多国家、行业及地方的各项荣誉，董事长本人也是一直被各种光环笼罩：全国劳动模范、三八红旗手、全国优秀女企业家、全国质量管理先进工作者等，并享受国务院特殊津贴。在其带领的 21 年间，三鹿婴幼儿奶粉曾连续 15 年全国销量第一。这些杰出成就和无上荣誉没有唤起企业管理者的格外珍惜和警惕，他们躺在功劳簿上逐渐懈怠，不再兢兢业业。有了先进的生产机器、宽大的生产厂房，管理制度却没有提高加强。人的“守城”意识没有提高，再了不起的荣誉也会因为一个产品的一次质量问题而消失殆尽。

一场因产品质量问题引发的危机最终不仅抹去了企业过去获得的国家及行业所有荣誉，还直接葬送了企业的生命，还有比这更惨痛的教训吗？三鹿事件也揭示了国内企业的公共关系基本上就是“接待办”，招待宴席、娱乐休闲场所一直以来是他们的主要工作阵地。公共关系服务于企业及品牌形象宣传保护、企业利益相关者沟通维护的正当作用，被严重歪曲。

2）合适的公关策略

• 接到投诉一开始即予以重视，启动处理程序，督促质量控制部门自查问题根源；

• 积极与相关政府监管机构、企业关联部门配合，暂停问题产品销售，查找原因，及时召回问题产品；对受害婴幼儿开展医疗救助；通过各个传播渠道向消费者、社会道歉，并报告整改措施及进展；

• 配合公共安全部门对无良奶商采取必要法律手段；

• 配合政府部门积极开展受害婴幼儿赔偿及公益性补偿。

以上是基于公司公共关系部门能够正常发挥作用的前提下，建议采取的策略。基于三鹿公司的实际情况，这些已毫无意义。

2. 达芬奇家具造假事件

2011 年 7 月，中央电视台《每周质量报告》报道了达芬奇家具造假一事。达芬奇不仅家具质量差，消费者投诉众多，产品也并非如其宣传所说产自意大利。随后，深圳、广州、北京等地的工商、质监、海关、税务等部门迅速采取行动，查封了达芬奇家具在当地门店的部分家具和仓库。一时舆论哗然，达芬奇一度成了人人喊打的过街老鼠。后经调查确认，达芬奇公司销售的部分家具存在质量不合格等问题，部分产品原产地为中国，并非 100% 原装进口。

针对公众质疑达芬奇家具采用“回流”方式造假、产品质量存在严重问题，没有经过有专业资质的部门对家具材质、安全等进行检测问题，达芬奇中国 CEO 在媒体情况介绍会上竭力辩解，并数度情绪失控、声泪俱下，哭诉创业辛苦。但面对媒体关于产品质量的一再追问，CEO 均未给出正面回应。

12 月，达芬奇家具举报《每周质量报告》记者"故意编发虚假报道，隐匿新闻事实，并联合消费者对达芬奇进行敲诈勒索"。后被国家新闻出版广电总局驳回。12 月底，因达芬奇家具销售质量不合格的家具产品，上海市工商部门向其开出了133.42万元的罚单，达芬奇家具却大呼冤枉，一度"叫板工商局"的执法行为，并声称要起诉上海市工商局。

1）公关失误

• 企业没有正确认识自身产品质量问题，没有正确对待消费者投诉；

• 没有制定正确的危机公关策略，情况说明会准备完全不充分；

• CEO 没有接受过专业的发言人培训，媒体应对策略缺失；

• 邀请一群老外供应商共同参与媒体说明会以示"说服力"，纯属"拍脑袋"想当然的公关，实则得不偿失；

• 公然质疑政府监管程序，叫板主流媒体，公开声称不接受监管部门的处罚，每一步行动都使得自己越来越陷入被动境地；

• 主动向媒体及公众透露公关费用及"公关中介"等敏感话题；

• 连续地给事件"添柴加火"，犯了危机公关大忌。

2）合适的公关策略

• 知错认错，不要做任何毫无意义的狡辩；

• 采取措施根本解决产品质量问题，重视消费投诉，完善售后服务；

• 完善公共关系功能及针对发言人的必要培训；

• 重新审视企业沟通理念及策略，认清公司在市场中的位置和各利益相关方的真实作用；

• 选择专业的公关公司，接受专业的危机公关指导和培训；

• 通过媒体等平台介绍现代商业模式，研讨品牌商品全球 OEM 市场运作新趋势。

3. 雀巢奶粉碘超标事件

2005 年 5 月，浙江省工商局公布了该省市场儿童食品质量抽检报告，其中“雀巢金牌成长3+”奶粉被发现碘含量严重超标。雀巢公司拒绝媒体采访，并一再声明其产品“是安全的”。在各地市场相关产品陆续被报发现碘超标，各地工商通报并责令产品下架，中消协也予以批评后，雀巢方面依然态度强硬，问题产品不退不换。直至一个月后雀巢公司大中华区总裁不得不出面，就碘超标事件向消费者道歉，对问题奶粉实施全面召回，并启动问题奶粉退回程序。期间，中央电视台《经济半小时》以“雀巢早知奶粉有问题”做了专题报道。雀巢公司公关负责人接受央视记者采访中，态度傲慢，完全不予配合，对重要环节问题一问三不知、避重就轻或不做解释，并在电视采访过程中数次起身试图结束采访。

1）公关失误

碘是一种不稳定的化学元素，在食品中属微量营养素。原料奶中碘含量的波动是较为普遍也难以控制的现象，但这在原料奶入厂检测把关中是可以通过检测发现并解决的，雀巢在原料奶的进厂检验中存在明显疏漏。“雀巢金牌成长3+”奶粉中碘含量虽然超标，但正常食用量下还不至于引起儿童的健康问题，实际上也没有接到消费者的相关健康问题投诉。这是一个产品质量问题，不是产品安全问题。但作为有着悠久历史和良好口碑的世界最大食品公司之一，雀巢公司没有自觉担负起严格把好产品质量关、保障食品安全的本分义务。在被监管部门告知产品发现质量问题时，满不在乎，消极应对，错过最佳的问题解决时机。公关人员严重不专业，缺乏危机公关培训，公关功能残缺。造成政府不满意，媒体抓住不放，消费者用脚投票，自身及合作伙伴利益受损的全方位失分。严重损害了雀巢的企业品牌形象，失去了公众对雀巢的信任。事后雀巢公关负责人竟然仍活跃于品牌推广的各类路演活动，四处“秀形象”，着实让人看不懂雀巢公司的企业公关策略和组织行为意识。

2）合适的公关策略

- 在得到产品问题信息通报时，应当立即主动与监管机构沟通；
- 内部彻查问题根源及涉及产品批次，立即改进原料奶入厂检验质控程序；

• 主动从市场撤回问题产品；

• 主动与政府部门、合作伙伴、消费者及公司员工的沟通说明；

• 准备完整的媒体质询回答，特别是改进措施；

• 完善企业公共关系体系功能体系，强化危机管理培训。

4. 归真堂“熊胆门”事件

2012 年 2 月，中国证监会创业板公布的归真堂 IPO 申报企业基本信息引起公众热议。归真堂是国内规模最大的熊胆产品研发生产企业之一，因其“活熊取胆”模式遭到众多动物保护人士的强烈抗议。归真堂随即组织媒体开放参观生产厂，并有专家公开评判称“取胆汁过程就像开自来水管一样简单”。中药协会会长更是在媒体发布会上力挺说：“（活熊取胆）自然、无痛，取完熊就痛痛快快地出去玩儿了，感觉没什么异样，甚至还很舒服。”话音刚落，立刻招致各方舆论的猛烈批评。尽管熊胆入药在我国已有上千年的历史，一直是中医药的名贵药材，但现在看来这种取胆方式是现代文明不能接受的。随即就有动物保护组织、专家和知名人士谴责企业毫无人道，号召公众抵制其上市。

1）公关失误

归真堂在申请 IPO 之前未能做足功课，反映了公司对动物保护群体和公众关切的忽视甚至是漠视。即便现有活熊取胆的方式在技术上已经较为先进，但在打消公众的人道主义顾虑上应当提前有所作为。公司在回应媒体及公众的疑问上也显得很不专业，新闻稿及问题回答准备不充分并且有欠考虑。中药协会会长在随即召开的媒体发布会上轻描淡写的演讲和力挺的态度适得其反，明显给人以“官商勾结”存在利益关联的猜疑。这直接影响了企业的上市计划及公众对企业的信任。

2）合适的公关策略

• 企业应摆正自身利益与社会道德的平衡点，挑战社会公众道德底线必将给企业品牌带来难以修复的伤害；

• 在邀请媒体参观中，应当抓住机会详细介绍中医药历史中熊胆入药的知识，科学取胆的方法，以及目前熊胆替代物的研发现状及未来趋势；

• 上市报告及媒体开放活动中，增加介绍自己在动物保护方面的人道主义作为；

• 事先开展积极的媒体宣传运动，传播人类健康与动物保护、人道主义关怀与社会需求平衡发展的相关知识；

• 制定相应的 CSR 策略和可持续项目。

5. 福喜公司问题鸡、牛肉原料事件

2014 年 7 月，有电视台记者通过暗访，曝光了麦当劳、肯德基等公司的全球合作伙伴上海福喜公司，将大量过期鸡皮、鸡胸肉等原料返工再处理后继续使用，甚至包括已经发绿、发臭、变质的冷冻小牛排。这些过期变质原料被优先安排提供给中国市场的客户使用，引起舆论的一片哗然。随后，麦当劳、百胜中国(包括肯德基、必胜客)、汉堡王、德克士等表示立即停止与福喜中国公司的供应关系，宜家中国也表示不会再与福喜合作。一些在全球与福喜有合作的品牌，如赛百味、棒约翰、宜家、吉野家、达乐美等也回应称和上海福喜无关系或关系已断。福喜公司上海工厂被查封，员工遣散，6 名涉事福喜高官等人后被刑事批捕。

1) 公关失误

• 公司未设立公关部门，没有任何应对危机的准备和预案；

• 迟迟不做反应，电视新闻曝光发生一天之后匆忙召开媒体发布会，且完全不了解并忽视公众的关注和担心，毫无诚意和关切；

• 简单表示歉意之余，仍不合时宜地再次强调自己“在全世界的工厂都严格遵守着最高的质量标准，并为在河南设立的具有世界顶尖设备的全新工厂感到骄傲，体现了福喜集团充足的自信和对中国市场的高度承诺”，公关策略呈严重低能态；

• 使用过期、变质原料确属事实，且形成内部流程，已非“一日之功”。在确凿证据面前仍避重就轻，死不认错，公德心丧失殆尽。

2) 合适的公关策略

• 认清形势，真诚道歉，承认错误，承担责任；

• 立即采取措施，召回相应产品并在政府、媒体的监督下予以公开销毁；重建生产规程 SOP，重建质量控制和质量保证体系；

• 积极配合政府部门依法问责相关责任人，向监管部门及社会公开具体的质控/质保改进措施；

• 及时、主动向下游商业合作伙伴道歉，承诺整改和提高保障措施及详细执行计划；

• 主动向公众道歉，及时公告改进措施；

• 设立公共关系部门。

6. 尼康相机“黑斑门”事件

中央电视台 2014 年“3 • 15 晚会”上曝光了尼康 D600 拍照频频出现黑点。问题的出现已有一年多，并且在多地收到投诉，虽经反复清洗进灰，也不能完全解决问题。尼康在处理 D600“黑斑门”事件时内外有别，欧洲、美国用户把有问题的 D600 相机送到服务站后收到了全新的 D610 相机，但是在中国的用户没能受到如此待遇，尼康在拖延一年之后给出的解决办法仍然是免费清洗而已。

1）公关失误

尼康在“黑斑门”曝光后，先后发布的两份声明几乎是同样的内容，指出照片上出现这些颗粒状影像，是尘埃造成的，甚至归罪于 PM2.5，用户可以去尼康售后做检查和进行清洗。然而三番五次的清洗之后问题仍然存在，针对消费者的质疑，尼康仍没有拿出诚恳、负责的态度，与用户进行沟通，而是顽固地否认相机存在质量问题，拒绝中国用户退机或换机的要求。对于多次清洗仍然存在的黑点问题，尼康公司只是一味地以相机进了灰尘为由进行搪塞，甚至连一份质量监管部门出具的产品检测报告都拿不出来。引发中国用户的极度不满，损害了业已建立的社会公众对尼康品牌的美誉度和忠诚度，并招致工商部门要求产品全国下架的处罚。

2）合适的公关措施

• 公关部门应端正态度，勇于担当。从维护品牌形象和企业根本利益出发，积极谏言管理层，勿要站在消费者的对立面，应当直面产品的质量缺陷，采取有效措施立即改进。

• 重塑并回归顾客至上的经营理念，摆正企业的社会地位和经营态度。

• 积极与投诉客户沟通，提供可能的专业技术人员的帮助。

• 全球统一售后服务标准和规范，并监督执行。

• 加强售后服务员工的职业标准和行为守则培训。

• 教育公司管理层，正确认识企业道德的重要性并倍加珍惜，现在的全球消费市场越来越扁平，采用双重标准对待不同的市场和消费者只会"自掘坟墓"。

7. 联合利华涨价事件

2011 年 3 月，联合利华向各大超市发出调价函，通知部分日化产品涨价。此间，公司新闻发言人多次接受新闻媒体采访，发表"日化行业进入涨价周期"、"不排除第二次涨价的可能性"等言论，引发部分城市发生日化产品抢购，个别超市联合利华的产品日销售额超过正常时期的几倍甚至十几倍。5 月，国家发展改革委经过调查确认"联合利华散布涨价信息，扰乱市场价格秩序的价格违法行为，情节较重，社会影响较大"，责成上海市工商局对联合利华处以 200 万元罚款。同时，中央电视台从《东方时空》到各档新闻栏目也做了多次专题报道，对联合利华的不当行为提出批评，并重复播放对联合利华新闻发言人的采访录音。之后联合利华发表声明，表示接受处罚，并不再对媒体就涨价一事发表言论。

1）公关失误

从形式上看，这是公共关系中典型的"过度沟通"案例。市场经济规则下，企业根据运行成本调整产品的销售价格本无可厚非，市场上的产品涨价也早已是司空见惯之事。联合利华作为日化行业举足轻重的龙头企业，自然能够认识到对自己旗下诸多品牌产品涨价会给行业及广大消费者带来怎样的影响，理应低调行事。但是一而再地对媒体释放"行业评估分析"、"涨价一般规则"宣传的公关传播铺垫，让媒体和公众接受企业"涨价纯属不得不为"的欲盖弥彰的结果，是过度公关，自我没趣。虽为企业利益出了大力，却未得社会叫好。公关人员本应能够预见社会反应的后果。

实质上，联合利华不仅是行业领先者，而且在众多媒体，尤其是中央电视台数十年来一直都是广告大户。新闻发言负责人也是业内知名、经验丰富的资深公关人。多年来，联合利华在华业务取得辉煌成就的同时，为推动中国日化行业的发展、企业社会责任担当所做的贡献也广为人称道；并且在政府关系方面资源雄厚，在公众中享有优良口碑。正是因为有如此强大背景资源和“老本”的依靠，联合利华渐生“养尊处优”之虞，逐渐丧失了十几年来通过卓越努力换取公司成功和快速发展的蓬勃朝气，没有紧跟时代的发展认清市场及社会环境的改变，没有看到政府面临着越来越重的维护社会稳定压力和对企业的态度已经有所改变的现实，眼光只放在自身的利益需求上，对各方面利益相关者的考虑逐渐地有所缺失。

联合利华就接受监管部门处罚发表的声明“联合利华作为一家对中国有长远承诺的跨国公司，我们充分了解中国国情，尊重国家发改委及上海市物价局的决定。作为负责任的跨国公司，联合利华一贯遵守中国的法律法规及联合利华全球商业准则。我公司本着消费者利益至上的原则，为消费者提供安全优质的产品”。“滴水不漏”地亮明了公司姿态，文辞冠冕堂皇，无懈可击，但传递的实际是“我不跟你玩了”的不满情绪，这种明显带有情绪的“声明”会留有后患，不利于企业未来的公共关系之路。在现在市场及社会环境下，企业再大也不能忘却自己的位置，在政府和社会公众面前应当永远必须保持谦卑和虚心，否则稍有闪失都会对苦心经营、业已建成的企业良好形象和品牌声誉带来难以修补的损害。

2）合适的策略

- 遵从市场规律，严格按照市场规律运作企业业务；
- 对纯粹的市场行为，公关在前还是在后，都应做足功课；对类似涨价的敏感行为，要合情合理，低调处理，切勿做过度公关传播；
- 重拾公关部门在企业长远发展方面的战略支持与保障作用，回归并修正对核心业务的公关支持战略；
- 不要吃老本，要立新功。

危机公关机理(2)

世界上没有任何一家公司敢于说"我们从来都不会有危机事件";也没有哪家公司敢于轻视遭遇到的各种危机,否则市场和社会一定会给予深刻的教训。这无论对大公司还是小企业都一视同仁。其实公司产品、服务或经营行为出现差错,遭到投诉或查处,一定是在某个环节出了问题,企业和企业公关人必须客观地承认问题或缺陷的存在,站在客户和消费者立场看待问题的严重性和造成的损失,在态度和行动上始终坚持为客户负责、为客户着想,尽快采取适当措施妥善处理问题,扭转不利局面,以恢复业务的正常运行,企业就一定不会吃大亏。相反,一旦遇到投诉、挑战,就立刻一蹦三尺高,态度及嘴巴上绝不饶人,错误都是别人的;或者完全不当一回事,置客户、消费者利益于不顾,漠视别人的感受;你将获得的一定是利益相关者的"用脚投票"。其实道理并不复杂,但现在企业中人心态浮躁,利欲熏心,是非观念错乱,无大局观、长远观和可持续观,危机面前自然没有"定力",只会有简单、低水平的"应激反应"。这样的"危机公关"岂有不败之理!危机公关没有任何"老本"可吃,坚持建立企业公关战略时候的"初心",可能是保持良好公关心态和健康活力的法宝之一。

六、与公关公司合作

公共关系有企业内的公关部(In-house PR)和外部的专业公关公司(professional PR)两种运作方式。专业公关公司的优势在于"旁观者清",他们看待企业的问题比较客观。专业公关经验丰富,社会关系广泛,视野宽,信息灵通。他们永远站在第三者的角度看待客户公司的真实需求,客户公司在市场竞争上的所长和所短,可以运用到的真实资源;他们会较为客观公正地为公司客户做公关调查,获取的调查结果往往可信度高;他们能够冷静客观地分析你公司在所处的行业的市场地位,提出切实可行的业务发展战略和目标,建立发展利益相关方资源关系的优先次序,甚至具体到政府机构的什么部门、什么人负责相关的事务,比较合适的建立关系路径等。最为重要的是，他们对你公司遇到的危机事件能够基于普遍的和国际通行的规则提出专业的应对方案和建议，能够保持冷静清晰的思路，较少主观性，并且不像我们传统的依靠永远讳莫如深的“个人关系网”来提供公关解决方案。对绝大多数没有“特殊关系”资源的机构和中小企业来说，邀请专业公关公司帮助解决危机事件更具可操作性和有效性。

专业的公关公司一般能够为企业提供发展战略咨询、企业公关战略咨询、公关调查、公关培训、行业公关战略、品牌推广、公关活动、传播战略与执行、舆情监测、危机公关及培训、公司发言人培训、公司 CSR 策略咨询等各项服务。而公关公司能够吸引企业并成为战略伙伴的因素包括：公司的信誉和声望、人才结构、现有资源、特有专长和企业的实际需要相关性，以及解决企业面临实际问题的能力和效率等。站在为企业提供专业服务的角度，公关公司往往对社会价值观的演变倾向具有相当的洞察力，对新技术新传播方式的运用比较敏感。过去公关和广告分开各做各的，现在两类服务的融合，以壮大自己全方位的实力、提高市场竞争能力正成为趋势，公关公司自己就可以实现市场推广、传播的产品设计制作，特别是互联网传播平台的高效综合运用。

国际知名的公关公司大都已经在中国开展了业务，其中美国公关公司占据了大半江山。各大公关公司都宣称为客户提供公共关系、企业及品牌战略、危机沟通等全方位服务，但就其在中国这十至三十年的实践来说，各大公关公司表现的各有所长、各有侧重。比如在中国市场前十大公关公司和他们具有广受认可的实践经验的相关领域有：

伟达（Hill & Knowlton，美国）：企业发展战略顾问，政府公关活动，企业公关活动及品牌推广，危机管理等。曾服务于 2008 年北京奥运会和 2010 年上海世博会。

奥美（Ogilvy PR，美国）：企业和品牌战略建立保护，高层论坛、对外宣传、媒体沟通活动，新媒体战略，高层访问，危机管理等。其 360 度公关传播较有特色。另外奥美广告在业界也属翘楚。曾服务于全球财富论坛、辉瑞“万艾可”的中国上市。

爱德曼(Edelman，美国)：企业全球市场战略咨询，企业形象管理，国际公关，政府公关等。是最早在中国设立机构开展服务的国际公关公司。自我开发公关评估软件。曾服务于TCL成功收购德国施耐德、纽约人寿成功进入中国市场。

博雅(Burson-Marsteller，美国)：公关传播，企业品牌战略，危机管理，媒体关系，企业社会责任等。与新华社合作建立第一个国内公关公司“中国环球公关公司”。

万博宣伟(Weber Shandwick，美国)：政府公关项目咨询策划，企业公关与传播战略，企业品牌宣传，公关项目执行等。宣传跟踪模式有一定优势。曾服务于北京奥运申办、上海世博会申办。

罗德(Ruder Finn，美国)：企业高层公关活动，企业品牌战略，市场推广战略，公关传播等。其公关审核模式较有特色。将数字传播与整合营销的罗德互动(RFI)引进中国。

凯旋先驱(Ketchum Newscan，美国)：企业传播，品牌推广活动，根据企业需要和条件提供精准公关服务，公关策划及执行过程标准化控制。成功策划并运作了诸多品牌推广活动。

安可(APCO Worldwide，美国)：企业经营政策环境咨询，市场进入与投资战略，企业传播，媒体沟通，国际贸易咨询等。曾协助姚明成功进入NBA，协助中国企业走向国际市场。

明思力(MSL group，法国)：市场推广战略与传播，品牌推广，媒体传播等。成功策划了知名食品企业CSR项目和产品上市活动。

蓝色光标(Blue Focus，中国)：本土资源，企业公关活动策划执行，媒体公关，企业危机公关，政府公关，市场推广战略，资源整合等。成功服务于联想品牌的国际化。2010年成为国内首家上市公关公司。

可以不夸张地说，近二十年来在中国市场发生的各种企业危机事件的背后，都有各类公关公司的身影。越是能够波澜不惊地帮助企业将危机遏制在初现端倪之际或初起之时，越显示出公关公司的卓越实力。专业的公关公司是企业公关部的战略合作伙伴，在帮助企业制定公关战略、帮助企业有效传播和处理危机事件等很多方面必不可少。但是如前所述不同的公关公司各有所长，各自具备自己独特的强项，各有不同的资源。如何选择合适的公关公司作为企业的合作伙伴，企业须要做出聪明的判断和选择。一般企业会通过“比稿”（Pitching）的方式来筛选符合本企业要求的公关公司；通过“货比三家”成为企业确定的合作伙伴后，公关公司可以进到跨国公司“供应商系统”（Supplier list）中，即被列为长期性业务合作关系，无需所有项目都要再进行比稿筛选；这也是跨国公司选择业务合作伙伴的常用方式，跨国公司很多时候甚至选择几个不同的公关公司来服务于自身不同的需求。

因为专业公关公司提供的服务取决于人的能力、视野及与客户公司的配合度（Chemistry），一个不成文的“行规”是，跨国企业选用公关公司往往会“跟人走”，即认定公关公司的某个高职位人员，他/她要是跳槽换了公司，企业也会跟随之。当然，如何向专业公关公司“按劳付酬”，也考验着企业管理者的智慧。公关公司一般通过长期聘请（By retainer），按照项目（By project）或按服务时间（By serving hours）三种方式收费。公关公司都希望与作为甲方的客户能够保持长期聘用关系，但市场的变化、业绩的压力、成本的考量使得客户公司们越来越不愿接受这种方式；按项目付费的服务比较高效，项目活动结果也比较令人满意，但费用会高些；按服务时长收费一般多来自企业需要公关公司提供咨询、建议或“出点子”的需要，公关公司董事总经理、合伙人、部门总监及经理们都有不同的按时间服务付费标准，一般从几百元至数千元不等。

公关合作机理

一个篱笆三个桩，一个好汉三个帮。政府在做出一项重要决策之前，会向所涉及领域的专家“智库”咨询，因为这些专家在各自的领域具有丰富的专业知识和经验；企业公关寻求外部专业公关公司的帮助，道理是一样的。身在企业内做公关犹如居家过日子，每日面对和必须处理的事务繁杂琐碎：大到关注国家行业政策调整给企业经营方向会带来什么影响，小到员工对加班有异议向劳动监察部门举报，都会牵涉公关人员的精力和时间；加之维护已有关系网、建立新资源渠道，哪一条线短缺都可能带来潜在的问题。专业的事情请专业的人来帮忙，是顺理成章之事，因为“旁观者清”，且这些“旁观者”专业水平高，业务能力强，高效可靠，合作是件强强联合、双方共赢的事情。这些年来，人力资源服务外包、财务服务外包等纷纷进入跨国公司的日常运行体系中，在提高效率和减少成本两方面都给企业带来好处。今后会不会企业只需要一个公关经理，日常的各项公共关系事务全部外包给专业的公关公司来做呢？Who knows!

七、企业公关评估

企业公共关系评估的目的，是为了对某个专项公关活动作总结，或公关部门的日常工作效果、年度绩效做评价，或是对企业公共关系中长期效果进行评估。但如何真实有效地评价一个企业的公共关系工作，一直是公关界欲言又止的话题。公共关系不像市场或销售部门，可以以销售业绩等“硬指标”来定量衡量他们的绩效，也不像生产部门以合格品产量和成本控制成就来作评估。衡量公共关系效果的最重要指标是企业品牌的公众认可度或是美誉度这种“软实力”，而这是由公司经营业绩成长性、政府及业内权威(KOL)认同度、消费者选择性、媒体正面报道的数量(SOV＆Clippings)及社会大众中的口碑等因素共同决定的。换一个角度说，是由企业内部凝聚力、企业传播影响力、公共关系协调力及公共关系领导力等来综合实现的。要客观公正、定性定量地评价企业公共关系的工作效果并不容易；好与不好，很容易受到评价者主观因素的影响。因此实际上，不同的公关活动有不同的性质、内容和形式，没有一个统一的公关活动评估模式适用于所有的公关活动。

迄今一些个别企业开发的“活动—销售结果”评价模式也不具备普适性和实际意义。专业公关公司的市场“公共关系调查”相对来说比较准确，也成为公关公司的常规服务项目之一。只是通过受众抽样调查的方式了解公关活动的效果，一般所需成本比较高，企业常常认为不值得。企业公共关系部门也可以通过对专家意见、客户意见、消费者意见及员工意见的收集、分析得出有说服力的结论。对一些有针对性的市场推广专题活动的成果也可以在季度、年度销售中得到比较准确的真实体现，比如通过“公关活动价值”测量来进行定量评估。对此，企业公关部门应当建立起良好的“文件归档”(Documentation)责任制，以保证所有的公关工作和活动都有完整准确的记录。

公共关系评估的意义在于帮助企业公关人集中精力在重要事项上，保证较高的成本效益比，鼓励优秀的管理，展示成效和提高公关信誉度。通过公共关系评估发现问题并找到改进的有效方法，这才是有用的公关评估；这似乎会有“抹杀”或弱化公关成果之嫌，但利于企业公共关系长远目标的实现。其实，跨国公司们的“年度个人绩效评估”(Year-end personal performance review)也是一个很好的企业公关人绩效评估方法，虽然它形式上并不是专门针对企业公关人的。各企业年终评估的文件格式大不一样，但一般这类评估都包括了年度个人业绩目标达成情况、个人能力或核心价值观表现情况、个人发展或改进建议等核心内容。这些项目的评估对企业公关人来说是和公关效果紧密相关的，这不单单是决定了你今年据此能拿多少年终奖，直接的沟通有利于对过去一年的每项公关活动及其目标达成情况跟老板做一个面对面的讨论总结，准确了解老板的态度和满意度，以及对新的一年企业公共关系的明确期望。

综合来看，企业公共关系效果评估可以通过自我评估、专家评估、受众调查评估、媒体报道评估、公众口碑评估、公司业绩结果评估等方式实现。为了保证企业公共关系评估调查的公正性，尽可能避免个人主观偏见的影响，企业公关的评估者不应是公关从业者自己，应当是其所服务的对象，包括股东、公司领导、合作伙伴、媒体、KOL、公众及消费者等。有的企业会请专业公关公司采用 Focus Group 的模式做评估。这是一种定性的调查方法，采取主持人及同伴通过开放式的询问、引导讨论、倾听和观察的方式了解并评估受邀对象的真实反应，探究人们的想法本质，以得出结论；结合其他的定量调查方法，可以为公关以及市场营销、广告策略等提供参考。对媒体传播效果除了分析媒体剪报(Clippings)的正面、中性和负面性质外，公关公司还会用“宣传价值等价”AVE(Advertising value equivalent)及“可预见机会”OTS(Opportunity to see)等工具进行辅助评估。专业的公关公司提供的企业公共关系评估调查服务,结果往往会比较公正准确,但也比较耗费时间、精力和花费相当的预算。

实际上公共关系评估在企业中不会每做一个公关项目或活动就评估,或者每年都评估,这是按企业发展的需要而定的。对一个企业的公关评估关键要看企业总经理或高层管理者想要什么,是要媒体正面报道的数量?是对销售增长的真实贡献?还是公众口碑?政府青睐?虽然每一单项都可以进行定量的测量,但真正的“公关效果”还是来自企业的整体形象塑造得如何、保护得如何。一般企业总经理对公关部门工作的年度评估可能采用的指标包括:

• 政府机构:是否把企业当作战略合作伙伴或行业专家,甚或政策制定参谋;是否能够及时有效地帮助企业解决遇到的实际问题;主管部门是否“一旦有事就想到本企业”;

• 媒体:年度正面报道企业的文章篇数、转载数,软文发表数量,及正面、中性和负面报道所占比率统计;

• 消费者:投诉量,投诉处理成功率,品牌忠诚度或大众口碑调查结果;

• 企业内部服务对象:对销售的直接贡献,解决问题的效率,合作项目达成结果及相关客户认可度,同级别及上下管理层人员的360度评估等。

此外,互联网技术运用的飞速发展,也正在给企业公共关系在传播与沟通的效果上带来新的挑战。网络传播给整个社会带来沟通便捷性革命的同时,企业对公关活动及传播效果的定性和定量评估方式也不得不有所改变,比如传统的“媒体剪报”评估越来越受到与目标受众群体阅读方式改变的影响,而不能真实反映受众的阅读率和影响率;甚至年轻人群体已经不再通过传统纸媒、广播、电视阅读新闻、了解社会大事;网购消费模式正在影响到实体商店的生存命运,传统意义上的品牌商品要在网店平台上通过低价吸引消费者的关注和购买,影响的是整个品牌供应链生态,企业主观上再有不情愿,市场推广和传播模式也不得不随潮流而改变。外资企业们在边走边看,企业公共关系也在观察和探索新的有效传播路径。新技术面前，大家都是学生。

公关评估机理

企业市场及销售人员年底能拿到多少奖金，从销售完成率自己就可以准确预知。公司总经理们的年度绩效要看公司销售完成、行业内成长性、公司运行成本控制、现金流、个人领导力评估，以及关键人员流失率等。作为重要服务与支持部门，企业公关部当然也需要评估，评估是为了总结过去，查找不足和待改善提高之处；提出新的希望，以提升个人和企业整体实力；更是为了令人信服公关部门的“能力和行动”为企业“增加了价值”，即证明“公关价值”。这在跨国公司公关部是每个财政年度末按照惯例必做的事情。公共关系部门为企业的成功和发展做出了多大贡献，作为“一家之主”的公司总经理必须心里有数，不然公关部的工作本身就会很难做。公共关系做得怎样，要从受众对企业的评价来判断，这种评价更多是出自口碑传播和人们的“感觉”。你硬要用数字来衡量也可以，但最重要的是你的上司、公司老板对你的“感觉”，他的个人感觉要比任何其他同事、客户、利益相关者的评价更有实际意义。那些任凭公司老板换了N多茬，自己的位置始终不被撼动的企业资深公关经理人们，大多具备“搞得定各种老板”的个人超能力，还是值得敬佩的。

第四章　企业公共关系礼仪

一、什么是公关礼仪

礼仪(Etiquette)是现代社会交往中不可缺少的润滑剂。礼仪可以定义为人们约定俗成的交流、交往的行为规范,是人际交往的艺术。很多情况下,个人的礼仪素养与企业的形象可以说是等量齐观的。礼仪在规范个人的交往行为时,也同时规范着企业的形象传播行为。就个人来说,礼仪体现了人内在的修养素质,为公共关系人员所必须具备。公关人员在衣着、谈吐、举止上表现出来的对礼仪的把握体现了公司文化、员工个人素养和职业素质,影响着利益相关者对企业的认同感。人们崇尚礼仪不仅是喜欢它的表面形式,更是看重其所包含的道德内涵及交往中体现出的真诚和尊重。礼仪存在于公关活动的每一环节,无论是日常工作的繁杂琐事中,还是访问接待、迎来送往、签约仪式、开业剪彩、新闻发布、圆桌研讨、招待宴会等特定的场合。

企业公关人沟通礼仪的基本原则是:真诚坦率,相互尊重,切合语境,因人而异,有节有度。即要有谦虚而恭敬的态度,优雅而得体的举止,文明而礼貌的语言,大方而高雅的装束。微信朋友圈有人对什么叫作“有文化”做了比较精辟的概括:根植于内心的修养;无需提醒的自觉;以约束为前提的自由;为别人着想的善良。这正是礼仪要素的完全表现。要成为一个懂礼仪、有修养的公关人,必须要有高尚的思想水平、健康的心理状态、一定的知识储备;注意在日常生活和工作中培养个人涵养、品味,在日常沟通中,“修炼”个人的谈吐方式和眼界。日常工作中要知道面对面的沟通永远好于视频沟通,视频沟通好于电话沟通,电话沟通好于短信息或微信沟通;沟通的方式对沟通的效果会有很大的影响,因此沟通是不能偷懒的工作。

公关礼仪的出发点要基于对本国文化内涵、社会良俗、交往礼节、习惯习性及禁忌避讳等的充分理解；在对外交往中，尤其是国际交往中，公关人员更要对对方的文化背景、价值观、思维方式、习俗习惯等有所了解，并尊重差异，在知彼知己方面事先做足功课。一般西方人的交流表达相对直接、坦率、务实，讲求个人能力和责任，时间观念很强，重视家人亲情，注重个人隐私保护；中国人则相对谨慎、含蓄，讲究程序和形式，有较强的“归属感”（即我是混 XXX 圈子的），时间观念及隐私感比较淡漠。在国际交往中，必须注意所有的拜会、会晤、访问一定要事先约定，并准时赴约；在庆祝宴会中，只可礼节性地敬酒，不可“发挥”中国酒文化之所长强迫外宾饮酒。另外，跨国公司在做各种公司活动时，都会事先特别提示着装要求（Dress code），如正装（Formal）、商务正装（Business formal）、休闲装（Casual）、商务休闲装（Business casual）、时尚休闲装（Smart casual）等，以避免不必要的尴尬。正确着装是礼仪的重要方面，公关人员应当懂得不同的公关活动场合应该如何着装。

二、出访礼仪

我们有一些政府官员“官本位意识”还比较强，每每出访或外事活动中，领导们喜欢被人簇拥着，需要有人“拎包”伺候着；个别领导甚至需要“优先于女士”，但在老外面前交谈时却显得“气短”或根本不知道该怎样沟通。要他们做到彬彬有礼、不卑不亢、尊重彼此、实事求是，有时候并不容易。市面上有各种介绍涉外礼仪事宜的书籍，政府访问团一般还会对出访人员做行前“外事教育”，会有一定的效果。个人觉得还有一些外事公关活动中需要特别注意的“小节”事项，企业公关人员向出访团队成员适当提醒或给予行前提示很有必要，比如：

——不向外宾敬烟；

——不过分热情；

——不大惊小怪；

——不大声喧哗，在任何场合，即便是在看球赛的运动场；

——不要用手指着对方说话；

——会议场合手机关闭或调至静音；

——初次见面不紧握对方的手不放，尤其对女性；

——非对方主动，不敬吻面或贴面礼；

——除握手外，不做其他肢体接触；

——会谈中不踮脚晃腿；

——不破坏公共秩序；

——在非正规场合也不要随意脱鞋；

——不随意着装，并且不谈论对方着装；

——不浪费粮食；

——用餐轻声，不能"吧唧嘴"；

——不在咀嚼食物时说话；

——饮食安排要特别注意对方的禁忌；

——餐后最好先去洗手间清理下牙齿缝；

——不随意抚摸外籍小孩的头；

——不随便赠送或喂外国儿童食物；

——不谈论收入、婚姻及子女事务；

——不随便谈宗教信仰话题；

——不谈政治、军事话题等。

对比较重要的招待宴会安排，必须将时间、地点、宾客人员、菜谱、座位安排、宴会流程等事先与公司高层领导一一详细讨论确定，并事先告知访问团领导。

三、礼品赠送原则

出于礼节性的小礼品馈赠并非中国人际交往所特有，这也是人类共有的良俗。对于公共关系活动来说是必不可少的。"小"就意味着不必苛求贵重，仅为增进友谊，疏通并加强感情之用。公司馈赠礼品一般都有价值限制，要求实用而美观，并且都会打上公司的标识(Logo)，以使之具有宣传性、纪念性和独特性。

大型跨国公司企业内部网一般都有自己的“公司礼品样品库”，你可以挑选后向总部申请内部订购。这些公司选定的礼品大多数是文具、茶杯、包类、活动 T 恤、工艺品、小运动用品等比较中性的物品，价格也不会太高，作为馈赠礼品，“安全性”有保障，特别是一些具有国家民族特色的工艺品类，比如瑞典的达拉木马、水晶工艺品，荷兰的木刻鞋，俄罗斯的套娃，中国的文房四宝、丝织品等。自 2005 年外资制药企业医药代表受到政府更加严格的监管后，美国的《海外反贿赂法案》(FCPA)越来越受到跨国公司们的重视，现在美国公司大都严格遵守，不会贸然突破。一般的公关礼品都不能超过 200 元人民币，商务宴请的标准也如此，甚至还要求报账时需提供所有参与宴请的人员合影。欧洲公司相对没有这么严苛，但总体上也不会批准过高的礼品支出。因此馈赠礼品最好严格遵守公司的“行为准则”和有关的国家规定。企业公关人员应当保持一定的敏感性，不要不重视相关禁令，任何故意的“越线”行为都可能会因小失大，是不值得的。能够恰当地表达友好、敬重的情感就好，只要不是廉价货或假冒劣质物品。

四、酬劳原则

企业有时做活动不得不向受邀嘉宾或外部参与工作人员支付一定的酬劳，比如邀请专家做疾病防治教育的电视宣传活动，参加相关论坛或研讨会发表演讲，开业剪彩及一些活动的现场支持工作等，企业按照“市场行情”，参照教授们课外讲座等的标准，给予适当的报酬合乎常理，也属公关礼仪的范畴，但这些酬劳的给付必须符合国家有关法规规定，数额合理，税赋合规，绝不能超过一定的限度。媒体记者到活动现场采访的交通费用也越来越被人们谈论，虽然只不过一两百块钱的事，有的企业为避嫌就不再发给记者现金，转而安排车辆接送或给予车费报销。一般企业向个人支付酬劳在财务管理上属于“劳务费用”，因为多是一次性的给付，公关部不得不以签名的“白条”报账，税务部门更会严格审核。因此以现金给付以及购物卡支付酬劳风险越来越高，企业不得不越来越谨慎，能避免的就尽量以更合适的方式表示谢意。

五、与不同国家和地区的人打交道

如果你的领导或同事有老外或非大陆籍人士，对你在多元化公司环境下的工作经历会是一个加分。你难免会接触到来自不同国家和地区的同事或老板，了解一些他们的为人处世方式、工作风格和个性习惯是很有必要的。一般除了在本职岗位的业务能力上都推崇高标准外，不同国家和地区的人都各有一些鲜明的个性特点。根据本人的过往经历大致总结如下：

美国人：具有超强的国家自豪感、自尊心、荣誉感和优越感。他们往往会主动出击，坦率直接，眼落实处，干脆利落，喜爱社交，除非是正式场合，一般不愿穿正装，且能怎么随便就怎么随便；大都心态开放，有较强的"领导者"意愿；从来看不到自身的弱点或问题，有些歧视弱小民族，盲目自大。

澳大利亚人：在开放与保守的权衡中更趋于后者，比较重视人情交往和人之间的平等，开朗随和但感情内敛，不主动，不做作，不十分讲究衣着，宁愿多做些 Paperwork，相对安静，埋头做事，不大有趣。

瑞典人：在为人的个性特征和处世哲学方面跟中国人有些相近，崇尚低调不外露，不爱喧哗；做事节奏相对慢些，比较主观。因国家福利保障制度太好，缺乏个人奋斗的愿望，大都没有"锐意进取"的精神，对市场遭遇的困难和问题能绕开的就不会"迎头而上"；需要更多时间适应当地市场生态和重建业务方式，适应不了就会选择放弃；享受酒桌上的放松，每逢酒宴喜欢先唱一曲著名的瑞典"祝酒歌"，然后"Skal!"。

荷兰人：荷兰是一个对外开放相对更为彻底的国家。今天的阿姆斯特丹、海牙、鹿特丹等地，你会看到越来越多的来自世界各地的移民，特别是有色人种。荷兰人在不得不接受外来人口日渐增多的现实的同时，待人的态度和热情也更多些机警和主动，愿意和能够成为业务伙伴的人交往，共同拓展事业机会。生活上坚持个性选择，不接受旁人影响。似乎只有政府官员才习惯于着正装。

丹麦人：因地处瑞典南方，日照机会更多些，相对瑞典人来说要略活跃些；同样因为太好的社会保障体制，丹麦人不需要"勤奋努力"地工作，国家几乎已经保证了你的一切，残疾人群都享受国家每年的旅游补贴；国家小，财富多，自然讲求生活的丰富性和高品质；创新动力比较足。

英国人：在工作和生活中都崇尚绅士的风度和优雅，彬彬有礼，有历史及文化优越感，尤其在与人交往的过程中；公私分得很清，注重个人教养和仪表，务实守时，沉稳有度，不喜夸夸其谈。过去引领世界工业革命的那种动力和勇气似乎已渐渐丧失，对快速现代化的社会发展跟进得较慢。

德国人：办事极为认真，讲传统，讲纪律，信守合约，务实严谨，对自己的品牌及品质充满自信；任何事情准备工作充分；重看有真才实学者和权高位重者，喜按部就班、有逻辑地工作，缺乏灵活性和妥协精神。

法国人：社交活跃，爱美食美酒，热情风趣，自由散漫，极强的自尊心和民族自豪感；喜欢制造浪漫，高谈阔论；不会"拼命工作"，工作中不掩饰自己的意见和差评；有时候很"不靠谱"。

西班牙人：南欧的强日照和干爽海风锻造了西班牙人火一样的热情，爱唱爱跳爱热闹是西班牙人的民族性格，动多于静。似乎他们把更多的业余时间和精力都放在了聚会娱乐上，工作上的疏漏和拖沓司空见惯，并且丝毫不以为然。

韩国人：与中华文化传统有更多相似相近之处，但也顽固地保留了一些本民族的传统和精神。近年来，新一代韩国年轻人更加国际化，思想更开放，接触中国及中国人的机会较多，并且很乐于这些交往；工作中比较讲究规范，不大愿意主动打破规矩框框；与人交流，没有太多思想包袱。

日本人：集体意识高于个人意识，但较为注重个人朋友交往；注重个人礼节，一丝不苟，信守合约，崇尚谦虚忍耐；重视个人身份地位，爱面子；重视如研讨会等正式场合的交流互动，愿意分享经验；初次相见话语格外谨慎，生怕触及尴尬话语，特别是国际政治和历史。

马来西亚人：基于岛国的地理特征和华人社会的深刻影响，来中国工作的马来西亚人大多是华人血统但又融合马来文化思维方式，让你觉得似乎可以走近但总也走不过那"一尺距离"；马来人在工作上比较唯指标是论，在中国员工面前的领导力表现上需要多些改进。

新加坡人：礼貌待人，讲究公共道德和秩序；创新意识、规范意识都比较强；现在的新加坡人很享受李光耀强力倡导的变革所带来的富裕和繁荣，但同时文化的根性有所迷失；更愿意投入在具体的工作内容上，对国际政治、别国事情无兴趣；不大愿意拉近个人交往距离。

台湾人：台湾同胞和大陆同胞同根同族，文化相同，习性相同，因而沟通障碍比较少；“先富起来的”台胞越来越喜欢在大陆继续发展，两岸民间的回归融合也在日益加深。相对于大陆来说，台湾的教育较为完好地保留了中华民族的人文传统，礼义廉耻、忠信孝悌更为人看重。

香港人：由于历史原因，香港同胞对英式的教育、管理和思维方式更易接受和顺从，特别是很多年轻人骨子里认为自己是香港人而非中国人。内地近些年来的飞速发展让香港同胞还没来得及适应，从改革开放之初的备受拥捧到今天不大受待见，香港社会的失落感越来越重。当然，正在“富裕起来”的内地同胞在个人文明修养、遵纪守规上还有很大欠缺，这让世界各地的人比较反感，香港同胞更不能接受。英制的管理有先进可取之处，但内地的“人情管理”对位至公司高层管理的香港同胞来说还是一门新课，这需要由心而发，审时度势，文化相融，而不能仅从表面上调适。

以上是对年龄在 30 至 60 岁间、身处管理岗位的职场外籍人士所做的个人经验性评估。

公关礼仪机理

代表企业和外部利益相关者打交道，公关人员的外表形象和内在的素养、气质同样重要。能给人带来愉悦的沟通才是成功的沟通，即便沟通的内容和目的千差万别。人们无论在感官上，还是在内心里都愿意接受一个和善亲切、言谈中肯、心怀大度、情理相融、装束得当、礼数周到的沟通对象，面对这样的沟通者，你在开谈之初就已经接受他/她了，接下来还有什么问题不好解决的呢。“礼多人不怪”、“礼让三先”、“礼尚往来”、“先礼后兵”、“礼之用，和为贵”……礼仪的遵循和推崇是民族精神的传承，从古至今，绵延不断。礼仪是文化的表现，礼仪传递尊重，礼仪赢得人心。企业公关人在任何时候、任何地点对任何人和事都不可“失礼”。

第五章　企业公共关系人员

一、公共关系人员的职责

一家跨国公司会以什么样的要求来聘用公共关系人员呢？对跨国公司公共关系事务负责人的“职责描述”(JD，Job Description)通常会包含如下这些方面：

（一）企业对外传播

(1) 开发制定本公司公共关系战略规划，领导公关部以服务于公司发展战略和市场业务目标的实现；

(2) 参加公司全球公共关系和传播战略在当地的执行，并提供战略和战术两方面的专家性建议，与总部相关部门和其他市场同仁建立相互支持机制；

(3) 负责公司对外传播工具的更新维护，如公司网站、公司介绍册、公司介绍 PPT、公司影像形象资源库、项目介绍宣传册、新闻稿编写等；

(4) 建立有意义并可操作的评估机制，以确保对外传播的效率和效果；

(5) 公司核心价值观践行大使，确保团队以最高标准遵循公司行为准则；

(6) 培训团队成员，成为高水平专业团队，提出并控制年度部门预算；

(7) 外部专业公关/广告公司的管理协调，确保公司对外传播路径及相关活动的高效执行。

（二）政府关系

(1) 领导公关团队建立并维护与相关政府机构的良好沟通关系，建立政府沟通战略和执行路线图，形成良好的政府政策、法规支持环境，前瞻性掌握政策动态；甄别行业政策给公司带来的新机会以及关键问题所在，并寻求有效解决路径；

(2) 建立并维护公司总部所在城市良好的政府关系，与相关部门联络人建立极其便利的沟通渠道，以保证随时与当地政府部门及官员的有效沟通；

(3) 建立并维护与相关行业协会、相关研究机构、社会团体、NGO、NPO等的密切联系，积极参与行业各项重要活动并起到行业主导者的作用；

(4) 安排协调公司高层对政府部门官员的拜访，执行邀请政府官员及决策影响者对公司总部的访问及海外市场的研究考察活动；

(5) 与驻华使馆或领事馆及商会建立并保持良好的沟通，以支持公司业务的发展和相互兴趣。

(三) 媒体关系

熟知、监控和管理媒体环境，建立媒体监控应对机制，特别是“社会媒体”，有效管控可能的媒体危机发生；同时建立媒体传播战略及与中央和地方媒体沟通网络，及时传播公司技术、产品和服务创新信息及所获得国际荣誉，建立公司在行业内的强势SOV。

(四) 员工传播

负责公司员工内部传播平台的事务，如局域网、员工刊物、内部公关活动等。

(五) 决策咨询

(1) 建立内部认可机制，为公司管理层决策制定和业务计划提供政府政策要素的参考；

(2) 开发、建立并维护公司“意见领袖”网络，充分发挥意见领袖对公司业务发展的促进作用，从政策制定、行业声誉以及消费者教育等多层面获得他们的支持与帮助。

(六) 危机事务管理

(1) 公司/品牌及产品问题和危机事务处理的主要负责人，领导团队建立强有力的危机监控和管理机制，有效应对各类问题及危机，并寻求最合适的解决方案，保护公司及品牌形象；确保公司危机管理团队有效运作并提供必要培训；

（2）公司发言人，代表公司与政府、各利益相关方及媒体进行有效沟通。

（七）CSR

制定并领导执行公司“企业社会责任”战略项目。

（八）市场传播

（1）与法务、法规合规、客户服务、市场销售、人力资源及供应链等部门密切合作，提供专有知识帮助和必要的支持；

（2）协助业务部门积极开拓特殊渠道，如“政府购买项目”的渗入。

（九）投资者关系

保持与公司总部投资者关系部门的有效沟通和执行相关项目活动等。

二、公共关系人员的基本要求

形象地说，企业公关人的职业是“脚踏两只船”，一只在企业内，一只在企业外。在企业决策过程中担当两种角色：一方面，他/她必须让管理层了解外面社会环境发生的事情，明白企业的利害关系者是谁；另一方面，为决策过程提供咨询和意见，以保证决策照顾到了会给企业带来任何影响的目标受众可能的反应。一个企业公共关系做得好不好，其公关战略、人员架构、传播机制的健全固然非常重要，但人的因素才是重中之重。公关人员的专业意识和个人素质影响着企业公共关系的健康有效运行。跨国公司几乎都是以结果为导向的经营业绩考量体制，尤其是市场推广和销售部门。但公共关系部有所不同，公关沟通的过程对结果的影响是直接的。做公关是做人的相互沟通工作，但绝不能简单理解为“见人说人话，见鬼说鬼话”。以真诚的态度、务实的作风、合作的愿望这些内在的动因(motivation)，加上在适当的场合和时机、对适当的人、采用适当的方式做适当的沟通，才能够有效地获得沟通对象的理解、信任和支持，才能为企业的可持续发展创造条件。

企业的公关战略、目标、规程和考量机制，以及公关从业者个人的公关意识和能力是公共关系平台有效运行的保障。无论是公关活动项目的执行，还是与各方面利益相关者的沟通，特别是问题解决和危机管理，都要求公关从业人员既具备原则性，又要有一定的灵活性。要求公关人员在充分理解公司发展战略和目标的前提下，不偏离目标方向，不被条条框框所限定，再创造性地执行设定的任务。这对具备独立工作能力的公关经理人来说是职业的必需。公关经理人需要在工作中直接面对各方面资源，灵活而有效地调动这些资源，控制复杂环境的各种干扰，协同高效地开展工作，同时要保持团队成员的士气和自主投入，公关经理人的能力在实践中自然会得到有效提升。

自信心是一个优秀公关人的人格特征之一。自信心不是靠书本学习或培训得来的，它是一个人认知能力和丰富阅历的内在体现。对一个企业公共关系部门的负责人来说，丰富的阅历和公关经历是其领导好公司公关事务的重要基础条件。建立起自己的公关团队，在执行上如何合理分配任务角色，可以考量其领导力水平。公关负责人要参照上述“职责描述”在团队成员内进行责任分解，把责任分配于政府事务经理、媒体关系经理、公关项目经理、对外传播经理、员工传播经理、CSR 经理等。越是大型公司必会分解得越细，坏处是会造成整个公关团队很庞大，其中每个人都只专注于自己职责下的“一亩三分地”，不能随便干涉别人地盘的事。这样的大型化架构常带来低效率和官僚作风，但实际中这在不少大型跨国公司很常见。

通过上面的“职责描述”和公司期望，我们可以较全面地了解企业公关人员应该具备哪些“硬件”和“软件”条件。

（一）基本素质

遵纪守法，诚信、开朗，擅于沟通，有公关意识，知识面广泛，思维敏锐，意志坚定。公关人员还要求智商、情商高，没有认知障碍和情感障碍；心态开放，自信热情，与人为善，人格健康。

（二）必备能力

公关人员要具备丰富的专业知识，较高的信息敏感度、沟通表达能力、写作能力、应变能力、社交能力、创意策划能力、组织协调能力、政策把握能力。要擅于了解公众心理和公众需要，及公众价值观的变化。因此，公关从业者最好还能了解社会心理学、组织心理学、公众心理学、行为心理学、传播学、法律、市场、政治与历史、地理等知识。

演讲是公关人员一门重要的必备技能。专业的公关人员在不同场合的演讲，必须具有能够打动人的个性风格，必须生动有趣，必须主题鲜明、有条理且幽默，语言有说服力、感染力和鼓动力。

（三）职业道德

英国、美国的《公共关系协会职业准则》的 16 条，1961 年在雅典达成的《国际公共关系道德准则》的 13 条，1991 年《中国公共关系职业道德准则》的 10 条等，对公关从业者必须严格遵守的相关法规和道德标准都有明确的阐述。企业公共关系道德从根本上来说，取决于个人的世界观和价值观。职业守则、组织规范甚至法律法规都不能确保任何人对职业道德的遵守。只有可靠的个人价值观和品格操守才可能保证公关人有符合社会要求的道德行为。在企业经营决策制定的过程中，在每日与各方利益相关者打交道时，在危机事务的处理中，公关人都不得不面临诸多道德、原则问题的考量，特别是那些利润很高，产品的市场敏感度较高，管理要求也高的行业，如婴幼儿奶粉、药品等行业。

由此可见，公共关系从业者应当是“通才”，而非某特定领域的“专才”。公关人员应当博览群书，知识面广博，需要时知道“专才”在哪里，懂得建立专家库资源（KOL）的重要性。“通才”者更加注重战略，“专才”者比较注重战术。对于一个专业的公关人来说，两者都具备，可以让你既能认清宏观环境条件、把握变革方向，也能够自觉重视执行、落实行动，明白“魔鬼都在细节处”的道理。公共关系人员不是摆设，更不是“花瓶”。有些公司并不理解企业公共关系的真正作用，仅仅依照外表相貌来选聘“公关人员”，在企业有真正沟通需要，特别是遇到问题亟需与政府或媒体沟通时，缺乏专业能力和资源的公关给企业带来的自然不会是好的结果。

三、公关领导者必备能力

企业公共关系领导人的能力、品格、个性、领导力及工作风格如何直接影响着企业公关的效果，在业界中也会由此建立其个人品牌声誉度。一个具有较强"公关意识"的企业公关领导人应当表现出在塑造形象、服务大众、互利互惠、沟通传播、创新求美、立足长远、管控危机等方面的强烈意识；应该有较强的大局观，对各方面利益相关者都有清楚、准确的认识，掌握合适的沟通方式，不会对不同的利益相关者有亲疏远近的个人主观选择。公关圈内对一个企业公共关系领导者的评估看重他对企业声誉建立和维护的效果，而企业内部更看重其个人综合能力和为企业带来的实际贡献。企业对公共关系领导者的期待来自三个层面：

(1) 宏观层面：能否准确理解公司文化和战略，公司业务的性质和机会点，国家政策动向及市场规则的变化趋向；是否对各方面相关信息高度敏感并能做出正确预测和判断；是否具备与政府人员及媒体的沟通影响能力、项目运作管理能力等。这些其实决定了你做公关的"视界"够不够宽，对公司长远发展的贡献度够不够大。

(2) 中观层面：与公司内外各方面利益相关者的沟通能力，对业务新机遇的判断能力，潜在危机事务的预判能力，对重要政府官员和媒体人员关系的维护能力，团队管理和培训能力，对新闻动态的敏感性等。这些决定了你及你的公关团队工作的效率和成功率。

(3) 微观层面：在与人沟通中的个人魅力，个人涵养和学识水平，做人诚信度和个性特征，表达能力，写作能力，个人胸襟与团队领导能力，处理麻烦时的灵活性和创新能力等等。这些决定了你公关"圈子"的向心力和可用资源的"厚度"。

这些能力不是与生俱有，是要靠实践的反复磨练和打造，需要日积月累的沉淀。因此，在国际市场上，企业公共关系从业者历来受到高看。在英国，企业公共关系人员的职业技能和素质要求是必须具有：创造力、判断力、领导力、克制力、诚实、勤奋、韧性、谦虚谨慎、灵敏性、外交技巧、战略思维，以及"厚如城墙的脸皮"。美国人认为从事公共关系职业的重要资质应包括：善于判断，富有创造力，良好的写作技能，口才好，擅长组织，自信，对人敏感，了解人的心理，具有竞争意识及团队合作精神。

四、沟通能力是关键

沟通是公关人员的日常工作方式，公关人员应当深知自己要面对的是最为广泛和复杂的人群，他们的个性脾气、喜好、习惯、人品等千差万别。在各种沟通中，往往是态度决定了沟通的效果，不夸张地说，你的态度被接受了，沟通就成功了一半。因此从事公共关系的人员对公关要有相当的热情，乐于倾听，坦诚沟通，善于运用不同策略跟不同的人打交道，绝不轻言放弃。要能够做到"眼观六路，耳听八方，胆大心细，遇事不慌"。换句话说，就是要在坚守诚信原则的前提下，能够随机应变，多从对方的立场出发考虑问题，在不同场合都能够营造出融洽和谐的氛围，以利于双方的沟通展开。公关沟通要尽量多从正面入手，永远记住别人的长处，给予真诚的赞赏和感谢；不要有负面情绪表露，不批评、不责备、不抱怨。要以宽厚的心怀对待不同的沟通对象，以周到的语言提醒对方的失误，并就事论事。要善于营造、提升个人品牌价值，这样才能持久赢得利益相关方的尊敬和信任。对初次相会的沟通对象，必须事先做好功课，了解对方的基本情况，在沟通中能够自然而迅速地找到双方共同感兴趣的话题，激发他人心中的渴望，将沟通过程轻松自然地引导入深。公关人应当切记不可编造谎言，一次的欺骗或不诚信，会毁了一个企业及其个人的信誉，乃至公关界的群体形象，这无异于个人公关职业生涯的"自杀"。

在实际沟通工作中，公关人员有时候不得不对各类利益相关者说"不"。如何跟沟通对象说"不"是一门艺术、一门学问。很多时候公关人必须以"冷处理"来缓和纠纷和矛盾冲突，以避免问题严重化。作为专业的公关人员，在说不的时候应当以让对方理解不可行的客观原因，心悦诚服地收回要求，不会因为你的拒绝而感到有“伤面子”为原则。做到拒绝有方，批评有术，争论有度。考虑到沟通对象的广泛性和复杂性，这并不是件容易的事。

几乎所有公司对员工都会做“沟通技巧”培训，市场上提供这类培训的机构和培训师更是多如牛毛，培训的内容和效果难做评价。对公共关系从业者来说，沟通技巧的培训与其他部门有所不同，应当更加注重表达能力、倾听能力、应变能力、协调社交能力、控制和组织能力这些方面的提升。“个人魅力”的塑造可以说是公关从业人员获得职业成功强有力的法宝之一。公关人员要擅于营造一个自然、和谐、舒适的沟通环境，使得沟通对象感到愉快并乐于跟你沟通。要会运用自己的仪表仪态、语调语气、身体语言，特别是微笑的神态和坦荡、关切、重视的目光来赢得沟通对象。如果说公关人员要有什么天赋特质的话，那应该是会说话，面对不同的人谈吐得当，留意对方的反应，给对方充分的时间表达看法和观点，而不是自顾自地滔滔不绝。与各种人打交道时，不急功近利，宽容大度，文明幽默。即便是在面对挑衅甚至不友好的环境下，也能够不动声色，不失礼貌，保持微笑和内心的镇静。这需要后天的训练，也需要具备些天生的沟通意识和控制能力。

公关人员在举办企业公关活动时，经常要以主持人的身份亲自展示企业形象，这不仅对公关从业者的外表形象有要求，对其主持能力和风格也有相当期望。公关人员做主持，对活动的流程、对每个环节的把握要心中有数，主持演讲要简明扼要，用词精炼，控制好语气、语调、节奏，清楚面对的观众是谁，善于调动现场气氛，并始终保持微笑、平和、自信的表情。用好的开头吸引人们的关注，适当时候的“煽情”，使主持演讲生动自然，结束时留有余味。为公司领导翻译时要做到“信、达、雅”，准确传达原意。特别需要注意的是，必须准确无误地搞清楚来宾的姓名、性别、职位、单位等，不能有丝毫错漏。公关活动中介绍与会嘉宾时，出错偶有发生，这对企业带来的形象损害绝不能低估，这也是考量企业公关人员心理素质和做事能力的重要标准之一。为此，事先的充分准备和现场演练(Rehearsal)尤为重要，演练的目的是为了保证节奏，语言、语调及语速运用恰当，不至于紧张或怯场。“伟大的音乐作品不是写出来的，而是改出来的”(Stephen Sondheim)，伟大的公关活动也是如此。

五、利益相关者的希望

从沟通对象群体来看，政府官员希望面对的是一个头脑清晰、目标明确、表达准确、心胸宽大、积极热情、灵活机智又懂得并遵守规则、诚信可靠的企业公关人员；媒体记者们希望从跟你的沟通中获得真实有用的信息，围绕着你的“关键信息”（Key information）或“卖点”（Selling points），他们能够得到更详细的“背后故事”，使得他们的文章丰满有料，有希望评上“A稿”；客户及合作伙伴们希望你不仅了解本公司的业务运作状况和行业的发展状况，更希望你对伙伴们有足够的理解和认可，合作精神强并且善于团结各方力量，为大家共同创造利益；而你的团队则希望他们有一个乐观向上、经验丰富、预测判断力强、不吝于指导手下、擅于授权且勇于担当、人脉广、底气足而“气场”强大的老板，带领大家向前同行。

公关人员站在企业形象宣传者的角度，在制定公关战略、组织实施公关活动、制作推广资料物品时，对好的建议、想法、设计要有足够的敏感性并具备一定的审美能力，较强的文字功底在很多时候都是公关从业者的必备之技。不过在跨国企业环境中，在一个公司里从事公共关系三四年后，很多人的新鲜感会逐渐消失，每年都觉得是上一年工作的重复，公关的主要精力都只放在了“维持”上，对外传播也只满足于隔三差五地在媒体上发些意义不大的“豆腐块”大小的公司新闻。要持续保有创新的动力和对公关工作的新鲜度也并不容易，这对企业公关负责人的领导力更是一种考验。

当然，各个公司在招聘公关人员时，还会有一些学历、语言、电脑使用、外貌气质等条件要求，甚至会要求你做一通测试题，以考察你的个性特质和领导力等要素，虽然很难说这样的测试能否真的测出你合不合适做公关。公共关系不一定非得是个性外向、性格开朗型人的专属职业，只要你乐于与人沟通，乐于协调人际关系，乐于为他人服务，乐于化解各种矛盾，善于团结相关的人共同成就利益各方的事情，对各方面信息敏感，有大局观并且注重个人形象，通过正确的“修炼”，你就有可能成为公关高手。

六、新人入行

有志加入公共关系职业领域的新人可能会问“我怎样才能加入这个行业？怎样能够有一个理想的职业发展?”。企业公共关系一直是新人辈出的职业，特别是近十多年来，随着各个行业的迅猛发展，“长江后浪推前浪”，公关人才队伍在迅速壮大，职位竞争也日趋激烈。

刚走出校门的新人们，一般可以通过企业招聘会、企业在大学的路演宣传、专业招聘网站等途径了解企业招聘信息。如能先在一家企业的公共关系部门或专业公关公司实习，会对今后从事公共关系工作有很大帮助。像企业人力资源、财务一样，作为支持性功能，企业公共关系并没有太多行业背景经历要求，当然在人才日显过剩的当下，“科班出身”、行业经历相关还是具有一定竞争力的。这对新人的进入是有利的，也绝不是说进入门槛低。新人除具备如前面所述的基本知识和能力要求外，对公共关系浓厚的兴趣和热情是主导自身职业发展的重要前提，有兴趣才能够有主动性，而主动性对一个公关人职业生涯的迅速发展再强调也不为过。

初入一家公司，新人应当从最基础工作做起，主动地参与各项涉及公共关系的具体工作，从见习生、公关助理、公关主任、主管、经理、总监直至主管副总裁的“职业阶梯”(Career ladder)逐级发展，是公关人的必由之路。从辅助执行操作到独立承担项目，从“照葫芦画瓢”到逐渐培养起自己的理解与做事风格，从各级岗位中不断学习领会和提升，才能不断提高个人的综合公关能力。项目的策划和执行、与各方面利益相关者的有效沟通、压力之下如何能顺利解脱出来，等等，这些都不是仅凭书本上的知识或课堂上的讨论就能够掌握的。实践中，只要确定你做的事是正确的，那就一定把它做好，培养起对重要事情的专注，让你的工作成绩“可见”。想要人们认为你有价值，那就必须做出高质量的工作并按期完成，做到有始有终，并主动预见、预防可能会出现的问题。当合作伙伴想到你的时候，出现在人们脑海里的你应该是“可相信的”、“可依靠的”、“有办法的”人；也只有在当你内在的能力和天分与工作要求相适应时，你才能做出令人刮目相看的成绩来。

切莫小看一些具体的小事，那是培养起你对公关工作细节感把握的必要经历。每一项公关活动成功与否取决于对细节的把握，这种细节感建立起来之后会形成习惯，提升你在公关活动计划和执行方面的灵敏度和准确性。业内我们常常会用有没有“感觉”（Sense）来评价一个公关人的公关意识。此外，作为新人，要做个有心人，最好注意观察别人做什么，听他们说什么，喜欢谈论什么，什么人得到认可、表扬和提升，虚心向老板和有经验又乐于帮助人的同事请教，以提高自己察言观色和做出正确判断的能力。在积极投入企业公关活动实践的同时，对企业内外的各种培训也应当积极参与，甚至向领导主动要求培训机会，比如有的公司开展的类似过去国有企业“传、帮、带”培养新人的“导师项目”（Mentoring program），对引导新人及时、正确地解决工作中遇到的问题会有很直接的帮助。这些对提升个人的专项能力、开拓职业视野、把握行业发展动态和进程都是必需的。进入公共关系这个行当可能不难，不论是从哪个行业开始；进入之后的个人修行很重要，事事都经历，样样都“拿得起”，在不断的实践中完善自我，提高公关成功率，决定了你走向“资深公关人”的速度和品质。

外资企业的各种培训可以说是外企员工的一大福利，无论你是什么层级、从事什么工作，从你加入外企公司起，每年都可以享受到多种形式、各种内容的培训机会。除了公司内部的各种业务技能培训外，新人也要关注外面如行业协会及社会上的各种相关培训机构提供的机会，并积极争取参加。

就公共关系行业的“市场分布”来说，目前以北京、上海、广州的公关人才及公关活动最为集中，其次是一些省会和“计划单列市”。业内的一般共识是，目前国内的公共关系当数北京市场人才最多、力量最强、水平最高，上海次之，广州再次之。北上广每年都会有各种各样的“公关峰会”、“公关论坛”、“传播研讨会”、“政府公关论坛”、“新媒体论坛”，等等。过去多为知名公关公司组织策划，演讲人和议题都具有较高水平；现在很多的“专题性公关论坛”组织者或小型公关公司会定期举办，并向各大公司公关部门“推销”，水平和影响力参差不齐。当然在这些论坛或研讨会上，你多少可以了解最新的国内外企业公共关系实践状态，学习知名外企的公关经验，了解公共关系的发展趋势，以及有关公共关系的专业技巧分享等。因企业公关人对涉及所服务企业公关事务大都“格外谨慎”，不会轻易就跟你充分分享，你不一定都能从这些研讨中立刻学到多少具有实际指导意义的东西，但如果你的公司预算允许的话，至少“进入这个圈子”，你可以开拓眼界，了解一些大公司的公关理念、实践和他们的现状，甚至发现具有共性的问题，以增长见识，跟前辈们“混熟了”，你还是可以学到些真金白银的东西的。

学会“自我管理”，是每一位进入公关领域的新人必须尽快掌握的另一项职业技能。企业公共关系涉及的人群和事务广泛而庞杂，相当时间的经验累积是成长为企业公共关系领导者的必需条件。成为企业公共关系领导者，个人独立工作能力在每一层、每一块上都应当得到过锻炼和提升，这是由公共关系本身很强的实践性所决定的。唯有不断地参与到实践中，公关能力和公关视野才能够得到有效提升，才能换取企业公关成果和个人公关口碑的双赢，你才能在猎头们的人才库中被标示上“具有成功的公关经历”。此外，企业公关人应当做到对公司各个方面的人和事都了如指掌。除了总经理，公关人员必须比其他任何同事更能了解企业内发生的事情以及这些事情和企业管理架构、功能的内在联系，应随时准备评估和提出这些事情可能带来的问题、风险及应对方案。一个成功参与企业决策的公关人，应当经常告知总经理他不想听到的东西，并提出有充分依据的建议，而不是一味地只会说好话，报喜不报忧。这需要企业公关人要有一定的勇气和魄力。

我们常玩笑话地说文科生和理科生做企业公关风格很不一样，虽然这并无什么必然的因果关联。一般公关活动中，人们常常看到公关人员衣着得体，迎来送往，帮老板引见翻译，做主持司仪，面面俱到，非常活跃而专业地“把控”场面，你大概齐可以认定这是文科生出身的公关人；理科生出身的公关人擅长做什么呢？活动场所的设计施工、所有文件资料及演讲稿的编写准备、专业性知识 Q & A 的准备、跟媒体记者深入探讨行业面临的问题，等等，类似“幕后”的工作。公共关系需要两种人：一种是能够控制场面、撑足“面子”，既擅“务虚”而又爱“秀”的人；另一种是担当内容编排、有才情、擅做“里子”，“务实”而能静下心来做出漂亮文案（Paper work）的人。这两种公关人的结合，一定能带来公关活动的出彩和成功。

所谓“成功而有影响力的公关人”，一定具备了这样一些特质：与人交往诚恳务实、恪守道德；相信自己、热爱工作；每件事总是做到最好；信守承诺，做个快乐的人；真心尊重每一个人。公关“感觉”的最高境界是什么呢？能够洞察人性的本质、明了事务的发展规律，面对任何挑战都能够做到了然于胸，顺应事务自身发展的节奏、方向安排相应行动，使得各项事务在和谐中顺利向前推行。你我本都是“无所从来”的芸芸众生，奋斗在职场江湖中，恐怕一时还难以达到“顿悟”的境界，还只能是“经一事，长一智”，不断地修炼才能够增长才干，看得到自己的未来。

基于多年的企业公共关系实践，本人认为一个真正的企业公关领导人还应当具备更多的一些素养或品质，比如：

• 应当乐于分享个人经验和相关资源，不独占，不私有，不倚重，具有带领团队及周边资源共谋事、同进退、齐收获的主观意愿；

• 应当爱护并关心下属的个人职业发展，提供培训和锻炼成长的机会，以及必要的指导，明白事有轻重、人无高低的做人道理；

• 应当勇于担当，不推卸责任，成绩是团队努力的结果，差错应勇于从自身先查找原因，你不贪功推责，你的团队成员也必会有高尚的职业修养；

• 世间事不如意的十之八九，即便在最失意的状况下，公关人也应当保持包容、谅解、平和的心态，不失理智、不损涵养、不坠品格。

七、公共关系与公司政治

公共关系服务于企业的顺利运行和长远发展，因此企业“想要什么”最为关键，它决定了公共关系该做什么和怎么做。公共关系的作用也不能被无限放大，在服务于具体公司事务时，会受到诸多因素制约，应当看到其作用的有限性。公共关系战略是要激进的、温和的还是保守的，公司文化特性和公司最高层的个人偏好也是关键影响因素。而且新的经济困境形势下，现在各类企业的公共关系越来越看重“投资回报率”(ROI)，公共关系战略不得不更加着眼于务实的考虑。

不可回避的是，任何企业，在发展越过初创进入相对稳定状态时期后，公司政治在管理层人员的内部斗争中便会明显化。斗争的原因各式各样，诉求五花八门，斗争冲突表现也各不相同。不管你是否喜欢，它都作为一种客观现象普遍存在。因此不必要对公司政治持避讳或负面评价的态度，这也是形成职场江湖的元素之一。对公共关系人员来说，想做局外人也是很有难度的，在复杂的公司政治环境中如何为自己正确定位，不是一件容易的事。现实生活中，有人群的地方就必定会有斗争，企业更不可能是世外桃源，不同性格、不同爱好、不同背景，甚至不同价值观的人因为服务于同一家公司聚在一起，就势必会有公司政治的生长土壤。是紧跟公司总裁或总经理走，还是代表大多数利益相关者，或是保持中立，公共关系人员必然面临挑战，无法逃避。企业公关人应当在承担相应责任的同时，处理好人际往来，平衡好各方面的关系。你处理事务的能力越强，获得的各方支持就会越多，实现自己目标的成功率就越大；否则只会处处碰壁、寸步难行。公共关系人员要保持坦诚沟通的态度，但不是什么话都可以不分场合地说，公司的信息更不是可以随便对外无原则地透露。

外资企业曾经光环耀眼，但其实也并非十全十美，只是局外人不大有机会看到其内部的种种弊病而已。如果一个公司的管理层团队呈现下面的状态，你就不得不考虑走人了：权力斗争一直不断，不可调和；管理人员存在严重的自我膨胀心理，毫无团队精神；人与人之间各行其是，相互对立而非合作；管理层整天在员工身上挑毛病，却不关注他们所做出的成绩；出现问题习惯于寻找替罪羊；传闲话、背后诽谤、贬低他人普遍存在；观点不同易导致人身攻击；个人及家庭的需要从不被考虑，等等。第三代外资潮以来，老外们面临的是更加激烈竞争的市场和越来越严苛的政府和社会监管环境，老外们不得不应对更为艰难的挑战，公司经营战略也势必会受到严重影响。面对企业在发展战略规划、公司管理架构、技术创新及财务运作方面的危机，企业公关人一般都无能为力，更不用说发挥公共关系的作用。

企业公关经理人必须保持低调、谨慎行事。一方面，他要为改善企业决策、战略制定的低效率甚至偏差尽到谏言之责；另一方面，还必须考虑到这种建议行为可能会导致其他决策者及同侪(Peer)的怀疑,从而使得自己被排除在决策制定层之外。公关人员必须赢得企业权力中心的信任,也只有获得了这种信任,才有可能充分发挥自己的才干,实现企业公共关系的根本目标。在上司面前必须要保持积极主动的工作态度和热情,以诚恳的态度沟通,虚心接受上司的批评建议,有问题要及时汇报请示,切忌拖沓。企业领导如果本身具有良好的公关意识甚至自己就是"公关天才",企业公共关系就会好做得多。但现实往往并非如此,很多企业负责人可能是"公关盲",甚至有的对媒体"天生恐惧",面对记者会两腿打颤、话语哆嗦。领导个人自身的风格更是千差万别,领导人愿意与人分享其权力,整个企业的生命力和生产力会随之提升;如若不是,作为下属,你也无可奈何。无论企业负责人是怎样的,作为一个公司的最高管理者,其必有过人之处,企业公关经理人都必须尽心尽责,以出色的公关成绩向老板证明公共关系及个人的作用和对公司的实际意义。

外企中,公共关系人员有时候还不得不面对管理层乃至高层老外们在工作和沟通中的种种"水土不服",比如本人在实际工作中曾经遇到的一些具有代表性的事例(非典型):

(1) 理解偏差:很多从未到过中国的老外对中国的认识还是停留在几十年前,对中国20多年来的飞速发展毫无概念。一家欧洲公司全球可持续发展副总裁来中国演讲,事先不给任何材料,一个多小时的演讲全是在做基本知识"科普",殊不知中国企业已经将可持续发展运用到企业战略与实践结合阶段了,甚至已经开始列入对供应商的审计条款中。另一位欧洲专员来华讨论设立CSR项目,竟顽固地坚持要开展中国司法制度和社会治理体系的研讨和改革促进。想法很好,但这已经超出了一个企业之力所能及,况且事关中国内务。

(2) 盲目自大:既然把中国定位在"新兴市场"下(Emerging market),总部来客的优越感和自大情绪总是会有所体现。一家公司欧洲总部传播副总裁来中国公司做交流,最后自由讨论阶段被问及对公司中国员工的感觉如何,这位女高管显然没做准备,"喔、哦"了几声后说"我觉得中国人还是可以沟通的”，在座中国员工一时哑然。殊不知外企来华 20 多年，唯有中国市场使跨国公司依然可以保持两位数的增长，为公司业务的全球增长做出了突出贡献。这也是中国员工的辛勤努力造就的，没有很好的双向沟通，这些成就如何能够取得？

（3）不识时务：欧美公司的老外们在来中国之前，大多在其本国或地区市场都有了一定的业务经历，基于他们成熟的市场运作体系、较为完善的政企合作伙伴关系以及相互谅解的消费主客体关系文化，特别是与政府之间的“平等关系”，对中国市场发育的成熟度往往估计不足，因而特别不能理解很多利于政府及社会公众的好想法、“多赢”项目得不到政府的支持，碰到的政府官员都口头上说好、很好，但就是没有人用实际行动支持你。公司正常的经营甚至会经常受到各级政府监管部门的有意为难或“刁难”。作为企业公关人经常颇为尴尬地向老外们解释这些现象的深层次原因，解释国家政策出台到地方落地实施之间一向存在的差异性，解释政府部门间也存在利益博弈，跨政府部门间的合作在很多情况下都绝非易事，对同一市场行为及同一产品，往往要面对不同政府部门，根据不同甚至相互冲突的标准，来重复检查，等等。老外们的“不识时务”，其实暴露的是我们的管理制度的不完善和职能缺陷。

（4）用人不淑：外资企业对经理以上职位的招聘大多是通过猎头来完成，猎头、人力资源考核后推荐给部门总监及总经理面试，基本上只是看领导的“默契感觉”（Chemistry）如何。在这方面，老外们的主观性和个人偏见往往会有很大影响。相比较中国人的复杂性来说，老外们看人大都比较简单、天真，对核心业务部门负责人的选用重在看他能给公司业绩带来多大的提升，对其人品、领导力的考量实际上并不看重或者存在偏差，而这给公司带来的恶果往往通过一年左右的实践便见分晓。曾经有一家行业排名第一的制药巨头亚太区执行副总裁在飞机上偶遇南亚某国一小饼干公司的总经理，惊于其能说会道的嘴上“才干”，特地请来担任中国区销售总监，这位“人才”上任一年内将公司原来的八个大区销售经理赶走了七个，当年公司业绩就一败涂地，在某省会城市召开的公司年会上，会议形式和气氛让酒店员工误以为这是家“传销公司”；次年年初这位销售总监就被“恭请走人”，其“伯乐”数月后也不得不离开。外企中这样的例子其实并不少见。

（5）无真才实学：这在第三代外资潮的老外负责人中越来越多见。老外们也逃不过“创业容易守城难”的定数，尤其在市场竞争白热化的当下，对他们来说，中国的经营环境已不再像最初那样能轻而易举地做出成就了。很多老外们自知无力创造新业绩或者本身就不具备相应能力，便不思进取，只想来中国镀一镀“新兴市场经历”的金，混混日子，享受几年“皇宫般的生活”，拿着高额“艰苦地区补贴”（Hardship allowance）。公司业绩不好不是自己无能，那全归因于市场的问题、政策环境的问题、社会成本提高的问题、人才难觅的问题，等等。具有真正领导力和市场洞察力、经营公司能力的老外也越来越少见。

（6）内部不合：老外们尤其是管理层中的老外们之间的不合也并不少见。如果是核心业务部门领导之间有隔阂，那对公司的业务可以说是灾难性的；轻则公司业绩不能如期获得增长，重则公司管理架构都要重新调整。公共关系人员对这些团队间的不和也无能为力，尤其在你的老板和你老板的老板意见不合时，会很难做。一般公司内部的这种不和持续不会超过两年，期间若不能调和，那必定会是一方走人；换上新的老板，管理层或部门团队重新磨合，再好的市场策略计划都会深受影响。这种公司内部纷争导致的业绩下滑、经营不善的例子，在不同行业的外资企业中近些年也比较常见。

公关部门经理、公司各部门经理以及以下的员工，在公司政治中也会遇到一些常见的尴尬事或困难处境，不妨列举并分析如下。

（1）公司内部跳槽并得到提升。你要跳到另一部门并得到承诺升职。听起来是件好事，但除非事前跟本部门领导有了很好的沟通，并且得到了谅解，不然你让你的领导情何以堪？这种“内部挖墙脚”的事非常敏感，有违职场“江湖规则”，处理不好必埋下祸根。如果真有必要走出这一步，你就得和现任老板深入而坦率地探讨自己对职业发展的考虑，努力说服之，打消其心中不快。如能够让老板转为支持的态度，你的沟通能力可谓高阶了。获取机会和承担风险两者可能始终并存，也未必不是锻炼自己、提高策略思维和沟通能力的机会。

(2) 本部门老板与其上司不和。这种尴尬在外企中也常见，比如亚太区总裁换人了，公司区域业务战略及做法极有可能要改变，那么北亚区、南亚区及大中华区等的副总裁们很容易会与新老板意见相左，至少意味着中国区的人事架构会不稳定，不出两年应当会有调整。要么你足够“灵活机智”见风使舵做“骑墙派”，可能会保住饭碗；要么必须在新派与旧派间做出选择，直至跟随原老板一起走人，另谋他处。

(3) 部门老板和业务紧密相关部门领导不和。因性情差异或领导能力有高低，部门领导之间“掐架”在外企也时有发生。特别是如果核心业务部门间的合作不利，比如市场、销售与财务、人事部门，那会是个大问题，也一定会耗费总经理的大量精力。除非真有天助，否则一定会两败俱伤。作为部门下属员工，做起事来确实非常不容易，但要相信没有哪个公司会对此容忍太久，变化会很快到来的。本人曾服务过的一家跨国药企，市场部总监和销售部总监都是来自美国本土，都很年轻气盛，对中国市场的销售策略意见不同，每逢管理层会议必要争吵不休，毫不相让。一年之后，各自走人。

(4) 管理层内部不和、派系纷争。同上的分析，其不良影响对整个公司来说都会是灾难性的。试想，如果每天上班时心里都不得不紧绷着，看着老板们之间你争我斗得不可开交，心情绝不会好，长此以往对个人的健康状况也是极为不利的。下层经理等选择做好自己的分内事为上策，但也要看清公司长远发展战略的可行性和整体运作的健康性，再做出是暂且忍耐还是准备走人的合适判定。

(5) 一些重要岗位经理纷纷离职。这种情形多发生在总经理或他的直接上司换人的公司。在跨国公司中，经理级一层人员是公司业务的中坚力量，他们是各项战略、策略和创新项目的执行者，是新政推行、产销有序、货款回流、促销创新等公司各项重要工作的保障者。这些中坚力量的流失对公司业务会带来立竿见影的不良影响，而且这一层经理人员在市场上一般也很抢手，是猎头公司“买卖”的重点对象。但很不幸，现在这一层经理人的流失在不少跨国公司越来越常发生,对公司员工的心理也产生负面影响,这样的公司管理层也不会稳定太长时间。同样道理,作为中层及以下的员工要看公司的整体运行状况是否健康,以决定是多些耐心,等待公司走上正轨,还是另寻高枝。

(6) 新来老板人品有问题。人品问题永远是个尴尬话题,没有人会承认自己的人品有问题。大多数跨国公司的业绩考量中对领导力特别重视,但对人品也没有有效的考评机制,似乎这只是个人的修养问题,与公司无关。当你遇到人品有问题的直接上司、部门领导或 HR 负责人时,你能有的选择不多,实在不愿屈尊伺候就只有另谋高就。一个较为常见的现象是,外资企业中,老外总裁相中的人事部门负责人一般都深得其欢心,但在其他人尤其是中国员工眼里,个别人事总监人品甚至道德明摆着是有严重问题或缺陷,并且事事处处招人厌恶。虽然可能投诉不少且证据充足,但因为老外总裁的"青睐",这样的人往往位子还坐得挺稳。在这类"人品管理"问题上,老外明显有逆大多数员工意愿的个人主观性,且往往也是很难撼动的。不知道"企业人力资源管理学"里有没有对这种怪现象的相关解释。

(7) 公司管理层架构多变。因为各种原因,现在的跨国公司管理层变化几乎成了家常便饭,在不同行业也比较普遍。就短期效果来看,给公司带来的负面影响往往远多于正面的。管理层的频繁变化带来公司原定战略及业务运作的不连续、客户流失、重要岗位员工心态不稳甚至离职;企业业务进展必会受到影响,而恢复过程也要付出相当代价。对企业公关人来说,你犹如坐在了一艘动力及舵控系统严重失灵的大船上,只有随波漂流的份。协调高层管理者之间的矛盾不是你的分内事,要有即便做出相当的公关成绩也可能会得不到应有的重视及认可的心理准备,甚至会是吃力不讨好。最好顺应事态的发展,以静制动,让其自然平衡稳定为妥。

(8) 上司性格多变。经过一两次的面试,你还不能确定未来老板的个人品行及领导力水平,甚或六个月的试用期过后你也不能完全了解老板的为人,那唯一的解释是这个老板"水太深"。外企江湖中,越早了解老板个人的一些背景情况和个性品格信息,对你工作的展开和未来的发展机会就会越看得清楚。无论是在哪里，人都免不了有各方面的高低长短之分，外企也一样，关键是你能否调整好自己，稳住自己，清楚自己要什么，在经历中学会把握自己、把握住上司的情绪变化，顺势而有效地沟通，化解窘境，把事情按计划向前推进。这也是沟通技巧的必要基本功，是企业公关人的必备技艺。如果你的老板是业界公认最难伺候的人、最挑剔的人、最“不讲理”的人，把他/她伺候好了，还有什么人你“拿”不下来的呢？

(9) 合作部门人员人比较难处。有时候业务密切关联部门的合作者是个“人物”。或是个性很特殊，或是依仗其老板的偏爱而颐指气使，人前人后两面派，难以合作。碰到这样的合作者，你如果能通过深入地沟通交流达成相互谅解和共识，双方顺利合作那是最好；否则的话最好当着双方老板的面，在会上事前定下各自具体责任事宜，分内工作的进度及时向本部门老板汇报，部门间的沟通如有分歧就只能上交自己老板。这也是迫不得已的明哲保身之法，因为在外企，任何形式的当面冲突都是应当尽力避免的。纪律严明些的公司，会对双方都毫不客气地给予处分。

很多跨国公司推崇“开门政策”(Open door policy)，鼓励公司上下级、同级之间的充分沟通、讨论和交流。这在很大程度上这只是一种自我标榜，根本起不到其应有的作用。企业从来就不是一个民主机构，老板们也难免会做出很主观性的决定。可能相对来说外资企业更加的官僚主义，老板掌控着企业经营及员工个人职业发展的一切，权利及机会的分配也不会很公平。作为公关人员，切莫过高估计自己的影响力；除非你得到授权，不要试图“教育”企业老板改变企业的现实运作模式和管理理念，更不可有意冒犯别人。若真的有必要，那就通过明确的工作成绩，努力建立起自己的权力地位，任何时候都以积极的心态对待所有的人和事。凡影响力大的人总是集中精力去做能够产生积极影响的事情，致力于积极的目标和能够掌控的事情上，不会被个人情感所左右。你的努力使公司更具竞争力，效率及收益也更高，给决策者带来更多的惊喜。简单地说，“活儿”做得漂亮，人缘又好，你的“声音”才能得到老板及同侪们的认同和支持，你的影响力才能够自然而然地提升，才有可能实现你个人的“抱负”。此外，不要忘了公司内外强大的关系网是企业公关人可以依靠的“政治资本”。

总之，企业公关经理人需要有一定的政治敏感度和政治智慧，要知道在公司中影响力大小跟职位很相关，但更取决于你的能力和性格。要能够明确实现目标的步骤过程，认清公司群体中的权力关系，明辨他人的真实动机，勿要随便树敌，明确谁是自己的朋友、合作者和关系户；始终关注重要目标不随便分心，充分利用一切机会和条件提升自己的影响力。从功能上来说，公关经理人应该更擅于读懂别人的言语、表情、动作和态度。公关经理人应当学会“管理”好企业领导人，不要期望老板完美，要研究老板的工作风格并适应之；努力让老板看到自己的业绩，绝不要对他人抱怨你的老板；时刻注意树立和保护企业领导人和管理团队的形象，但绝不可借助领导人的权势来提升自己的“威信”；与老板的老板们有策略地沟通，以获得他们的赏识和认同你的能力及贡献。

与此同时要“去自我中心化”，与同级别同事要尊重为先，配合公司核心业务的需要提供力所能及的帮助，但不侵犯同事的业务权利领域，不过分表现自己，权责分明；适当有度地回应别人的挑战，把矛盾和争议向有益的妥协化解方向转化；不吝帮助下属提升工作能力，尽力争取同事们的“心服口服”。在公司内外信守“高调做事，低调做人”，广结善缘；适时地给别人台阶下，适当的“厚脸皮”；当不得已处在利益纠纷的漩涡中时，要学会保护自己，不争一时之利，绝不为了个人利益损害公司利益或伤害他人；大智若愚，韬光养晦，留有余地，不苛求人人事事的完美；顾及万事皆有可能，绝不把话说太满或不分场合和盘托出。当然企业公关人还应当站在一定的高度，时常“置身事外”地审视下自己的角色，能“一日三省吾身”那是最好了。要知道公共关系存在的全部理由是帮助企业创造一种使管理发挥功能作用的舆论环境，它提供的建议无论最高管理层接受与否、认同与否，作为企业决策的参与者，你的建议被听到、被采纳并常常起到作用，企业公共关系的贡献就实现了。

迄今好像还没有哪家培训机构提供关于“公司政治”方面的培训课程，企业公关人员应当明确自己的职业追求，一切言行要有利于公司目标的达成，同时有利于个人发展目标的实现；同时最好能够经常反思自己的言行给别人带来的反应和影响，适时地纠正、调整自己的心态和状态，不为个人情感所控制，对自己的行为做有意识的选择。正确而客观的自我认知会使你做出正确的行为选择，避开潜在的公司政治风险。如果再懂得一些施加影响力的沟通技巧，你的企业公共关系职场生涯会过得丰富多彩，不断前进。

公关机理

公共关系自诞生以来就是人和人之间交流的润滑剂，不管动因何在，都是为了达成己方目的寻求利益相关方的理解和支持，促成共赢的结果。有了它，企业、政府、机构、组织都能够从中获益，使得各自的"事业"按照各自的主张顺利向前发展，有效减少精力、财力的消耗；没有它，困难会多些，各种成本耗费会大些，前行速度会慢些。在成熟的市场经济制度下，跨国公司们在本国成功发展，企业运行的方式和结构得以完善，然后将这些成功的模式和经验带到发展中国家，为促进当地经济和企业的进步输入合乎国际市场规则的理念和实作，实现双方共赢。企业公共关系为服务于这种共赢而生，为企业实现更大、更长远的发展目标及愿景，主动地创造和谐、友好的外部环境和积极、支持的内部氛围。企业才能够向着"百年老店"发展。企业公共关系之功劳在于创造并维护企业的成功经营与持续发展，说它是企业的"gate keeper"那绝对是小瞧了。

第六章　一些行业问题与公关困境

企业的成长和发展永远不会是一帆风顺的，从创业、成长、成熟到成为企业巨人，即便是百年老店，每一个阶段都会面临各种生死攸关的问题和考验，都必须通过脚踏实地、兢兢业业、奋力拼搏来成功渡过每一关。认清当前的局势，解决眼前的问题，不回避，不放弃，每克服一个困难，企业就向前实实在在地前进一步。这是企业发展的必由之路，在任何一个行业都是如此。对于企业公共关系来说，解决企业所遇到的各种问题是公关工作的重要内容，不夸张地说，公共关系也是因为企业解决问题的需要而存在。今天我国各个行业处在怎样的境况？企业公共关系又会面临哪些挑战？以下选出一些曾经从事过和接触过的行业来略作探讨，分享职业的企业公关人对这些行业发展现状的看法，并从务实的角度看企业公共关系应着重努力的方向。

一、医药行业

中国的中医药（TCM，Traditional Chinese Medicine）历史悠久，有自成体系的理论和实践总结。中医注重人体整体免疫力、抵抗力的机能调整和恢复，中药大都来自天然药材，治疗手段上更多是以“调理”、“疏通”、“改善”为传统手法。但中医药在近现代以来的发展步伐缓慢，创新不足，中药地理特征性和华人圈适用的局限性难以突破。近些年，中医药事业的发展一度曾备受争议，中医理论的完善没有有效进展，中药剂型创新突破有限，甚至一段时间有人广泛制造舆论要求取消中医药；而坚守中医药的人们所能提出的反驳和抗议多是基于传统与文化继承层面的，对现代人类健康需求的显著贡献还挖掘得不够透彻，并且缺乏领军人物。西医药在理论上和实践上都与中医药存在很大不同，西医对疾病重在“对症治疗”，在分子水平上寻找药物与疾病病菌细胞或病毒的“抑止”、“杀灭”的对应关系，并不主动考虑身体整体的平衡调养。因此西医治疗的快速见效和容易创新突破，使得整个医药行业的发展总是以西医西药为主角。我们的《中华人民共和国药典》分中药、西药两大部分，西药单药数量约是中药的三倍，每次“药典”更新西药部分的修改影响面更大。也因此，每当我们谈到医药行业的改革发展，大都是以西医药为主导话题的；中医药的发展能否有所突破和实现质的提升，还有待时日。

我国的化学制药行业起步晚、水平低，为满足广大群众最基本的健康需要，从开始就是以生产国外成熟药品的仿制药（Generic drugs）为主，自身的药物研发能力一直处在很低水平，可以说我们自己研发的创新一类化学及生物药物到目前仍屈指可数。国外制药企业相互之间比拼的核心是新药研发能力和资金实力。但是国内制药厂家，包括大多数大型制药企业，研发的基础、动力和能力都严重不足，大都是在以强仿、偷仿，或“打擦边球”等低水平仿制为手段，“谋生存、求发展”；大型国内药企所能做的“研发”多数是对现有药物做些剂型改进，最多也只是对确定的药物分子做些“外围”的结构修饰（如水合分子数的增减、化合物酸根替换等），然后按照二类、三类或四类新药进行“新药申报”，而且绝大多数这类“新药”以及一般仿制药并不严格地和原研药物做生物利用度和生物等效性的对比试验，这就是为什么我们常听到仿制药在实际疗效、副反应等方面比原研药表现要差的原因。有医生开玩笑建议心血管疾病患者，夏天可以吃国产药，冬天危险系数比较高，一定要吃进口药或原研药；或是刚生病的时候吃进口药，等病情稳定了可以换成国产药。近几年国家食品药品监管局将一个新药申报的审评费从几万元提高到几十万元、上百万元，这也增加了大部分中小国内制药企业进行新药研发申报的难度，并会带来国内药物研发与生产模式的改变。今后国内药企可能会更多地向专门药物研发机构购买通过国家审批的新药成果。我们时常读到一些国内药物研发机构被媒体热炒“取得突破性的、世界领先的成果”、“某种疾病将可以得到根治”之类的爆炸性新闻，但三五年过去仍不见实际的“新药”用于临床，因为那些药大多还是在实验室小老鼠身上发生作用的阶段，到人体治疗的临床应用还有很长的路要走。这需要国家医药行业政策的正确有效引导、社会资源的真实投入，才有可能在将来建立起我们自己的药物创新研发能力。

药物研发的短板带来的现状是，国内制药企业基本上都是仿制药品生产厂。这就是为什么我们常常看到，同一种药品会有数十家、甚至上百家生产厂家，以不同的商品名、不同的价格售卖。与此同时，专利药到期后的仿制审批机制在我国一直没有有效建立；跨国制药公司们的药物专利保护到期后，在国外如果不是立即降价维持原有市场的话，就很快会被仿制药厂商逼到死路；而我们仿制药的低效审批机制和无序竞争状态也给了跨国制药公司不降价或慢降价可乘之机，几乎原研药（Patented drugs）专利到期后都能维持原价继续销售六七年甚至更长。一直以来，国内制药企业为此抗争过，艰苦努力过，但未能改变现状。近些年跨国制药公司在赚取了管理机制缺陷带来的丰厚利益后，又纷纷与国内药企合资联姻或干脆并购本土药企，将自家的过期专利药或品牌仿制药转给他们生产，这就进一步大大降低了原先的生产环节、流通渠道环节和人力的成本，并有助于打开二、三线以下更为广阔的市场，扩大并继续占据市场的主导地位；当然这同时也就更严重挤压了国内药企原有的生存空间。每个药品生产商都想方设法拼命要挤进国家及地方的“药品招标目录”（NBDL，NRDL），进到“目录”的药品都是“价低者先得”而不看重药品品质。因为受到国家的价格严格管控，进了目录的厂商便会在减剂量、减数量、换包装、降品质等手段上大做文章；再不行，就干脆停产；以致最后一些疗效好、价格实在太低的药品不得不退出市场，给老百姓用药带来严重不便。这种恶性循环致使二十多年来数十轮的药品降价改革终未能获得成功，甚至药价“屡降屡升”。2015 年，国家发改委发文，取消部分低价药的价格限制，改由市场决定。但多年来“一管就死，一放就乱”的监管游戏会不会继续重演，现在还很难说。

制药业的“舍本追利”必定要影响到医疗事业的健康发展。经过多次严格整治，本来应该属于“社会公益事业”的公办医院长期依赖“以药养医”的现状，目前正在有所转变，但是国家所能给的补偿投入还是极其有限的。靠着“以药养医”，原来医务人员 70%的收入靠开药得来，而且“收入颇丰”，基本工资只是占个事业单位人头费的名分，关闭了这道“发财”之门，国家不可能给你补上这一畸高的收入差，怎么办？上有政策，下有对策，“开大处方，拿高回扣”已经行不通，很多医院就转向对患者过度检查、重复检查来“另辟发财路径”。过去一个感冒可能要开几百元的药，现在药不能开那么多了，但各项检查费用提高了，一个感冒可能仍然要花费几百元。作为医生都清楚对每个患者的最佳治疗方案，但如果这个最佳治疗失去了利润，医生就很有可能会将其弃置一旁，甚至个别道德心缺失的医生故意过度解释检查指标，恫吓患者以达到进行“过度治疗”、赚取不义之财的目的。健康事业只要牵涉到医生的个人利益，要医生坚守职业道德从管理学的角度说，就会变成为毫无效力的无稽之谈。到今天我们仍没有有效理顺医疗体制改革和维护医生正当收入的合理路径。医生在充满铜臭的商业社会中也难以独善其身，老百姓看病难、看病贵依旧没有改善。

公立医院的体制改革被称为是攻坚“最核心的堡垒”，这个堡垒的“坚固”程度不是一年两年形成的，体制缺陷的弊端给现在的医生群体“创造”了极易获得的既得利益；由俭入奢易，由奢入俭难；想要医疗行业“自降待遇”绝非易事，更何况目前没有一套合理的机制有效保障医生的收入稳定、称心。也正因此，医药界的腐败案频出就不足为怪，上至国家食药监局、国家发改委及其价格司等多位重要岗位官员因贪腐受到牢狱之灾，下到受贿的医院院长、科室主任等屡被曝光。最新的一件是 2014 年 9 月“云南省某医院院长受贿数千万元现金、上百套住房加上百个车位，女儿在医药公司常年吃空饷”案，震惊了全社会。老百姓怎么也想不明白，一个以“治病救人”为己任的医生竟会贪婪到如此丧心病狂的程度！而且我们的监管机制在哪里？非得要贪腐到如此骇人听闻的程度才被发觉、被处理吗？相信这不会是个别案例，医疗领域的“老虎”、“苍蝇”远还没有打扫干净，医疗体制的改革任重道远。此外一直以来大型公立医院专家门诊的挂号资源为“黄牛”、“号贩子”所垄断，“黄牛”们转卖挂号单给真正的病人特别是外地病患，就能够赚到丰厚的利润。其实推行像乘坐飞机、高铁那样的实名制挂号并且不得转让，就能够杜绝“黄牛党”的无良行为，但是到今天没有一家公立三甲医院在挂号环节实行病患实名制的。并不复杂的小改革，医院为什么不作为？医院和黄牛之间有没有不当利益输送呢？该由谁来进行有效的监管呢？

医疗资源配置与患者需求严重的不匹配状态也给众多新兴“助医服务”、“医生联盟”类创业公司带来生意机会，各种“体制外”提供医生多点执业、会诊诊疗、授课培训机会，以及“五星级助医陪护和健康管理服务”的顾问型或“众筹”型小公司，雨后春笋般地冒了出来，一时间生意兴隆。“互联网＋”思维热潮正在推动各行业的创新突破，建立以患者为中心的移动互联网服务平台建设，重新构建病患、医院、医生三者之间和谐生态的可能性及如何实现，是当下最为火热的话题。一些针对常见慢性病管理，如糖尿病、高血压、心血管疾病等的 APP 产品正在试水健康市场，借助这种 APP 平台，慢性病患者可以较为便捷地了解有关疾病知识，优化调整生活方式，自我监控病情状况，一旦异常便于及时就医治疗；医生则可以更方便、高效地了解患者病情的实时信息，及时给予线上建议或进行线下预约诊治。这不仅可以有效预防慢性病引发的并发症，有效降低医疗成本，更可以提高患者的生活质量。不过让传统“经验性”的疾病人工诊疗服务通过大数据应用逐步转由互联网平台提供，医生的角色似乎在被稀释。这一角色革命和重新定位的过程才刚刚开始，但非常值得期待，人们健康保障的新方式有可能从此展开。

这两年取消医生事业单位编制的呼声高涨，医生可以多点执业甚至自由执业的机制正在形成。一边是公立医院越来越重的工作量压力、收入不稳压力、医患矛盾加剧的压力；另一边是民营医院工作相对轻松、自由度高、薪水高并且有保障的吸引，致使公立大医院处于“中坚力量”的医生、护士群体正在逐渐“出逃”，流向条件也不错、企业擅于经营管理的新建民营医院。但是目前阶段这种“流动”远未达到一种平衡状态，一线城市中，公立三甲医院依旧是每日患者排长队候诊、排长队化验检查、排长队付费取药，看个病至少需要半天的时间；而相对地大多数民营医院暂显门庭冷落，医生悠闲地坐等患者上门。民营医院们正在主动出击，不遗余力地挖掘大型公立医院的各方面人才。2015 年 8 月，我国知名呼吸病学专家钟南山院士签约浙江大学国际医院（实为“树兰医疗集团”所属的民营东欣杭州医院），引起业内巨大震动，有人惊呼“钟南山院士终于走出体制外”了，这可能将带动一轮更多的公立医院医生“出走潮”；同时也将改善颇具市场规模的莆田系民营医院群体一直以来太过低端的“品牌形象”，使得民营医院走向能够真正与公立医疗机构分庭抗礼的共舞台。根据国务院发布的《全国医疗卫生服务体系规划纲要（2015—2020）》，“到 2020 年，非公立医疗机构承担的公民医疗服务量力争达到 30%”。到那时，医疗资源的合理分配会给老百姓的就医便利带来根本性的改善吗？一切有利于社会大众生命、健康保障和改善的措施都是值得期待的。

经过多年的不懈努力，“全民医保”的目标正在逐步成为现实，虽然保障力度还不是很理想，大多数偏远农村的医疗保障水平更是还很低。其实医疗保障制度的改革在世界上任何国家都是一道难题。在美国，奥巴马的《医疗保险改革法案》仍在与国会的艰难斗争中没有进展；在欧洲，各国政府面对快速增长的医疗负担寻找着各种改善方案，包括积极宣传健康生活理念，支持家庭照护计划。我们针对城镇职工、城镇居民、事业单位的现行医保体系建设日渐完善，但“新型农村合作医疗保障制度”对农村及贫困地区人口的覆盖力度仍嫌弱小，并且那里假药、劣药仍旧普遍存在，监管力量难以到达；因病致贫、因病返贫现象在农村以及城市低收入家庭仍没有得到很好改善，特别是在某些受工业污染严重的乡村，近些年来癌病高发、死亡率增高现象仍比较严重。要满足 13 亿人的基本卫生健康需求难度极大，但政府和全社会都必须清楚一点：事关民生福祉和民生根本保障，我们没有别的选择，只能知难而进。

综合来看，医药行业目前的问题是体制不完善、法规不健全、改革措施不得力、医疗人员群体没有改革动力及意愿等诸多因素造成。与此同时，在药品审批方面存在的问题也日益突出，国内制药企业申请资料质量不高，审评过程中需要多次补充完善，也是造成审批低效率的原因之一。仿制药重复建设、重复申请，市场恶性竞争，现有仿制药质量与国际先进水平存在较大差距；临床急需新药的上市审批时间过长，药品研发机构和科研人员不能申请药品注册，影响药品创新的积极性，等等，诸多问题亟待有效解决。健康是社会大众的民生头等大事之一，医药行业永远是朝阳产业，必须有序健康地发展。在帮助国家的医疗体制改革、完善健康保障制度建设、促进大众健康意识提高及疾病预防治疗水平提升等宏观层面，制药企业公共关系仍有很多发挥作用的空间。

制药业的公关必须是行业性整体的大公关，一家一户企业的单打独斗形不成促进改善的有效气候；在日常工作和企业的业务运行中，制药行业公共关系人员还要面对非同行业齐心协力不能改善的诸多困难和困扰，诸如：

- 医药代表工作模式不被政府和社会认可；
- 药企决策者们在社会的浮躁下不能自已，动摇了“以人们健康为己任，致力于提高人们生活质量”的善良初衷；“为股东创造利益”变成为他们唯一追求和动力；
- 新药研发难度加大、风险加大；一家推出的新药越来越会受到同行和仿制者的迅速“围攻”；
- 专利药营销模式正在全世界范围受到挑战；
- 强烈的药品降价呼声来自政府监管、媒体、社会公众及病患等广泛的利益相关者；靠企业“内部价”帮重点客户购买亟需药品来维护公共关系的策略不再具有可持续性；
- 重度及特殊病种病患在增多，医保支付能力还很有限，患者的经济压力存在向药企转嫁的风险；
- 近些年来大规模流行病的爆发和传播正逐渐成为常态，药企“对症治疗药物”的研发能力不足和严重滞后；
- 制药企业并购事例增多，外企与内企员工的文化融合挑战很大；
- 大型跨国制药公司管理团队不稳定，中国区总裁、总经理两三年一换正成为常态；
- 公司总部对中国“新兴市场”战略面重视但投入更加谨慎；

• 政府深化医疗、医药体制改革激烈进行中，但根本性的扭转还有待时日；医保待遇按人群分类的不公格局尚难打破；企业公关不宜过度作为。

二、卫生用品行业

这里的卫生用品(Hygiene products)包括了婴幼儿、妇女及成人用的个人护理、洗浴、纸巾、卫生巾、纸尿裤等护理用品类；化妆品(Cosmetic)属于卫生用品下的个人护理用品(Personal care)类别，在食品药监部门已经有了相对来说比较成熟的监管系统。非医疗类卫生用品过去归属“轻工业部”，即现在的“轻工总会”管理，相关产品标准尚未转换到卫生或食药监系统下。化妆品行业的全国性协会组织是“中国香料香精化妆品工业协会”，从名称可以看到过去监管制度的历史痕迹和品类的市场归属划分。卫生用品是人们日常生活接触的大品类之一，品种繁多，市场广阔，生产企业众多，流通渠道复杂，监管难度也相对比较大。

近十多年来，婴幼儿用品(如配方奶粉、奶嘴、奶瓶、婴童服装等)在市场上频频被曝光质量问题，社会对监管部门不尽如人意的工作效率反应强烈，使得近些年来无论是国外产品进口还是国内企业生产，申报婴幼儿洗护和护理用品许可证的难度日益加大，加上孕产妇适用的护理和化妆用品，都被要求按照“特殊化妆品”的严苛审批流程进行申报；大型跨国公司和国内小型企业一视同仁，申报需要提交的文件已经可以比照药品申报的内容涵盖了全部，特别是每一个添加组分和有害成分控制的工艺文件缺一不可。

个人护肤用品(Personal skin care)是化妆品类别中发展最为迅速的重要部分，随着现代人生活品质的不断提高，人们对皮肤养护的需求日益要求高。护肤产品已经涵盖了婴幼儿、各年龄段的女性及孕产妇、男性、老年人等各个群体，普通护肤、特殊护肤、季节性护肤、功能性护肤等等应有尽有。护肤类化妆品生产商为了市场推广的需要，习惯于“制造”产品卖点，夸大产品的“有效成分”和使用效果，甚至一些大品牌打着“药妆”的旗号虚假宣传，钻法规和相关标准缺失的空子。这多少都有些“误导”消费者。近年来，有关化妆品、护肤用品致严重过敏和其中有害成分造成人体伤害的事件、涉嫌夸大虚假宣传的报道不绝于耳，特别是如强生、宝洁、雅芳、欧莱雅等一些“大牌”产品，也会接连而并非无辜地“中枪”。这也应验了公关行业的共识：越是大牌名牌，越是市场上易于得到的商品，遇到的投诉、危机事件就越多。不少低端无品牌的化妆品和“美颜护肤品”一向鱼龙混杂，为了降低成本和看似能够“养颜”，使得皮肤色泽诱人，很多厂商会添加香精、色素、防腐剂，甚至为了让皮肤“白嫩”而非法添加一些诸如“氯倍他索丙酸酯、氢化可的松、曲安奈德醋酸酯”等激素成分，长期使用会对人体皮肤造成病变损害。国家食药监局的曝光查处屡见报端，但似乎总是无法根绝。一位业内人士说了句良心话“化妆品不是药，如果用了以后有立竿见影的效果，反而要特别当心！”我们当前的有效监管还未能深入到二三线城市市场，那里的监管力量极其薄弱，假冒伪劣现象更为严重，消费者投诉维权难度更大。

妇女用卫生巾和婴幼儿及成人纸巾、纸尿裤(Paper diaper)产品一直以来都是归在“生活用纸”类别下管理，虽然今天的卫生巾、纸尿裤中已经几乎不再有“纸”的成分；产品标准依然由“中国造纸协会生活用纸委员会”负责制定和修订，市场监管由质监系统和工商系统同时负责，分工不分家。质监系统技术水平和执法能力较强，往往也是产品标准制定的参与者，能够与企业就具体产品质量问题对话讨论；工商系统因为没有产品检测能力，一般都是委托有资质检测机构代为检测，在具体案件的审查中，对技术性指标的认识和理解能力有限，因此企业在与工商部门就产品质量问题的标准解释、申辩中往往是“秀才遇到兵，有理说不清”。近年来消费者协会也呼吁将湿纸巾类产品划归到化妆品品类管理，以提升监管级别。因为“轻工标准”的背景，即便是严重失禁患者适用的妇女和成人用纸尿裤产品也无法进入医疗保险报销体系中，医生不能开处方，患者不得不自己购买，除非你住进了“护理院”，可以享受一定比例的报销，但一出护理院就不再享有。这种过时的行业属性和监管制度的混乱状态，非常不利于整个卫生用品行业的健康发展，必须尽快理顺。

针对行业自身和市场的诸多不成熟，卫生用品行业的企业公共关系应当着力于：

• 本公司产品的品质保证，应当督促生产和质控部门严格遵守"准GMP"的规定，把好每一道质量控制关；对产品质量问题的投诉，以利于消费者为出发点进行快速、有效的处理，勿要慢待忽视，非得要到造成危机事件的时候才劳神费力地"灭火"；护肤及化妆品近些年来多起危机事例已经证明，这种"火"足以在很短时间内烧毁掉一个品牌。

• 积极参与和联合各方资源，如行业协会、欧商会、美商会等，说服国家有关监管机构，实事求是、科学合理地改进并完善产品申报审核制度，明晰监管职责和监管执法程序，建立政企间的双向沟通和谈判机制，促进政府部门"服务于企业"的定位和职能的完善。

• 企业应多开发相关社会责任项目，教育更多消费者科学、正确地认识和使用护理产品，培养对品牌的认知和喜爱直至忠诚。通过有针对性的社会公益项目树立可持续的企业品牌形象，赢得社会的尊重。

• 与相关研究教育机构合作，开展护理用品科学知识的公益性普及，引导正确的消费观，提高人们的自我保护意识，形成健康有序的市场环境和防范机制，自觉杜绝和抵制假冒伪劣产品的泛滥。

三、食品与餐饮行业

"养儿防老，积谷防饥"、"民以食为天"，其实都揭示了一个我们不大情愿承认的历史和文化事实：中国人对"吃不饱"的忧患根深蒂固（或是我们对吃的重要性的理解领先于其他民族）。这来源于我们华夏民族以农耕为生的原始社会形态，无论何时，解决"吃"的问题都是首当其冲的，并且只要有任何理由就一定要用"吃"来犒赏自己和亲朋。"吃"对于中国人来说是"天大的事"，几乎每个人都逃不脱诸如新出生婴儿的满月酒、周岁酒，之后的生日宴、升学宴、升官宴、节日宴，等等。"吃事"绝不可马虎对待，因此食品出现任何问题，都毫无疑问地会立刻引起人们的恐慌和愤怒。解决了温饱之后，中国人对食品和餐饮业安全性的担忧在改革开放之前并不明显，那时的食品总体上是值得信任的、安全的；但近二十年来，"苏丹红"、"吊白块"、"毒水饺"、"瘦肉精"、"三聚氰胺毒奶粉"、"牛肉膏"、"地沟油"、"塑化剂"，以及假酒、假烟、假饮料等事件层出不穷，米面油醋酱、肉蛋奶菜茶，基本上全无幸免。这严重挫伤了全社会对食品自身的安全感，和对市场有效监管的信心。今天还有谁敢说你吃的食品是完全可以让人放心的？

人活着每天都离不开各种食物，但现在几近失控的食品安全问题无时无刻不在"锤炼"着人们已经很脆弱的神经，以致人们的反应渐由无奈变为麻木。人们对食品餐饮业的不信任感覆盖了从食材的源头采集到餐桌上品尝的全过程，比如人们会不由自主地担心：

食材安全：有没有农药、抗生素残留？有没有受到过污染？是不是假冒有机或天然产品？是"激素"牛肉吗？是"病死猪肉"吗？是"垃圾场猪肉"吗？有没有添加非法添加剂？有没有被特别人工处理过？能保证腐烂食材没有继续用吗？有采购可追溯记录吗？

清洗加工过程：如何有效清洗的？经过卫生检验吗？有没有交叉污染？能保证生熟分隔吗？能保证杜绝不洁食物吗？加工场地卫生合规吗？有监控保证措施吗？

烹饪过程：食用油的来源可靠吗？老油会重复使用吗？有加人工增香、增味剂吗？糖、盐、酱油、醋等各种调味料是合格正品吗？厨房间的卫生合乎规范吗？怎样保证菜中不会落入苍蝇、蚊虫？厨师对要求重新处理的菜会不会做什么手脚？

餐具卫生：是否认真清洁消毒过？处理加工点是不是非法的地下作坊？特别是那种塑封包装的全套餐具。

餐厨垃圾：有指定专门的餐厨垃圾处理公司吗？有过程严格监管吗？能保证地沟油不会流回到餐桌吗？

监管效率：我们有有效的监管吗？为何很少见到哪家饭店被监管部门处罚关闭的？对小饭店、大排档之类的有真正的监管吗？是该食药监管还是城管管呢？为什么我们总是看到城管要么暴力"冲摊"，要么玩"猫捉老鼠"的游戏，这是规范的"监管"手段吗？

食品安全问题可能来自产业链上每一个环节，就看商家能否坚守做人的道德底线。食品问题是人祸，绝不是天灾；对那些对生命健康毫无敬畏心，人为制假、添毒的不法之徒，非施以重典而不能杜绝之，监管部门必须采取最严厉的执法行动予以坚决治理。

然而我们也应当警惕另一种声音，个别媒体为吸引眼球故意制造耸人听闻的事件标题和事端，误导公众。比如：肯德基冰块的卫生指标不合格，就非要安上“肯德基的冰块比马桶水还脏”的骇人标题；星巴克等在糕点中添加偶氮二甲酰胺作为原料改性剂，这在相关国家标准《GB2760－2011食品添加剂使用标准》中是合法的，并有含量限制要求，但“星巴克承认在中国所售糕点含致癌橡胶鞋底原料”这样的标题足以勾起你的恶心，你还有勇气吃吗？某一省级电视台不经严格确认核实就曝出“用废纸箱做肉包馅”的轰动新闻，事发数日后经公安刑侦确认是栏目组记者人为造假，电视台才公开道歉。本来不是什么特别重大的食品安全问题或事件，却故意用容易引起读者反感的标题和“比照写法”哗众取宠，甚至人为编造假新闻。这类“曝光”、“揭露”反映了个别媒体记者或爆料人极不健康的心理和人格缺陷。一些主流媒体和其所属网站也不加分析地跟进转载，更有很多人不分青红皂白、人云亦云地跟着附和、声讨，甚至辱骂。这些都真实反映了我们这个社会部分人群心态的严重失衡和独立人格的缺失。

集团餐饮外包服务现在越来越成为大型机构和大型活动等的选择。法国索迪斯（Sodexo）和美国爱玛客（Aramark）为学校、医院、企业、养老院、政府机构、大型公共活动等提供团体餐饮外包业务，是现在全球规模较大的两家专业集团餐饮提供商。这种专业餐饮服务在欧美市场比较普及，尤其是对以上的各类机构及大型社会活动或体育赛事的饮食需求。让专业的人做专业的事，这对甲方客户和乙方服务提供商都有利。服务提供商有成熟的业务流程及人员管理系统，根据业主方的需要量身定制餐饮服务解决方案，可以大大减轻业主方的负担，便于管理，降低行政及用工成本，同时为改善和提高员工的福利待遇创造可能。本着“一店一证”的监管原则，单位食堂等非对外营业餐饮场所（即甲方）必须获得“食品卫生许可证”和“餐饮服务许可证”，工作人员需有“健康证”，如果对外服务与否界限不清则还需要办理营业执照。但服务提供商（即乙方）是否也应在当地申请营业执照，尤其是对在一个城市服务于几家不同客户的，一直较为模糊，地方工商或食药监监管的尺度差别比较大；对乙方来说，其服务经营场地随甲方条件而定，甲方具备了开食堂的资质，其业务是"提供厨师及餐饮服务人员的驻场服务"，只要公司有经营执照、服务人员都有"健康证"就可以了；再要在服务当地每个点都申办营业执照就等同于设立多个地方分公司，涉及地方的工商、税务、食品卫生监督、城建城管等多头管理以及苛捐杂税一个都不能少，也烦不胜烦。也因为处于监管的"模糊地带"，这种"资质"要求全国没有统一。

餐饮行业的公共关系一直以来并不活跃，除非是大型酒店或大型连锁餐饮公司会有公共关系部门，绝大多数中小型饭店都不设这个功能。预包装食品类公司，因为是工业化的生产流程，具有一定的生产、销售和市场规模，加上现在食品类市场的危机事件频发，企业公共关系是必不可少的支持和保障功能。食品行业出现任何问题都牵一发而动全身，没有谁能够隔岸观火做旁观者，不能认为同行的危机与己无关，说不定哪天火就烧到你的身上。加之近些年来，食品行业的问题和危机发生已经没有大企业和小公司之分了。食品行业的危机事件明显多于其他行业，危机公关难度和压力也要高于其他行业，食品类企业的公共关系被业内戏称为"高风险职业"。

2013 年以来，台湾顶新集团下属企业使用"黑心油"、"馊水油"、从越南进口"饲料油"做食用油等事件在台湾接连被揭发曝光，顶新集团前董事长因此被拘捕，企业不得不退出全台湾的油品市场；2015 年再次被以"灭顶运动"之名在台湾受到民众强烈抵制，康师傅方便面等在大陆的业绩也深受影响，销售明显下降。在这种状况下，顶新及所属康师傅品牌应该如何回应大陆消费者的关切呢？我们看到的是几度与台湾市场迅速"撇清关联"，强调"在大陆使用的动物油绝对没有问题"，并会"对散布谣言、恶意中伤者，将严肃追究法律责任"云云的公司声明，完全将企业置于消费者和社会公众的对立面。2015 年 10 月，康师傅状告"第一财经传媒"不实报道侵权并要求巨额赔偿一案被判败诉。在台湾接二连三地被曝出使用非法油品，在大陆你是如何保证完全"遵纪守法"的？你怎么让大陆消费者相信你真的无辜？产品原料真的安全？在这种局面下高调的危机公关显然不合时宜。主动公开全部事实依据，亮明公司负责任的态度，主动请求监管部门监督检查，是公司现在能做到的。接下来就应该耐心地捱过这段艰难时日，让事实和时间证明自己的清白。若非如此，公众对你的疑虑不会消除。

四、乳制品行业

将乳制品（Milk Products）从食品行业里拿出来单独讨论，是因为它太过重要了。乳制品正日益成为食品行业中举足轻重的大类，产品上分为液态奶、奶粉和奶酪制品等三大品类，其中鲜奶和奶粉作为常规奶制品在老百姓消费中最为常见，市场普及率高，食用人群广大，受到公众的关注也自然最多。

有些人可能有过这样的经历，在新西兰、澳洲或者荷兰、德国等欧洲国家旅行，时常看到在天蓝水清、和风煦煦且绿油油的大片草地上，一群奶牛慵懒地、悠闲自在地吃着草，甚至有时还伴有舒缓悠扬的音乐荡漾在旷野上。我们会不由自主地感慨，难怪他们的牛奶品质这么好，原来是奶牛的“心情”好。反观我们的奶牛养殖业，即便是一些大型奶制品公司，也是把成百上千头奶牛圈养在封闭的养殖场内，离很远就能闻到牛身上的气味；私人的小型奶牛场条件更不用说。我国的奶牛养殖业总体来看比较分散而且规模小，尤其在北方几个省，几头或几十头的小型养殖户是新鲜原奶的主要来源，每天鲜奶收购商或大型乳制品公司的奶槽车会定时上门收集鲜牛奶；分散经营的奶农们在这条产业链的第一道关口，是否能够凭着良心生产合乎标准的原奶，不随便添加不该添加的东西，要做到有效监管绝非易事。这种担忧在“三聚氰胺事件”后促成了众多大型乳制品公司不得不自建奶牛养殖场，通过规模化、现代化的养殖管理，改善奶牛养殖条件，来保证新鲜原奶品质的可控。但我们目前的现实是，全国各地还有众多小型的家庭奶牛养殖场存在，数量很大但都不成规模，并且鲜奶销售利润空间常常受到大型乳制品公司的严重挤压，个人经营风险极大自不必说，对他们的日常生产监管也仍然是个难题。

现在国内市场乳制品产品的竞争已呈白热化，近些年国家对进口鲜奶及奶粉不断降低关税，使得从主要来源国进口的鲜奶和奶粉价格不断走低，同规格的鲜奶价格已经近乎国产品的一半，这对广大消费者来说是件大好事，但对国内以鲜奶为主业的几家大型乳制品公司和广大的小奶农来说是严重的利空。有的企业不得不考虑走出去，和享有良好声誉的主要原奶生产国建立合资合作关系，以谋求转变供应链模式，渡过难关；而国内大大小小的奶牛养殖场将不得不面临生存危机。我们同时也看到，主要婴幼儿配方奶粉(Infant Milk Formula)公司的降价步伐未见加快，特别是几家占市场主导地位的跨国奶粉公司。十年间，奶粉价格几乎年年涨，从几十元一罐已经涨到两三百元甚至四百多元，商家一直处在“暴利的狂欢中”，并且组成“价格联盟”左右市场价格。虽然多次遭到国家发改委的“约谈”，甚至受到上亿元的高额“反垄断处罚”，也难以改变这些商家唯利是图的本性。奶制品的市场价格已经是全部放开的，因而理论上不存在政府对价格的管控，但基于市场价格主导机制还不够健全的现实，价格随市场变化的合理波动还存在人为随意性，商家的道德自律意识仍然淡薄，销售行为有欠规范，政府根据市场和消费者公众的反应进行必要的价格干预，还有存在的必要。

乳制品全产业链的每个环节都必须采取更为严格的监控和质量保证措施，政府监管压力以及监管投入都在逐年增加，否则从原奶采集到消费者食用过程中，那些“肉毒杆菌”、“双氰胺”、“碘超标”、“三聚氰胺”、“回收奶再加工”、“第一口奶”、“价格垄断联盟”等安全性无保障和监管不力事件还可能会重演。作为“高风险行业”的奶粉公司，其公共关系不得不面对政府监管、行业重组、品牌信誉、产品质量和消费投诉等诸多方面的压力，一时恐怕也难以缓解。

五、造纸与纸制品行业

我国的造纸行业过去归轻工业部直管，1993 年轻工业部撤销变为轻工业总会，成为国务院的一个直属事业单位，行业垂直管理功能不再继续。因此造成我国现在的造纸行业的现状是，行业发展规划由国家发改委、工信部和国家林业局来研究制定，造纸生产技术、贸易由工信部、商务委、环保部、质监局等分别管理，原轻工部负责制定的产品国家标准仍在轻工总会负责下修订更新，涉及与卫生、食药监等部委标准有冲突的历史问题目前尚无调整机制。比如成人纸尿裤的相关国家标准，在轻工行业属于具有卫生功用的生活用纸品类(Household paper product)，在卫生行业则属于医疗器械类(Medical device)，两方面的分类不同，执行标准也不同。要想在我国现有医疗器械类别中加入成人失禁用品(纸尿裤等)，产品标准就必须改由卫生系统(食药监)为主导来修改制定。这种角色转换或是“利益转移”具有相当难度，食药监的人也不愿意“得罪人”主动作为。我国现在失能、半失能老人就有 4 000 万，且每年在增加，更不用说其他有失禁问题的人群了，尤其是女性。失禁是一种脏器功能性疾病，在欧美发达国家，中、重度患者使用失禁护理用品可以享受医保支付购买；而在我国，现在将成人纸尿裤归入医疗器械类都难度极大，更不用谈失禁产品归入医保目录了。笔者曾就此事询问过国家食药监相关人员，回复是“暂无时间表”。不过在个别省份，地方食药监已经先行“批准”了个别品牌成人纸尿裤的“药械字号”批文，如果把这看着是在倒逼政府监管部门加快体制改革，推动行政作为，虽然合理但不符合现行法规。

中国造纸行业自“第十个五年计划”以来，就推行以“林、浆、纸一体化”作为行业发展的主导战略。在强力“关、停、并、转”小而散的造纸厂，鼓励规模化、集团化发展的同时，要求在拥有自己的林地资源基础上，进行制浆、造纸(Pulp and Paper)生产的一体化模式发展，并在“十一五”期间掀起了造纸行业的并购高潮。造纸产业纷纷向拥有林业资源的东北、西南、华南地区及山东、宁夏、河北几个产业传统大省集中靠拢，甚至西南有的省划出大片土地“引进”国际大型造纸公司开垦新林地，大规模种植经济效益可观的“速生丰产林”树种——桉树。桉树作为制浆造纸最为经济实惠的原料，一直为国际造纸巨头所推崇，但如果不能科学地造林、管护、抚育，集约化人工造林的桉树林对地下水和土肥的“超能吸收”会带来土地失水退化和贫瘠化的不可逆恶果，因此科学地管理养护非常重要。目前西南某省的大规模人工桉树林已经进入收获季，希望当地政府和企业能够科学有效地管理好这些人造资源。实际上，国内外造纸行业也一直在努力探索开发新的制浆、造纸原料，竹子、麦秆、稻草、芦苇等都经过了多方验证试验，但跟木材相比，它们的纤维品质较差，纤维长度大都不及树木的一半；并且灰分含量高，是树木的数十倍，环保处理难度和成本都比较大，难以做出高品质的纸张产品；因而想作为常规造纸原料得到大规模使用一直没有根本性突破。还有人用石头作原料造出阻燃性、防水性较高、高环保效益的纸品，这对一些特殊行业的小众用途纸品不失为一个好选择，但也一直没有形成生产规模。回收纸用作再生纸原料一直存在，但理论上这类原料的市场来源是“递减的”，且成分复杂，处理繁琐，环保要求高，“成本效益比”不比原木浆造纸来得划算，因而各大造纸公司很少将回收纸作为主要原料来源，除非有包装制品业务单元(Packaging Product)。但近些年，国外从环境保护角度对回收纸的再利用一直热度不减。回收纸作为原料有着高纤维含量的优势，用回收纸做出的各种生活、办公及公共设施用品随处可见，并且产品越来越丰富、精致，广受欢迎。愿我国资源再生行业的步伐也能够再加快些，这会是一项多赢的事业。

我国现在的造纸业态正在走上规划的稳定轨道，产业向规模化集中，小型造纸厂逐年减少。因国人用纸习惯和市场成熟度的局限，纸制品市场现在为几个民营起家的大型纸品公司瓜分并呈饱和状态，尤其是生活用纸类产品。各类生活用纸在市场上应有尽有，企业生产技术和能力都在直追国际先进水平，但源于厂商对成本效益的精打细算，纸品质量普遍一般。国际品牌如金佰利(KC)、金光(APP)、国际纸业(IP)、王子(Oji)、爱生雅(SCA)等目标定位在中高端市场，竞争也非常激烈。但市场消费选择的现实迫使他们不得不放下架子，修改策略，也向中低端开拓。号称欧洲最大纸业和卫生用品制造商的瑞典爱生雅近来已“无心恋战”，将大中华区业务及旗下颇具国际影响力的一些知名品牌，悉数转卖给了民营企业广东维达，以图通过资本融合占据中国市场主导地位。每年“生活用纸协会”都会邀请国内外造纸及纸制品企业参加“生活用纸年会”。因为“轻工背景”的历史原因，这个年会多以最新造纸技术、设备展示，商贸及 OEM 合作机会提供为主要内容，推动造纸技术更新为动力，参展商多是生产制造企业；纸制品终端使用者的"外延意义"难以体现，产业外关联到的利益相关者一直较少参与。

每年关于纸巾、卫生巾、纸尿裤等纸制品类产品的媒体和消费公众挑战大多集中在关于纸制品的原料来源及成分、是否卫生合格、是否含有超标物质的疑虑；直接接触食物的纸盒、杯碗等中荧光物质含量、酸碱度、细菌指标、物理性能及标识等在国家及地方抽检中是经常出问题的项目。特别是很多中小规模的造纸厂和纸制品公司，为了人为"提高"纸品的白度感官，肆意添加有害化学物质荧光增白剂；用回收废纸制造餐巾纸巾，处理又不彻底等，问题比较多发。这些问题并非行业或产品的固有缺陷，在严格规范的生产质量管理条件下都应该可以有效控制和避免，消费纠纷处理难度也并不会太大，因此造纸及纸制品业的危机事件相对来说并不高发，企业危机公关压力相对轻于其他敏感产品类。纸品行业中，市场监管部门就产品包装标识、宣称涉嫌违法和产品物理性能指标不合格等问题处罚企业的情况较为常见。本人曾经服务过的纸品公司曾有两起"较为麻烦"事件，一是婴儿纸尿裤中发现碎刀片，经调查，是人为故意所致，当事人受到了法律制裁；另一件是一位妈妈称其宝宝用了公司的品牌纸尿裤后出现严重皮疹，蹲坐在工厂大门口数日索要高额赔偿，最后由公安部门帮助妥善处置。也正因此，造纸及纸制品行业的公共关系力量相对薄弱，少有企业对公共关系给予一定重视。为数不多的几家跨国公司设有公共关系部门，主要工作是拓展行业发展机会，开辟新的市场空间，如政府采购和招标项目等。行业自身的能力、水平和品质的提升，国内造纸及纸制品企业自身健全文化的建设，国家行业发展战略和中长期发展规划的主动融入，教育老百姓正确认识不同纸制品的正确使用，比如杜绝餐饮业使用劣质餐巾纸或用卫生纸代替餐巾纸等基本卫生知识的普及等，是造纸及纸制品行业企业公共关系应当关注的重要内容。

六、电子商务行业

有人通俗地解释什么叫电子商务(E-commerce，e-business)，就是把人们从商店、书店、电影院、歌厅等地方拉到电脑前、手机上，在这里购物、消费、娱乐、阅读。电子商务给人们生活的更加便利带来无限可能，人们通过电子商务平台可以更为方便地选择丰富而价廉的商品，采用更便捷的电子支付方式，享受更迅速的送货到门服务，而且这一切都可以随时随地在电脑或者手机上完成。这对我们过去的购物方式是革命性的转变，也必将改变下一代人的生活方式和习惯。相比传统商业模式，电子商务行业充满了激情和创新动能，促进了商品生产制造和流通方式更为合理有效地结合。短短十年间创造了多个商界神话，也成就了无数人自主创业、灵活就业的梦想，受到国内外各阶层老百姓特别是年轻一代的追捧。“开网店”已经正式成为了一门职业和行业，并且“革命性”地促进了我国物流业的迅猛发展。消费方式的改变是如此之快，中老年消费人群一时还适应不了。

我国电子商务业的启动始于20世纪90年代初，为了顺应国际电子信息技术应用的快速发展，国家跟踪并适时制定了一系列促进电子商务发展的鼓励政策。1995年中国的互联网开始商业化，并于1998年实现了基于互联网的电子交易“零”的突破，这一年被称为中国“电子商务年”。自2005年起，电子商务呈爆发性迅猛增长势态，国家有关部门对促进电子商务发展、电子认证、网上支付和现代物流等主题，出台了一系列政策、规章和标准规范，为构建适合国情发展的电子商务制度环境积极创造条件。一时间B2B、B2C、C2C市场交易平台趁势而上，大电商迅速形成规模，小电商层出不穷，高度竞争下此消彼长，热闹非凡。自此，电子商务以“新技术、新方式和新业态”为特点，“人流、物流、资金流、信息流‘四流合一’”为核心价值链在传统商业领域独领风骚。今天的中国电子商务行业，已经成为全球新经济增长方式的标杆，这也是国家政策层面不断促进、维护和积极引领的结果。

现在各行各业都在极力宣扬用“互联网思维”颠覆性地再创新的生活观和价值观。互联网思维以用户的体验为核心驱动，以形式上的免费为手段，以“无所不能”的技术保障为后盾，不断地引领在各个领域的创新。但是热闹之下还应该冷静思考，创新固然必要，创新也不必只来自互联网，对各个产业不管是“互联网＋”，还是“＋互联网”，互联网是一种革命性的、高效的沟通工具，它改变的是人们的沟通方式或业务流程模式，而不应是根本的思维方式，也不可能改变现实世界经济总格局。产业中的人，尤其是年轻一代应当警惕，勿要走入“科技产品宗教”的偏执和迷失中。

目前我国的电子商务行业还存在的主要问题：

一是电商信用体系建设急需完善。假冒伪劣商品泛滥是互联网消费中最为突出的问题，无论对电商平台拥有者还是网店经营者、商品制造者，在法规制度尚不完善的现状下，一些商家唯利是图、道德缺失的行为得不到有效遏制，靠呼吁道德自觉的约束、诚信经营的教育来提高电商环境的“洁净度”绝不可能奏效。其实任何一个新生事物发展初期都会有很多不完善，互联网电子商务还处在发展初期阶段，规矩在立，良莠不齐也是必然。那就应该勇敢地承认问题，并积极采取有效的措施改进，这在制定“电商市场”游戏规则和技术监督手段上做到都不难。并非不能为，是不愿为也。无论是电商还是制造商，通过制假售假获取暴利，都是在给自己戴上永远摘不去的“原罪”帽子。电商们今天不担起责任，明天也逃不过社会的谴责。

二是网络平台资金安全问题突出。人们在网络平台上遭受诈骗的事件越来越多，甚至在不知不觉中，你的个人信用卡或现金卡就可能会被人盗刷、盗用，特别是如果你有手机绑定支付功能的账户。人们明显地感觉到，现在各种各样的诈骗层出不穷，诈骗手段不断翻新；政府监视、防范、打击手段和能力也在不断提高，但是效果不佳。如同诚信体系的构建需要加强对电商“产业链”源头的严管一样，网络诈骗的杜绝不是靠广大用户、老百姓消费者的提防就能够实现，源头在行骗者。以今天的技术手段在确认行骗者的真实身份，查找不法分子作案地点，乃至及时停止资金账户的异常流动上完全可以有效作为，不通过法制手段加强有效监管和加大打击力度就绝不能有效地消除这些社会顽疾。同样道理，这也不是不能为，是监管部门和电商们想不想为的事情。

三是行业监管效能低下。为了电子商务行业的健康有序发展，国家相关行业管理政策一直在积极制定和更新中，但仍不能有效净化电商生态环境，保障互联网的消费安全，监管政策法规的有效执行总是滞后于市场快速发展实际的需要。2008 年，北京市工商局下发了《关于贯彻落实〈北京市信息化促进条例〉加强电子商务监督管理的意见》，意见称网络商店应在工商局注册后方才合法，否则将以无照经营予以取缔。该规定一经发布，引起各方激烈反应，特别是大大小小的电商店主们一万个不愿意，最后只得搁浅不了了之。同样如前所述，对于监管部门来说，找到电商平台上的制假者、贩假者也并不难，难在找到他们后的依法处罚打击上，特别是对假货、劣货的真正源头—制售假货者。这需要遍布各个地方的政府监管部门，如工商、质检、食药监、卫生监督以及公安部门等真正采取有效行动进行查处打击。我们有这么多的政府监管部门为什么不能和寻得着根、找得到主的电商平台携手共治，严厉打击不法商家，共同维护电商生态的健康发展呢？

四是电商的“野蛮生长”给实体商店带来严重打击。大量的传统实体零售店经营越来越困难，甚至形成“闭店潮”。仅 2015 年上半年，全国就有接近 200 家实体零售百货店关闭。相比电商平台，传统的实体零售店由于经营模式落后，各项成本持续上涨；业态交替和网购兴起，致使顾客数量下降严重，效益滑坡明显，入不敷出的压力在持续增大，特别是一些原来效益很好、占据城市商业中心地带的大型零售百货店。商务部认为这是经济结构调整和消费需求变化的直接体现，符合零售业的发展规律。因此，建议这些面临关门压力的零售店们要么走联营、自营、自有品牌混合发展之路，要么自主转型创建线上线下融合经营新模式，或者拓展大型零售企业的外延服务功能，多业态经营；不主动顺应形势转型，“闭店潮”必然要来。对于传统零售商业来说，“狼是真的来了”，不变革就会走上死路。然而电商业态的发展也应当有相应的规划，不能无限制地无序“疯长”。一个良性的国家商业格局应该是电商、实体零售店、综合连锁超市、品牌专卖店、购物中心综合服务体以及社区便利店等各种业态的平衡有序、同生共存。既要促进商业的可持续繁荣，又要顾及从业者的就业需求，稳定社会和谐大局，商业事关乎社会民生的根本利益和社会稳定，政府政策切实有效的引导作用不可不察；商务政策部门更应该放眼全局，引导行业有序竞争、健康发展。

电子商务虽然身处“少年期”，但生长迅速，对各方面的“营养需要”也很旺盛，需要在社会实践中不断磨练成熟。目前的各大电商逐步设立了公共关系功能，但功能发挥作用的机制尚不够成熟。原因在于行业本身处于成长初期，领军的电商们还没有建立起长远发展的坚实基础，创始人和投资人之间的关系并不牢固，电商品牌和业务的整体易手时有发生，今天的繁荣很可能在一夜之间就会失去。电商大佬们心态尚且不稳，何谈建立企业的健全发展机制。这就造成在发生行业性矛盾或经营问题时，有的电商公关部门和公关人只能唯电商自身利益是图，将问题全推责于外部因素，甚至站在消费者对立面，挑战国家法律法规。“我已经这样做了，有几百万、上千万人在我的平台上就业呢，你看着办吧 ”，一副耍无赖的腔调。这不是公关，而是充当电商企业的打手。这样的公关思维和战略不利于电商行业健康和谐的发展，更不会带来行业的持续成功。电子商务行业的公共关系需要尽快成熟起来。

七、养老行业

我国的养老事业（Elderly care）起步晚，政策法规、社会保障体系和手段都缺失严重，政府应当承担的核心作用和主导责任长久以来落实不力。面对来势汹涌的人口老龄化大潮，我们的各项准备还远没到位。“十二五计划”中确定了“居家为基础，社区为依托，机构为支撑”的社会养老体系建设原则。北京市和上海市更是早就分别制定了“9064”和“9073”养老服务格局战略，即让 90% 老人居家养老（Home care），7% 或 6% 老人社区养老（Community care），4%或 3%老人以机构养老（Institutional care）为主。但从我国人口老龄化的发展看，即便是这样的战略格局下，机构养老能够解决的高龄、“三无”和失智失能（Dementia and disabled）老人的养老保障也还是远远不够的。

面对高龄老人的健康、生活照料需求，北京等地采取“阳光普照”政策广范发放“助老服务券”，老年人是人人有份，可以用来购买日常生活用品，也可以购买市面上为数不多的护理、照料服务。但在实际使用中，老百姓都不太愿意把补贴花在购买护理服务上，都希望这块服务该由政府埋单。在

"京、津、冀"协同发展战略的鼓舞下，北京市还将加大政府在财政上的支持力度，制定多项补贴政策，扩大社区养老服务的覆盖和辐射范围，改进现有养老机构的运作效率，鼓励三地养老协作，全方位解决和改善养老事业发展的政策"瓶颈"。这会是一项巨大的系统工程，牵涉到多个责任部门的协调，可能需要相当长的时间才能够实现。上海等地试验推动"医养结合"、"医养融合"新模式，但这一模式必须在卫生和计划生育委、民政、人力资源和社会保障、财政等不同部门的合力推动才有可能实现，也不是一件容易的事。

养老护理人员(Caregiver)缺口严重，多年来一直是民政系统和整个养老事业面临的大问题，但直到目前还没有有效的国家政策鼓励养老护理员队伍壮大发展。根据民政部的通报，目前我国现有养老护理员约 22 万人，其中持证护理员仅 2 万多人，社会实际需求约 1 000 万，所有城市养老机构都缺少合格养老护理员。目前我国实有养老床位约 552 万张，每千名老人拥有床位 26 张。"十二五计划"确定今后的养老院特别是公办养老机构主要是接收"三无"、失智、失能半失能的老人，而目前失能半失能老人总数就有 4 000 万，"一人失能，全家失衡"，意味着 4 000 万户家庭生活已经受到严重影响；机构床位数远达不到照顾多数需要高护老人的需求，养老护理员的数量和照护技能水平也严重不足。一线城市中，现有护理人员来自农村的"4050"妇女仍是主力队员，比如北京市主要依赖全国各地的外来务工者，上海市的来源则由过去的"苏、皖、赣"变成"陕、甘、宁"。护理员文化水平普遍低，缺乏专业培训，并且薪资待遇低，常常留不住人，也一直困扰着公办养老机构；民办养老机构则一直虎视眈眈，随时打算用高薪挖走公办机构中业务能力强的护理员。

长期以来，公办养老院一床难求，几乎每个城市市区内养老机构都有数十甚至几百位老人排队等待入住；而位于城郊的养老院，无论是"民非机构"还是营利性公司，几乎都存在床位的大量空置现象。究竟该如何充分调动起各类养老机构的有效利用，解决一头排队还挤不进去，一头长期空置没人愿意入住的矛盾？近年来，各级政府在积极研究探讨机构养老服务中，引入公办民营或公建民营的"PPP 模式"(Public-Private Partnership)，希望在所有权和经营权明晰的基础上创新运行模式，引入社会力量盘活现有各类养老资产。有些大型企业正在城郊或更远地区建设颇具规模的“养老社区”、“国际养老健康城”，并宣称会在养老设施条件、管理服务、医疗和生活便利、专门交通支持等诸多方面做全面考虑设计。

养老事业空白还很多，可以做的事也很多。养老不是简单地给老人提供住的、吃的、喝的，生病时有医生给看就行了。老年人的需求是多样的，他们和我们常人一样有对亲情的依赖，有对精神和文化生活的需要，有对高生活品质的向往，有发挥余热的热情，有“做个有用的人”和实现自我价值的愿望。但是我们今天为老年人能够提供的服务、保障和关怀还远远不够，特别是那些亟需照料的无自理能力的病患老人。现有的养老设施在功能上还应该更加细分，以针对性地服务于有不同需求的老年人群体。在当前各项重要的“顶层设计”尚不具备的情况下，各路致力于养老事业的“英豪”们各显其能、四面出击。虽然暂时还不能形成良性的运行发展模式，但在资源为王的市场现实下，先“跑马圈地”占据各个渠道及终端平台，“有准备地”迎接自上而下的政府推进；特别是在较易推广的老年服务辅助器具开发、养老机构ICT管理平台建设等方面，这是目前养老事业“火爆”的根本驱动所在。培养专业的养老服务运营品牌也是当下亟需；养老事业必须回归服务本质，任何创新都不能靠空谈“概念”、讲“故事”来真正推动；把养老推给家庭、推给子女是政府不作为、懒担责的不负责行为；家人和子女有义务尽孝，但政府更应该担起社会制度保障和全民福祉体系建立的关键责任。政策面前，公办和民营待遇不平等的现状严重阻碍着社会化养老事业的发展，亟待体制上的突破。

养老行业的公共关系应更多地放在促进国家社会福利体系的政策完善、法律基础体系健全和国际先进经验引进上，借“他山之石攻已之玉”；结合社会各方力量，脚踏实地，推动每一项工作的改进和创新。同时应广泛呼吁社会各界对养老事业的关注，已经有的条件需要把它发挥得更好，缺少的我们更应力促政府和社会力量尽快建立；养老事业事无巨细，也可以说是婆婆妈妈，无所不及；但事关我们每个人明天的福利，岂可不闻不问！

八、旅游行业

旅游行业有着很特殊的游戏规则(Game rule),即资源和利益的层层分割。比如你从上海出发去西班牙旅游,一般会有组团旅行社一位“全陪”或领队全程陪同,到了西班牙会有地接社从机场接机开始到送机结束的导游作地陪,到某一个旅游城市比如 Toledo,会有当地的地陪在进入景区前上车陪同,再到了某一个景点比如马德里皇宫,会有皇宫景点的专门地陪接待和具体讲解服务;国外旅游、国内参团观光形式上大都如此。作为游客你会有种被“层层转包”了的感觉,然而这就是旅游行业的游戏规则。对于旅行社来说,拉起一个进出境旅游团牵涉到多方面的利益分配,上面各个地接社及地陪、导游、司机要分成不说,航空公司、机票代理、酒店和餐饮、租车等每个环节都要有利益分成;有入境接待资质的大社接下入境旅游团再“分配”给下级城市的地接社,地接社则每年根据接待的人数上缴“人头费”。当然也不是随便哪个地接社都能拿到大社单子的,曾几何时,入境游的配额还是国家级大旅行社垄断的资源,发包权就意味着“发财权”,各个环节都可能有财务漏洞被怀揣私心的人钻空子。目前大陆游客赴台湾旅游仍然受到每日不超过 5 000 人的配额限制,而台湾来大陆的游客已不再有任何限制。

近些年来,中国游客的文明素质在全世界旅游市场屡遭抨击,备受诟病。欧、美、日、韩等中国游客比较喜欢去的国家,一方面为了本国的经济利益,热切地欢迎中国游客的到访和疯狂消费;另一方面也为中国游客文明素质的低下、缺乏教养,甚至一些暴发户们的戾气言行心生反感;香港等地常有发生抵制内地游客的游行示威,甚至攻击内地游客的恶性事件。中国游客在外航上对空乘人员蛮横无理、出言不逊,甚至发生肢体冲突被赶下飞机的事件屡有曝光。部分国人的素质较低,这是不可否认的事实。究其深层次原因,是在追求经济发展与财富积累的同时,我们忽略了优良传统文化和民族精神的重建和传承。我们需要时间来恢复和改善,来进行根本性的重建,来重启适合我们民族精神复兴的新的文明类型;这可能不是一年两年能做到的,可能需要五年、十年,甚至更长。因此,我们迫切需要动员社会各方面力量，加强社会文明意识的教育和引导，加强社会道德约束力的重建，加强法制治理的有效性。同时给自己再多些时间。近些年来旅行社联合航空公司设立了“旅客黑名单制”，以强制手段警示国内部分游客文明出游，遵守法规、尊重他人和自己的人格；这是非常有必要的纠错手段，但相关部门在执行力度上仍嫌畏手畏脚，缺乏魄力。

各大旅行社、旅游公司都设有客户服务部或质量监督部门专门处理客户投诉，如若处理不好，游客可以向当地旅游质量监督管理所或者消费者协会组织投诉；各省、市政府的旅游事业管理委员会是地方旅游事业及旅行社的主管部门、旅游行风行纪的主抓部门。游客因为旅游发生纠纷是日常性事务，旅游公司作为企业也必须要有自身发展的长远规划和战略目标，需要协调内外各方利益相关者资源共谋发展。但现在的旅行社、旅游公司们都没有设立独立的公共关系部门，普遍认为没必要，也没有旅游品牌战略。广大的游客只能凭借旅行社规模的大小来判断服务质量的有无保障，不同旅行社之间的品牌差异、服务质量差异、市场竞争力差异等几乎无人知晓；游客对旅游产品的选择只是依据“去哪里、玩什么和价格高低”来做出决定，至于组织者是谁并不重要；一旦发生旅游纠纷，旅游公司只能被动地调解，并且往往处理工作严重滞后，调解不好就可能受到属地旅游委的处罚，甚至社会舆论的谴责。这些现实说明旅游行业企业的功能建设尚不完善，管理体系有缺失，企业品牌和公关意识还很淡薄，仍然靠吆喝“卖产品”的原始方式来拉动旅游市场。这些都亟需改进完善。

九、广告行业

广告离不开三要素：广告主——需要用广告来推销产品、服务或组织形象的企业、机构或个人，是广告的投入者、拥有者；广告商——广告公司那些辛勤的广告创意、制作和媒体购买、发布者们，出色的创意和广泛地发布媒介资源是广告公司的核心生产力；广告发布平台——各类广告发布的媒介，如电视、纸媒、户外楼面、车身、网络等，一直以来都在迅速地变换着、进步着。三要素本身的变化也是不以人的意志为转移的。在外资潮的第一阶段和第二阶段上半场，成功的广告策略造就了跨国公司们辉煌的经营业绩，广告也成为公司迅速打开市场、占领市场、培养市场和建立消费者群体忠诚度的主要手段，广告投入与日俱增。广告商们伴随着业主方旺盛的需求不断努力制作新颖别致、与众不同的广告产品，不断开发不同的广告媒介和手段，与各类广告发布平台建立战略合作伙伴关系；各类广告平台的利用价值趋于最大化。中国的广告产业呈现一派欣欣向荣、繁荣昌盛的景象，形成一定的“广告文化现象”。但是自第二波外资潮后期以来，广告主尤其是跨国公司对市场变化趋势的敏感性促使其反省广告策略，对传统的广告投放方式带来的效果进行更务实的审视，下滑严重的全球经济形势下，对投入产出比不得不更加看重。近些年中央电视台的广告标王位置很难再见到跨国公司的影子，户外广告受制于地方政府各种“运动需要”的整顿，也不再轻易能够投放；老百姓对电视、报纸、网络等媒体中无休止的广告接受度在降低，甚至产生讨厌和抵触情绪。历来广告的大主顾们，比如宝洁、联合利华等，曾经的广告界宠儿，现在再要回到过去每年数十亿美元、上百亿美元的广告预算已经是不可能了。为了削减市场推广成本，几年前他们就开始放弃了一直以来坚持的广告策略；比如宝洁自 2014 年以来砍掉了 40% 的广告代理商，将节省下来的资金转向数字营销和社交媒体，以及电视剧植入广告等新路径；品牌战略和广告策略都在重建调整。其他行业广告主们在传统媒介上的投入也呈明显的逐年递减态势。微博、微信和各类手机 APP 等新平台和新界面的普及，正吸引广告主们的关注、评价和尝试；微站、微剧等微信传播已经点起新的广告媒介星星之火；如何才能有效加以利用，实现企业的商业目的，正快速地转动着广告主、广告商们的脑袋，新形广告产品和发布方式正呼之欲出。

广告和公关作为企业品牌和产品品牌推广的两大重要手段，相辅相成，密不可分，也不会因为人们认知能力的提高和接受方式改变而失去应有的作用，相反，会主动跟进市场的变化自我更新、自我创新。广告公司“客户服务、创意设计、产品制作和媒介发布”四大块核心业务结构与公关公司的业务模型存在很大相似性，完全具有融合发展的基础。今天的广告和公关已经不可分割地融合到企业整合营销的品牌推广战略中，与市场推广(Marketing)一起成为品牌推广运动(Marketing campaign)最前沿的弄潮儿，容不得你迟疑或退缩。广告载体从平面、户外、灯箱、车身、视频、路演、展会、礼品、赞助，到植入及定制、营销策划、品牌传播、APP运用，等等，一路实现着多样化和全覆盖，广告业态也在不断翻新和丰富。弄潮儿独具的"冲动力"，在鼓舞和鞭策着公关人和广告人与市场推广部门动足脑筋、携手共进，通过匠心独运的广告和公关活动吸引并保留住客户群。但凡你看到大公司办公室的灯经常亮到半夜的，多半都是市场部在和广告公司等开会，讨论方案设计。因此有人说，广告业是最具创新动力的行业，也是最具压力、最能锻炼人的职业，当然也是年轻人充分发挥"冲劲"优势的职业。市场发展今后的趋势应该是公关公司与广告公司更为紧密地有机组合，形成优势互补，以更强的综合实力在市场中展示自己、发展自己，赢得更广泛的客户和公众拥戴。

目前广告行业存在的几个问题：

一是抄袭现象。抄袭是目前我国广告业比较严重的问题之一，也是世界范围的问题。相信大家对此都不陌生，从小时候抄别人作业、抄考试答案，到写论文、写文章、写书抄袭，到设计、制作、创意抄袭；似乎我们的抄袭习惯从小养成，并且在各个领域、各个方面都能看到，已经积重难返，虽然并不是人人都有这个坏习惯。2015年，上海一知名大学为了庆祝建校110年，"抄袭"日本东京大学的原创制作了一部校庆宣传片，在校内外各界人士的广泛批评下，学校宣传部门负责人不得不承认考虑不周并道歉；但对百年名校的声誉造成了无法弥补的损害，给无数以该名校为自豪的学者们、学生及校友们的心灵带来了创伤；这实际上从另一方面也暴露出我们的高校似乎还处于"官僚行政管理"体制下，多年来的"去行政化"改革还只是停留在口头上，高校作为知识传授和学术交流殿堂的自由度还不是很高。

二是本土广告的竞争力不足。整体来看，中国广告从业人员大都具有强烈的个人创业意愿，比较缺乏注重民族和群体生存价值的文化自觉。小生产模式思维较为典型，在市场服务和竞争中往往表现出较强的短视心理，看重短期回报，追逐市场投机，自律意识薄弱。大多数本土广告公司由个人创业而来，在策划创意领域他们可能具有丰富的实战经验，但对于经营管理却并不在行，没有职业经理人机制，公司内部也大都没有相应的部门来规划整个公司的长远发展。相比之下，4A公司以其丰富的服务经验和成就、广泛的社会资源、较强的服务能力、成熟的公司管理运作体系等优势，更容易受到广告主的青睐，并且在市场上竞争力表现强悍；本土广告公司小、多、散的特点，缺乏规模效应并在地区发展间呈现严重不平衡，使得在与广告主和媒体端的博弈中，底气不足，压价竞争是常用手段，缺乏“谈判优势”。广告公司从创建到“养家糊口”再到“过上好日子”并不难，但要提高自身竞争力，晋升至行业的主导行列需要建立很多必要的基础。目前在国内上市的广告公司不足十家，大约一半能够提供综合的广告全案服务；专注媒体购买的本土广告公司已占据近半壁江山。中国本土广告业的实力提升还有待时日。

三是广告服务的同质化现象愈演愈烈。不管是大型的还是中小型广告公司，在服务内容、服务方式和服务水平上正在走向趋同。由于核心专长越来越不明显，广告公司之间往往靠压价抢单，造成自身及行业的利润空间狭小，难以再投入公司的升级发展，更无法积累更多的经验，而这一状况又使得广告公司自身核心竞争力的打造更加困难。其实，处在一个总是变化无常的竞争环境下未必是件坏事，现在的市场推广技术手段日新月异，新的媒介品种不断出现，广告主们也需要时间了解、判断新技术、新平台的商业意义和价值。在这样一个变换的当口，面对新技术、新手段、新平台，无论是大广告公司还是小广告团队，机会是均等的，就看你能不能抓住技术更新换代的契机，觅得先机，脱颖而出。机会始终就在那里，我们的广告业朋友们，不知你们准备好了没有？

四是和整体经济形势发展同步，广告市场也处在不稳定的发展状态，业态的更替不由人定。广告主们直接向媒体购买广告位的趋势在加强，甚至在向受众购买转变。数字化营销和网络、社交媒体、微平台终端推广在企业推广传播中的占比在逐步扩大，精准传播在成为极富吸引力的新趋势；“跨屏整合营销”的时代正在到来，传统广告媒体如报纸、电视端的投放最先受到冲击，效益下滑明显。各行业尤其是FMCG业的广告主战略下沉，越来越重视在二三线城市市场的广告投放，相应地会减少在一线城市的投放力度。我们不妨翻看下各省级卫星电视及中小城市的电视广告，数量和品种都呈"活跃"度提升的状态；但这些广告观众对象趋于老龄化，吸引不住年轻一代人，也是不争的事实。

广告行业的有效监管一直广受非议，"中国广告协会"对广大广告主、广告公司和媒体的服务也一直在改进提高中。广告业的"洗心革面"运动已经到来。2015年9月，"史上最严"的《新广告法》开始生效。这是自首部《广告法》问世20年来最为全面的修改、补充，对广告自身要素以及涉及的各个重点行业应用都做了更多具体的要求和限定。诸如母乳代用品不得在大众传播媒介发布广告，所有公共场所、媒介都不得发布烟草广告，医疗医药及保健品不得利用代言人做推广，对广告代言人的限制更加严苛，学校教材、教具用品、校服校车及活动场所等都禁止有任何广告出现，等等，对互联网的广告管理也将出台新法规。业界普遍认为中国整个广告行业，无论是广告主、广告商和媒介平台都将面临极大的挑战，原来广告业存在多年的"虚胖"和水分将被充分挤出，大批中小广告公司和媒介平台的生存将面临严峻考验；配合国家产业转型升级、创新发展的战略，广告行业也不得不进行深度的自我调整。面对更加严格规范管理的广告市场，企业也不得不重新审视自己的广告策略和制作流程，企业公共关系将面临更多的压力和挑战：因为法规细化的结果使得执法部门的人为理解差异会越来越小，原来诸多"模糊地带"、"打擦边球"做法的将会显著减少，再在"灰色地带"侥幸游走，今后可能将会被一律按虚假广告处罚。执法者的执法程序更为有法可依、更具操作性，因此企业发布任何广告都必须仔细审核，避免"触雷"。今后企业通过关系疏通管卡，制造"人情案"的机会恐怕也会明显减少。但愿《新广告法》在执行效果上会有显著的提高，不给"上有政策，下有对策"者有钻空子的机会；一个干净有序的广告市场有利于社会和谐进步，有利于企业公平竞争。

十、传媒行业

传媒业的生存发展以广告、新闻及信息产品、电影电视、出版、举办活动、网络媒体传播等为主要载体。传媒产业的市场价值取决于其受众的关注程度(发行量、收视率、点击率)、受众注意力的持续性(内容关注度)和有效人群的选择(目标读者观众人群),通俗地说是"眼球经济"。我们的传媒产业化发展时间尚短,国际通行的"传媒职业经理人"经营管理模式才刚形成十多年,这类人才在我国的教育体系中也是先天缺乏,更多的经营者是来自媒体人的自我转型,对企业化的传媒运作还是外行,大家都在"摸着石头过河"。传媒产业数量多,但规模散而小,主营与副业结构未达到合理平衡,总体效益也尚处较低水平,投资发展方向比较随意。曾经因开放政策鼓励带来的传媒业高利润、高增长持续动力不足,也未形成稳定的业态发展机制;资本的有效进入机制也还尚未形成。随着人们获取新闻渠道和平台的日益丰富,报业赖以生存的新闻产品市场更是呈严重下滑趋势,特别是过去依靠政府财政支持的党政机关报,今天如果不是"强制性"地摊派订阅,恐怕就要很快关门。靠"卖报纸"增加发行量来维持报业的生存恐怕会难以为继。这对传媒人是相当严峻的考验,传媒行业的创新转型也不得不提到议事日程上来。

有业内人士称,在传媒技术快速发展的今天,在战略上多元化、在技术手段上互联网化和跨区域发展应是传媒业重新启航的重要发展方向。互联网时代,"你需要一片树叶,网络可以给你一片森林",这是社会现实;跨区域传媒联合可以带来更多的资源优势、增加受众群、增加广告商,实现优势互补、强强联合。适应时代转型发展的速度,一个重要而快速生效的手段就是并购重组。传媒企业购并也是资本的扩张行为,通过不同传媒企业之间要素的重新配置,剥离非良性业务,使组合更加合理,最大限度地发挥经济资源的使用效率,形成新的核心竞争力。比如全球最大的传媒集团之一"新闻集团"就是这样的发展轨迹。新闻集团经营的核心业务包括电影、电视节目制作和发行、电视及数字广播、报纸、杂志、出版、加密和收视管理系统以及资本经营等。对传媒行业整体而言，建立品牌，建立真正有特色的差异化竞争力，内容资源和传播平台全面整合，积极推进多媒体发展战略和更广泛的文化产业投资，是行业发展持续制胜的大方向。目前国内几家大型传媒集团正通过国际性咨询公司的帮助，量体裁衣地制定发展战略，未来在中国诞生若干个主业突出、实力雄厚的传媒巨头将不会是梦想，而且不会像新闻集团那样需要 50 年。

传媒业作为一个独立的行业，不可能永远躺在政府的庇护下衣食无忧。未来发展的必然趋势是，政府的强有力支持会变成有限的支持，完全的行政拨款制会向自主经营、自负盈亏制转变，完全垄断的传媒结构会向垄断竞争的传媒市场演变。传媒业在体制造成的区域化和行业分割状态下，差异化发展、自我拓展已经有先行一步的表现，特别是电视广播方面。除了央视、央广多频道、多波段全国覆盖外，其他的地方性传媒电视、广播平台立足本地市场创新经营，各自创立品牌和特色节目，自我市场激励发展。形成了诸如湖南的“综艺娱乐”、江苏的“相亲”、安徽的“影视剧”、天津的“求职、情感心理”、广东的“生活放送”、浙江的“真人秀”等省级卫视特色电视栏目和“城市交通电台”、“地方话播新闻”等服务于本地的民生类广播节目。这类节目或栏目具有相对固定的观众、听众群，具有很强的市场适应性，自推出以来在当地甚至全国一直享有较高的人气。这些地方传媒努力发掘和创造的品牌栏目、节目已经或正在实现完全的市场化运作，在赞助和广告方面也是产出大户，广告区位市场价值高，是地方性核心竞争产品，是地方台的“摇钱树”，广告主也愿意增加营销投入。从观众市场的调查反馈来看，接受度很高，收视率稳定。因而地方卫视们应当努力维护这些优良传媒资源，使之可持续经营。电影业的市场化进展得更为彻底，现在的电影市场民间资本的投入已经成为主力军，并且国际化进程也走在传媒业其他品类的前列。电商企业正从为电影业提供售票、宣传推广的外围服务，转向对电影产品内容制作的渗透。一代人有一代人较少交叉的审美标准和追求，拥有“互联网”概念的新生代导演正在赢得年轻一代的“粉丝”群体，传统导演和他们的作品正在面临市场的挑战。但是报业的完全市场化一时恐怕还难以有实质性进展，意识形态和管理体制的突破尚待时日。

任何事业的发展从来不会是一帆风顺的，经济的发展更从来都是显示出周期性，企业公关人和媒体人应当保持对目前处境的统一认识，统一大局观，相互理解，相互帮衬，共渡难关，维护好公关与传媒良好沟通机制。企业公共关系和传媒应在以下方面寻求更紧密的合作：

• 企业广告新策略和新方式；

• 媒体资源优势的深度挖掘，以前瞻性地服务于企业及所在行业的发展需求；

• 发行量、收视率、点击率等如何转换为真实的"体验率"或购买率可以深度开发；

• 新传播技术在企业和产品品牌推广中的合作开发利用；

• 新媒体时代的企业传播和危机应对策略如何更加有效；

• 企业与传媒事业的深度合作机制探索，在政策风险可知可控的前提下；

• 正确社会价值观的引导和重塑；

• 完善并成熟化企业公关与媒体的现代合作机制。

十一、猎头行业

无论是在国内还是国际市场，欧美各大跨国公司一向在高层人才招聘方面依赖猎头公司（Head hunter）的帮助。随着跨国公司的全球市场扩张，猎头业务也相应地发展到世界各地。跨国公司每到一地开拓市场，其战略合作伙伴猎头公司就会跟随到这个地方，为公司寻找并培养潜在的本土中高层管理人才。

猎头们原来专门为企业设定的岗位寻找合适的人才，在外资刚进来的时候，因为中国本土的"人才库"（Talent pool）还不成型，"猎人"工作并不容易。通过有限的人际关系网"找到候选人"，先进行外围的背景、口碑调查评估，再谨慎地接触，近距离考察，然后推荐进入公司的人才面试评审程序，一级一级地评估，直到最后拍板录用；每一步都表现了猎头公司在主动寻访和挖掘人才方面“猎”的专业能力，与做到准确无误把握信息的功力。今天这样的“猎人”服务流程并无根本的改变，但各家猎头公司的“人才库”容量已经足够大，和目标候选人进入话题也非常直接，很多考察内容在电话里完成，之后的面谈大都是走过场，公司面试也简化很多。猎头们还会充分利用已经建立起来的候选人资源，请他们帮助推荐自己圈内的其他人才。以往的很多“行规”现在正被逐步改变，比如预付款或定金规则的取消，对甲乙双方都放松了约束；以前为一家企业服务的猎头不得同时为其竞争对手公司服务，现在明面上可以做原则性承诺，但转身就与客户对手公司做生意的大有人在；以前猎头签约一家公司必须只能帮该公司“找人”，现在私下里也挖走该公司人才的猎头已非少数；甚至会“一女多嫁”，在候选人过了 6 个月的试用期，酬金入袋后再将其转卖另一家。而作为甲方的客户公司，诸如一个空缺的职位(Opening)同时发包给几个猎头，好不容易找到人走完面试程序却突然告知岗位冻结(Hold on or frozen)，或者职位薪酬突然有变，人事部门招聘经理的个人主观偏见、权力滥用妨碍真正人才的聘用等糟心事，也较常发生，常常害得猎头们白忙活一场。

以往猎头公司按照人选年薪的 30%收费是行业共识，即便因为行业竞争和成本的原因收费有所调整，也决不会低于 20%的经营底线。以低于经营底线收费提供服务的，被认为是不规范的低端猎头。但是近来，越来越多的猎头们发现，猎头公司做大做强和维持生存一样变得艰难。2008 年的金融危机无论在深度和广度上都影响巨大，绝大多数行业都深受冲击。跨国公司业务规模缩减，赢利水平下降，发展预期降低，悲观情绪漫延，投资意愿下滑。很多外资企业为了渡过难关，变卖或转包非核心业务，迁移工厂至更低成本地区；在人力资源方面，或是大幅冻结招聘需求，或是裁减人员，再或就是降低涨薪幅度。而市场上在职人员流动的主观意愿也难免受到影响，能保住眼前的饭碗比什么都更重要，能不动弹就不动。“皮之不存，毛将焉附”，这些困境的传导是直接的和快速的，造成人力资源市场的人气低迷，特别是针对中高层企业管理人员的猎头市场，很多外企高管原本动一动的意愿并不强，等想要动一下了，又“有价无市”，甚至不得不降格以求。也因此，为维持生存计，猎头们现在往往不管是大单子、小单子、还是“别人家在做的单子”都会接手做。

猎头行业的核心是人才中介服务，其组织结构简单、高效，一般是以行业或职业功能分成若干个组（Industry or function group），组长为合伙人或高级总监（Partner or director），带领几个小组（Inc. Manager，consultant，searcher）进行日常“猎售”工作。资深的猎头们在行业人才需求动态把握、人才判别能力和个人沟通技能上大都能够独当一面，特别是那些从各类公司中途转型做猎头的原企业高管（人力资源总监、培训部负责人、业务发展总监、市场或销售总监等居多），也因此他们一般都具有广泛的企业人力资源网络。猎头工作做得怎样主要由客户公司来判定，客户公司是他们的衣食父母；候选人就像水池中大大小小的鱼儿，需要时“随便”捞起一条就行。因此一般猎头公司在市场上的推广大都奉行低调务实策略，品牌都是在高效准确的服务提供中逐步建立起来的，是长效经营的口碑奠定的。对客户企业来说，能够保证快速、准确，以合理价位找到企业真正需要的人才，就是好猎头。因此，除了一些大型人才服务机构按照“现代企业”经营管理模式运作，内部功能相对健全外，一般猎头公司较少设有公共关系功能。

十二、公共关系行业

公共关系行业在中国近三十年的发展速度惊人。伴随着改革开放后三代外资潮的更替进程，企业公共关系走过了初生牛犊、广受认同、此消彼长、成长企稳的一系列不平凡过程。面对多变的政策与市场环境，公共关系上下通达、行必有功、不惧挑战、广结善缘。在不同的行业，通过企业发言人传播，以及企业公关活动、高层互动、内外传播、品牌推广、危机事件管理等，公共关系的助力作用得到了不同程度的展示和广泛认可，在企业发展战略规划执行中担当的角色也愈加深入和广泛，成为企业发展壮大和进入国际市场舞台的重要保障力量。

今天中国的企业公共关系仍面临着一些严重挑战，主要表现在：

（1）人们对公共关系在认识和观念上（Awareness and recognition）虽

有所改变但进步不大。外资企业兴盛的时期，社会上高度认可公共关系对企业成长发展的重要推动作用；外资进入成熟期和温和发展时期，人们认同公共关系，但对它在企业战略调整中的角色不甚清晰；外资进入成长困难时期，更多的人看到的是企业公关在处理危机事务中的应对“表演”，其他方面的角色和作用趋于模糊。大量的国企、民企们还没有正确认识到公共关系对企业健康发展的重要支撑和保障作用，即便是眼前已经不缺乏各种前车之鉴。今天的本土企业经营者或痴迷于资产重组、兼并整合、上市再私有化回购等资本游戏中，或是沉浸在为赢得风险投资的“创业”、“暴发”的激情冲动中，目标只在迅速地赚取财富，还“顾不上”考虑企业长久发展战略，也无心通过公共关系来为企业创造有利的经营和发展环境。那些设立了公共关系功能的为数不多的本土企业，对公共关系的本质和长远作用缺乏正确认识甚至“走歪”；企业老板目光短浅，只看重眼前利益，定位公共关系作为“社交润滑剂”或是企业利益“守护者”的现象较为普遍。这样的企业领导者群体在企业社会责任方面毫无意识，也无所作为，企业发展的成熟度和经营理念尚处低端水平；企业公共关系战略也无从谈起，更不用说走向世界舞台。

(2) 国家政策面和体制(National policy and system)改革带来了更多的不确定性。企业公共关系离不开和政府的协同共进，政府也要从行业获取真实客观的发展动态信息。当前我国政府体制改革真正进入了“深水区”，政府职能转变难度很大，每一项改进都不可能一蹴而就；产业调整和战略转型已经列入了政府当前的工作计划中。转型之时既要保持规划的长期战略性不受影响，又要重新制定管理和服务的“游戏规则”。“一带一路”新战略能否有效改善国内产能严重过剩的困难局面，各行业的发展步伐为此深受影响，甚至很多跨国公司和政府部门原来确定共同推动的活动计划被搁置或暂缓。国家对市场监管执法部门的合并调整也在进行中，新的市场平台如互联网电子商务的监管法规也在制定中，监管职责和人员分工尚待落实。企业在政策环境和走向尚不平稳的情况下，不得不重新审视已设定的发展战略，在产业转型上或通过产业链的上下延伸寻找出路，这也是导致整体经济发展放缓的原因之一。政策及监管执行部门不主动作为，“多做多错，少做少错，不做不错”的怠政心态在干部群体中较普遍存在。

(3) 企业赢利目的(Profit driven)与社会价值观(Social values)矛盾的冲突日益尖锐。究其原因，是社会分配的不公和发展机会不平等造成的恶果。不可否认我们今天的企业成长发展环境还有很多待改善之处。改革开放之初，“让一部分人先富起来”的政策和计划与市场的“双轨制”，实际上是给“有背景的人”带来赚得第一桶金的机会，“共同致富”只是停留在口头上的美好愿望。垄断性的央企和大型国企们越来越看重并竭力维护集团自身利益，普遍缺乏社会责任感，在受到媒体和社会公众的质疑时，竟然有人能发出“油价不随国际市场下调，是因为老百姓不懂国家战略”甚至“银行是弱势群体”等荒谬言论。绝大多数中小企业的生存始终很困难，国家政策层面上对中小企业的贷款、税收等优惠鼓励政策实际上远降临不到这些企业身上，小企业主们只能抱着赚一笔是一笔、能赚多少是多少的心理，实在经营不下去了，就卷款“跑路走人”。在环境变化带来的不利影响下，企业能不能恪守承诺和道德准则，不改初衷，考验着企业的真实品质。企业若为眼前之利所动，不能坚守商业道德、诚信原则和社会责任，企业公共关系又如何能摆正自己的位置，如何能发挥职业性质所赋予的“形象和声誉守护者”的使命呢?

(4) 公关从业者职业道德(Professional ethics)和专业技能(Professional skill)失调发展。中国的公共关系在市场经济催生下出世和成长已近30年，跨国公司在中国的经营发展可以较为明显地分成三个阶段，各阶段市场成熟度和政策环境条件有所不同，企业公关人面临的挑战和工作重点也自然各有差别。然而企业公共关系从业者的职业性表现有所差异，甚至良莠不齐，就不能不引起公共关系行业引路者的重视了。个别跨国公司公关人员通过贿赂拉拢腐蚀政府人员为企业及个人谋私利、谋方便的事例不是没有；在企业自身经营战略、遵章守规、服务顾客观念等方面出现问题时，公共关系人员选择放弃职业准则，站在社会公众和消费者对立面，一味地为企业利益辩护或“忽悠”的事例也越来越多见，特别是在一些新兴行业和暴发性成长的企业中。本土企业“庸俗公关”、“选美公关”比较普遍，危机公关机制缺乏、意识淡漠，公关人员素质普遍比较低下，甚至毫不具备公共关系从业者的基本素质。这也说明了目前我国企业公共关系行业管理无序，行业门槛较低，无有效资质考评机制；专业水平高、公关能力强的企业公共关系人才极其缺乏。一些“行业大V们”热衷于对公共关系行业发展态势做“碎片化”的务虚点评和给予“忠告”，欢呼不断增长的公共关系公司数量和行业“营业额”、增长率数字的表象，认为中国本土公共关系行业果真“发展迅猛”、前景看好；但对目前中国公共关系行业存在的真实问题、阻碍发展的各种弊病束手无策、避重就轻、无所贡献。

企业公共关系路在何方？中国企业公共关系业态目前的不成熟，关键在人。随着国家经济发展战略转型，经济增速放缓，产业经营策略调整，企业公共关系势必也会面临更多严峻的挑战，尤其是在内外资企业裁员潮汹涌的当下，许多旧有的瓶颈和新产生的问题都有待突破；专业的4A及本土公关公司也不得不寻找转型突破的有效路径，谋求新形势下的良好生存和健康发展；公共关系行业的“自律和他律”不能总是停留在口头讨论上，业内人和局外人更不该一味只做“旁观者”，或无所作为地随大流。为此，企业公共关系：

• 应当尽快建立有效可行的行业规范，建立公共关系高规格行业标准，不断提高社会的正确认识，树立和提升公关行业品牌意识；

• 强化公关从业人员遵守职业道德和诚实守信原则，培养企业公关人内在的服务意识、长远战略意识和用心做好分内工作的务实意识，坚守公共关系的本质；

• 建立公共关系行业评审机制，比如设立年度公共关系综合“金牌”奖，客观公正地评选出具有行业进步代表性的公关公司和企业公关表现杰出者，同时有效帮助行业表现欠佳者，创建中国公共关系优良的行业文化；

• 建立公共关系人才培养体系和实践机制，保证公共关系人才出校门即具备专业知识，进社会就能够发挥公关专业才能，有条件接受公共关系各功能的锻炼，有机会成长为当代及未来公共关系的业界领袖。

政策与市场、社会环境的改善十分必要，企业公关人的自身努力更是不可松懈。“中国公共关系协会”如何能够进一步自我改革，走出小圈子，进入大社会，少些官场习气，少点“纸上谈兵”，眼睛向下，脚踏实地，真正地团结好广大中外企业公关人；认真厘清公关行业种种问题的根源，注重诚信回归和专业建设；规范公关从业者的行为，整顿公关行业的风气，以创建中国公共关系可持续发展的良好基础。作为国内公共关系的行业最高组织者，协会当付出更多实际努力，发挥应有作用，有所作为，努力打造中国公共关系品牌的国际口碑和影响力。

附录　企业公共关系常用名词

accident：偶发事故

accrual expense：应记费用

active：活跃的，主动的

administration：行政部

aggressive：激进的，有进取心的

allowance：津贴

annual leave：年假

annual plan：年度计划

assistant executive：总裁助理

batch：批次

benefit：利益、好处

blackmail：敲诈

board of directors：董事会

bribery：贿赂

BU：Business unit：业务单元

budget：预算

business development & strategy：业务发展与战略部

CA：Corporate Affairs：企业事务部

CCO：Chief communication officer：首席传播官

CEO：Chief executive officer：首席执行官

CFO：Chief finance officer：首席财务官

CIO：Chief information officer：首席信息官

CMO：Chief marketing officer：首席市场官

CMT：Crisis Management Team：危机管理小组

COO：Chief operation office：首席运行官

CSO：Chief strategy officer：首席战略官

CTO：Chief technology officer：首席技术官

campaign：（专题）活动

cascade down：逐级传达

chairman：董事长

charity：慈善

circulation：发行量

clipping：剪报

code compliance：合规部

code of conduct：员工行为规范

collaboration：合作、协作

communication：传播

communication kit：传播工具包

company：公司（具体的、特指的）

complain：投诉

compromise：妥协

conflict：冲突

conference call：电话会议

consumer：消费者

cooperation：合作

core value：核心价值观

coordination：协调

corporate brand：企业品牌

corporation：企业，公司（集团意义上的）

C & B：Compensation and Benefit：薪资福利

cost effectiveness：成本效率

crisis：危机

CRM：Customer Relations Management：客户关系管理

CSR：Corporate Social Responsibility：企业社会责任

customer：客户

director：总监

dismiss：辞退

distributor：经销商

DSM：District sales manager：地区销售经理

DSR：District sales representative：地区销售代表

EA：External Affairs：对外事务部

EHS：Environment，health & safety：环境、健康与安全部

employment contract：聘用合同

enterprise：企业（概念上的，非具体的）

excel：表格文稿

expiration of contract：合同到期

finance：财务部

financial statement：财务报表

fire：开除

F2F：Face to face：面对面

FMCG：Fast-moving-consumption-goods：快速消费品

format：格式，版式

foundation：基金会

frameworks：框架

FTE：Full-Time-Employee：全职员工

fund raising：筹措资金

GA：Governmental Affairs：政府事务部

GM：General Manager：总经理

GMO：General manager office：总经理办公室

GMO：转基因生物

GPR：Global performance review：全球业绩评估系统

GR：Governmental relations：政府关系

globalization：全球化

handmade：手工的

hardship allowance：艰苦地区津贴

headhunter：猎头

housing allowance：住房津贴

house work：家务事

HR：Human resource：人力资源部

IM：Information management：信息管理部

inactive：不活跃的

incident：小事故、小事件

intern：实习生

interview：面试

investment：投入

investor relations：投资者关系

issue：问题

job description：职位描述

job-hopping：跳槽

junior：初级的，下级的

key message：关键信息

KOL：Key opinion leader：意见领袖

lay off：裁员

legal affairs：法律事务部

lobby：说服，游说

localization：本土化

logistics：物流部

manager：经理

managing director：董事总经理

manufacturing：生产部

Marketing communication：市场传播

marketing：市场部

market penetration：市场渗透

media evaluation：媒体评估

medical allowance：健康津贴

medical insurance：医疗保险

merger & acquisition：合并与收购

mission：宗旨

moderate：中等的

MS：Market share：市场份额

NGO：Non-government organization：非政府组织

NPO：Non-profit organization：非营利机构

objective：目的

OEM：Original equipment manufacturer：原始设备制造商(代工商)

offer letter：录用通知书

officer：主任

official business：公务，公事

on board：入职

orientation：入职培训

OT：Over time：加班

outcome：结果，产出

PA：Public Affairs：公共事务部

passive：被动地

philanthropy：慈善事业

pitching：比稿、竞标

policy maker：政策制定者

policy influencer：政策影响者

PPT：PowerPoint：幻灯，演示文稿

PR：Public Relations：公共关系部

pragmatic：务实的

premium：高端的，优质的

private affairs：私事

probation：试用期

procedure：程序

process：过程，加工，处理

productivity：生产力，生产率

projector：投影仪

product brand：产品品牌

profit：利益、收益

purchase：采购

president：总裁

project：项目（单个的、独立的）

program：项目（有程序的、持续性的）

quality：质量，品质

quantity：数量

quarrel：争吵

raw material：原材料

R & D：Research & development：研发部

reach an agreement/consensus：达成一致

regulatory affairs：法规事务部

reference check：背景调查

resignation：辞职

resume：简历，履历

retire：退休

risk：风险

ROI：Return on investment：投资回报率

RSM：Regional sale manager：区域销售经理

rundown：梗概(活动流程)

sales：销售部

sales value：销售额

sales volume：销售量

selling points：卖点

semi-finished goods：半成品

senior：高级的

sick leave：病假

sick leave pay：病假工资

sign the contract：签订合同

social media：社会媒体(新媒体)

SOP：Standard operation procedure：标准操作规程

SOV：Share of voice：声音份额(与市场影响力有关的)

specification：规范，规格

staffing manager：招聘经理

stakeholder：利益相关者

strategy：战略

supervisor：主管

supply Chain：供应链部

tactics：战术、方法

temporary：临时雇员

terminate the contract：解除合同

training：培训

travel insurance：旅行保险

turnover：离职

up to date：最新的，最近的

VC：Video Conference：视频会议

venue：活动地点

violation：违反、违背

vision：愿景

VP：Vice president：副总裁

WC：Working capital：流动资金

WOM：word of mouth：口碑传播

word：文字文稿

参考文献

1. 居延安.公共关系学[M].上海：复旦大学出版社，2001.

2. 唐雁凌.公共关系学(第二版)[M].北京：清华大学出版社，2011.

3. 刘佳环.公共关系实务[M].广州：广东高等教育出版社，2006.

4. 曹洪珍.公共关系学[M].北京：中国科学技术出版社，2010.

5. [英]安迪・格林.公关创造力[M].王树国，张春铭，叶红，译.北京：北京大学出版社，2008.

6. [英]安妮・格里高利.公共关系实践[M].张婧等，译.北京：北京大学出版社，2008.

7. [美]詹姆斯・格鲁尼格.卓越公共关系与传播管理[M].卫五名等，译.北京：北京大学出版社，2008.

8. 孟建.中国公共关系发展报告蓝皮书 2007－2008[M].上海：复旦大学出版社，2008.

9. 张云.公关心理学[M].上海：复旦大学出版社，2010.

10. 张岩松.现代公关礼仪[M].北京：经济管理出版社，2010.

11. 周安华，苗晋平.公共关系理论，实务与技巧[M].北京：中国人民大学出版社，2010.

12. [美]玛丽・麦金太尔.你就是玩不转公司政治[M].杨俊峰，卢晓娟，译.广州：南方出版社，2011.

13. [英]格里・麦卡克.公关败局[M].肖堇，译.上海：上海远东出版社，2007.

14. 张春华.网络舆情社会学的阐释[M].北京：社会科学文献出版社，2012.

15. 雷跃捷.媒介批评[M].北京：北京大学出版社，2007.

16. 张佰明，李志宏，蔡越越.网络传播实务[M].北京：中国传媒大学出版社，2010.
17. 杨继红.新媒体生存[M].北京：清华大学出版社，2008.
18. [英]桑德拉·奥利弗.战略化公共关系[M].李志宏，译.北京：中国市场出版社，2008.
19. 姜桂娟.公关与商务礼仪(第二版)[M].北京：北京大学出版社，2010.
20. [美]奥蒂斯·巴斯金.公共关系：职业与实践[M].孔祥军，译.北京：中国人民大学出版社，2008.
21. 王洪浩.猎头[M].广州：南方日报出版社，2005.
22. [美]罗伯特·戴伦施耐德.企业公关实务手册[M].王俊杰，甄寒，译.北京：经济科学出版社，2012.
23. 杜国清，邵华冬.企业发言人策略与实务[M].北京：社会科学文献出版社，2009.
24. 百度网.https：//www.baidu.com/.
25. 新华网.http：//www.xinhuanet.com/.
26. 新浪网.http：//www.sina.com.cn/.
27. 人民网.http：//www.people.com.cn/.

后 记

2014年底，一次偶然逛书店，随手翻看一本《公共关系学》，书后的参考书目竟然列出了几十部同书名而不同作者的专著，着实吃了一惊，没想到我国的"公共关系"及"公共关系学"竟然已是如此的繁荣。

在翻阅一些专著之后发现，这些书内容结构大都相近，都是类似"教科书"式的编写格式，在概念、定义、功能阐述上如出一辙，虽然都自称是"高等学校应用教材"，实际上读几十本和只读一本并无两样，不由得心生困惑，学生们读了这些教科书就能做好公共关系吗？在实际的职业生涯中做公共关系会是一种什么样的感受，从这些书中恐怕很难切实体会到。部分作者在公共关系究竟是什么属性的"学派"纷争上纠缠；有人用"十大理论"来总结阐述公共关系在关系、认知与行为、大众传播三个方面的功能，这也许目前只在学术研究上还有些意义。因为一来今天中国本土的公共关系学还没有成熟到要按"学派"来划分各自理论的"界限"，出于研究的需要可以提出设想或是议题进行讨论，但更需要在实践中不断地验证来充实完善；二来对企业公共关系实践来说，公共关系的各项细分功能在实际的运用上没有轻重主次之分或严格的界限，各个功能表现的内在联系极为密切，无不左右着企业声誉、形象和口碑的维护，可以说无所不用并且相互牵连，因而实践中要求企业公关人的成长要具备"通识性"；再者我们的本土企业大多数还没有走出"企业公关就是帮助企业营销策划"的初级生存需求状态，公共关系为企业乃至社会的协调发展可以起到的作用还没有能够真实发挥，"学派"的建立和判定在当下也有欠实际意义。

公共关系来自社会实际的需要，来自企业经营和发展的需要，其意义更多的在于从现实条件出发，支持和完善企业各项战略需求的实践性。作为一门独立的学科和职业，公共关系当然需要建立自己的知识、理论和应用规则体系，但就中国的现状来说，我们还处在学习和吸收的初级阶段，国外经过了实践验证的理论并不一定完全适合我们的真实条件。所以个人认为当下不必急于进行中国公共关系理论的总结提炼，那可能只会是空洞的教条罗列。先多积累些实践经验，多做些实际案例的研究分析和验证，以言之有物，厚积薄发，再来完善和丰富理论，是不是更为水到渠成些呢？

做企业公共关系确实是件很有意思的工作，有“面子”也有“里子”，很锻炼人，对人要求也很高。它虽然和财务、法务、人力资源等同样属于企业管理服务功能，但因为它的服务对象范围广、管理事务多而繁杂，又是公司内外人际沟通的桥梁，即便是对同一个沟通对象，每次可能要沟通不同的内容较少是“重复性劳动”，因而“常做常新”。只要用心去做、去体会、去积累，你就一定会有心得和进步，而不会心生倦怠。

沟通是能力，更是艺术，通过与人沟通而成就一件事，获得的满足感是其他企业管理功能不能实现的。在公司外，你常常看到的，是企业公共关系人员在各种活动场合“秀面孔”：在处理危机事件时，面对媒体侃侃而谈，维护公司立场；在公司内，公关部门的作用你的老板很清楚，你所服务的核心业务部门领导们也很清楚。他们在需要开拓政府沟通渠道时，在传播企业愿景和发展计划时，在解决与客户的严重纠纷时，在处理产品质量或消费者投诉事件时，在维护公司正常运作环境时，都会不由自主地想到你、依赖你。现实生活中，企业运作及产品质量相关问题正受到媒体、公众越来越多的关注，社会对企业产品和经营问题的敏感度也越来越高。但仍然有些企业不能吸取教训，不去认真思考完善公共关系部门的作用，一旦遇到问题得过且过，“鸵鸟政策”应付，懒于创新突破。这些消极作为只能将企业的发展拖入尴尬的歧途中，你很容易在市场危机事件的新闻曝光中或者行业企业年度绩效排行榜中鉴别出这样的企业。

从事企业公共关系，需要做好各方面专业知识的准备，最好是“无所不晓”的“通才”，同时又要精于一些专业的知识或技巧；更为重要的是要在实践中不断磨练。你经历得越多，感觉就越准确，你对各种公关事务的把握就越精准到位。经济发展的每个时段都会对企业公共关系有不同的要求，前人的经验对后来者只能当作参考或是再思考的营养。把握好当下，为后面的发展尽可能创建良好条件，这可以作为企业公关人在日常实践中最基本的做事原则。公共关系经验靠日积月累，没有任何捷径可走；你真的要积极学习，主动担当，认真总结每一次活动的心得，吃一堑长一智，广交各类朋友，眼光放长远，才能够在企业公共关系这个舞台上不断得到提升，才可能达到胸有成竹、应付自如，成长为资深公关人。

自 1998 年起，我在属于不同行业的 5 家“财富 500 强”跨国公司从事企业公共关系工作，经历了改革开放以来欧美跨国公司公共关系在中国的兴起、成长、辉煌和走向成熟的发展过程；更亲身经历了跨国公司业务重整、频繁换帅、兼并被兼并，甚至重起炉灶的不同市场事件。从制药公司的公共关系经理、高级企业事务经理，到婴幼儿营养品公司的对外事务经理、对外事务总监，再到纸品与卫生用品公司的政府与公共事务总监、老年健康照护公司的政府事务与公共关系高级顾问等。因为亲身的实践，对公共关系如何为企业的稳步健康发展、实现企业发展愿景所必需的要件、如何正当地维护企业运作和长远利益等有一些切身体会。把它们整理出来可能会对同行的工作有所启示或帮助。但受限于个人的学识和认识能力，这些体会和心得未必都正确，愿意有机会跟大家做进一步探讨。

愿这些体会和心得，也能够给正在公共关系专业学习的同学们带来一些实用的思考，更希望得到那些正在企业公共关系岗位苦心经营的同行们的批评和指正。唯有批评才能真正促进事业的健康发展。通过各方的共同努力，促进公共关系这一管理功能在中国企业界的成长发展，并使其更具有可操作性、系统性，不断完善、丰富其内涵和实践。这也是业界人士的共同心愿。

蒲家彬

2015 年 10 月，于上海浦东杨思